SENSE

 · · · **先聲文叢**　　　　　三思后，发先声

·

庙会实际上是关系到

信仰场域内

所有人

生活世界整体的

精神性存在

Spiritual

Mountain

朝 山

岳永逸 著

庙会的聚与散
映射出民间的生活与信仰

北京大学出版社

目录

前言 I

一 宗教、文化与功利主义 001

二 资本、教育与福利 033

三 层累的金顶 061

四 景区化圣山庙会的政治—经济学 123

五 掺和、神圣与世俗 211

六 圣山人神敬拜的礼与俗 237

七 精神性存在的让渡 257

附录 287

后记 308

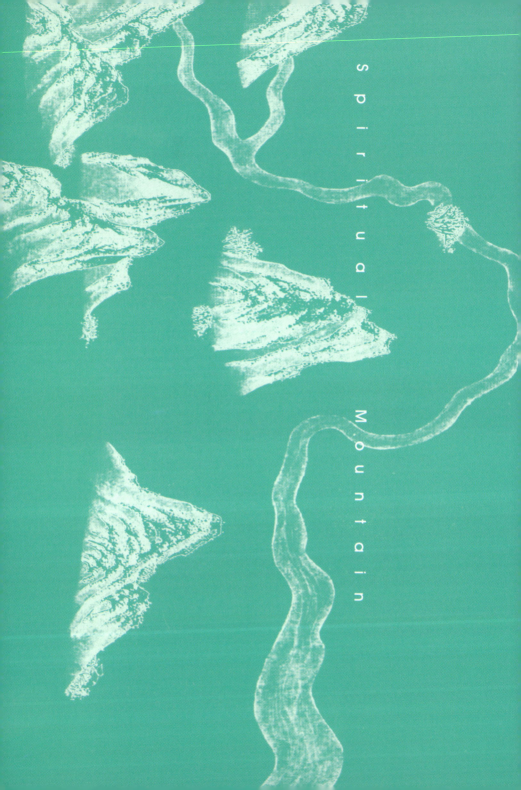

前　言

（一）写作缘起

对于中国和世界而言，2013年都是不平凡的一年。这一年，中国主导的亚洲基础设施投资银行（亚投行）的筹建有序进行。这一年，"新丝绸之路经济带"和"21世纪海上丝绸之路"，即"一带一路"的战略构想，也同步进入操作程序。国家的大战略给学界提供了新的契机，也提出了新的挑战。因时应景、审时度势，对于"一带一路"的相关宗教事项的研究也正式提上了议事议程，纷纷闪亮登场。

无论是对于海峡两岸的连接与认同而言，还是对于遍布南洋的华人社会而言，海神娘娘、妈祖—天后，都是凝结大小共同体的重要纽带和桥梁。同样，在"一带一路"战略的实施过程中，原本长期被忽视的乡野小庙，突然具有了重大的政治意义。2015年，南海诸岛上的天后庙、土地庙、大王庙、兄弟公庙或孤魂庙，已经被学界和政界用来证明南海诸岛自古以来就是中国的神圣领土，并以此向有觊觎之心的邻国进行国家领土主权的文化宣誓。①

---

① 陈进国，《南海诸岛庙宇史迹及其变迁辨析》，《世界宗教文化》，2015年第5期，第1—34页。

吉隆坡两位一体的雪隆海南会馆与天后宫

新近,将"庙会"办到国外去,让其走出国门,也是政府主导的中国文化主动"走出去"的战略之一。2016年6月13日,在中国民间文艺家协会第九次全国代表大会开幕式讲话中,时任中宣部部长刘奇葆明确指出:

> 要广泛开展丰富多彩的民间文艺活动,打造好"我们的节日"等品牌,用好庙会、灯节、歌会、赛龙舟等民间文艺载体,增强人们对优秀传统文化的理解和当代主流价值的认同。①

---

① 刘奇葆,《坚守民间文艺就是守护我们的精神家园》,《民间文艺动态》,2016年第1期,第1—6页。

雪隆海南会馆——天后宫内的天后圣母

换言之,"庙会"被视为了中华文化的载体与典型,是"优秀传统文化"和"当代主流价值"的具体呈现。

毫无疑问,无论因缘如何,主流话语对这些乡野小庙、对庙会的充分肯定,令人振奋。这也是我在继《灵验·磕头·传说:民众信仰的阴面与阳面》《行好:乡土的逻辑与庙会》之后,出版这本小书的动因。《灵验》一书主要关注的是乡野庙会的现状及其对于乡民生活世界的意义。《行好》一书虽然叙写的依旧是乡野庙会的共时性现状,却是想从历时性的角度揭示不时被主流话语污名化、妖魔化但生命力不绝的乡野庙会的内在演进逻辑。就空间而言,两书都主要关注的是家户、村落与乡镇范围的庙会实践。

与此不同,作为"庙会三部曲"的第三本,本书延续前两本在日常生活之流中研究庙会的基本路径,但主要关注的是乡镇之外的区域中心型的神山、圣地的庙会，诸如妙峰山庙会、苍岩山（苍山）庙会、圣城旧京的庙会等。

在相当长的历史时期，北京还被比作并传唱为"金山"。这些"山"都有神祇居住，并被视为圣地。千百年来，人们总是用"朝山"或"朝山进香"来表达他们对圣地的景仰与朝拜，并不说"朝圣"。所以，本书在广义上使用了"朝山"这一土语作为正题。显然，"朝山"有别于英语世界耳熟能详的 pilgrim。但是，无论是英译汉，还是汉译英，人们经常将两个词习惯性地对等起来。通过一些相关事实的呈现，本书试图指明朝山的本意。

同时，借朝山的经验事实，本书将从观念层面澄清人们对庙会的诸多误读、误判，并与前两本小书形成互补。因此，对相当一部分读者而言，本书可能或多或少有着阅读的障碍，因而是晦涩无趣，甚或枯燥的。

简言之，庙会绝非简单意义上的乡风俚俗、传统文化或非遗（非物质文化遗产），更非以意在满足物欲和感官世界的吃喝玩乐为根本的庙市。虽然有外显的物化形式，甚至表现为一道道大大小小的"物流"，但是与农耕文明、乡土中国对自然的顺应、敬畏相匹配，庙会实则是关系到人生仪礼、家庭伦理、道德义务、历史记忆、群体认同、交往技艺和审美认知的精神性存在。又因为风险、节点无处不在，个体生命机会的不均和日常生活的失衡，在后农耕文明时代，作为精神性存在的庙会依旧有着强大的惯性，抑或说惰性。由此，从庙会的学界图景、从"庙产兴学"到"兴老"的回转、妙峰山庙会的百年流变和人们对金顶不遗余力的层累与堆砌地塑造、圣山景区化庙会的政治—经济学、庙会中物的流转、人神敬拜的礼俗辩证、旧京庙会的庙市化历程等七个方面，本书对庙会进行了再诠释。

（二）回归"朝山"

在清末以来强国强种的语境中，中国城乡的大小庙宇都处在了时代的风口浪尖，庙内的众多神像和以对这些神像敬拜为核心的乡土（野）庙会基本是"迷信""愚昧"的等义词。除了经济和可能有的教育等外价值，对庙会内价值的研究位居其末。1949年之后，主流意识形态强力赋予了旧庙会以人民翻身做主人、社会大发展、大繁荣的新内涵，延续了因为"好奇"而细读的暗流，改革开放以后对庙会有了文化、传统、习俗及遗产的重新定位和基于村落生活的文化制度的认知，但居主流的"复兴"解读基本止步于功利主义论和功能论。这也就是百多年来，中国乡土庙会及其主要赖以存身的庙宇的学界图景与心性。蔑视、俯视和平视成为精英阶层观照庙会不同的姿态。

在事实层面，因应教育的名、革命的义、经济的力，庙宇整体性地在20世纪经历了向学堂、学校的转型后，又在20世纪末以来发生了向文物、遗产的转型，进而成为发展地方经济以及进行社会主义精神文明建设的文化资本，及至不少没有了师生的村小学校舍向庙宇回归，供上了旧有或新造的神灵。这使得庙宇成了现代中国变迁、沿革的记忆场。在此轮回中，当下乡野庙宇也部分发生了从祭神到娱人，尤其是"兴老"的新转型（不少村庙成为养老场所），从而在一定意义上回归传统庙会关怀个人生死、造福社区的"福利"内蕴与价值理性。

与乡野小庙新近向"兴老"转型不同，作为京郊圣山，因为意外的机缘，供奉有"老娘娘"（碧霞元君）的妙峰山在改革开放后率先开庙。由于带动了地方经济的发展，它也为自己赢得了充分的生存空间和文化、社会等诸多层面的合法性，直至2008年荣登第二批国家级非遗名录。无论是话语命名，还是名实并不一定相符的实践，妙峰山庙会已经不再是一个香客、香会虔诚地"为老娘娘当差"，单向度朝山进香、行香走会而"耗材买脸"的庙会。山上的管理经营者会主动下山，与当下香会、花会的会首们礼尚往来，形成互惠性的责任与义务。下山与上山双向而行，逆向互动。不仅如此，休闲、郊游、远足、健身与闲观也成为当下妙峰山庙会的主色之一。

1990年代以来，经济发展、文化建设、文物保护的合力，再加之各方参与的有效的"灵力生产"，"被承包的信仰"早已成为普遍的社会事实。受从果到因的逻辑推理的规训，媒介写作中的"被承包的信仰"完全丧失了其在文化、宗教、行政管理以及道义等层面的合理性、正当性。眨眼间，为地方经济发展添砖加瓦并以红火的庙会为基石、核心的"香火经济"也成为众矢之的，被口诛笔伐。

近30年来，圣山的景区化建设与管理使得原本作为信仰中心地、目的地的圣山苍岩山的景观色彩日渐浓厚。与此同时，以三皇姑信仰为核心的苍岩山庙会也具有了事实上的合理性、合法性。乞丐、江湖术士、香头、行好的和庙主等新老行动主体纷纷掺和其中，竞争也妥协，庙会热闹而红火。为求利益最大化，承包制经营管理的模式使得景区化的圣山苍岩山更加倚重三皇姑信仰，使得景区化的圣山被再度神圣化，并滋生出新的神祇、景观。

如果突破基于一神教而强调万善同归与"聚"的认知范式，转而辅之以"散"的视界，那么我们就会发现：图像化的圣山庙会历时性地呈现出复杂的社会形态学和人文地理学。作为一个流变的集合体抑或说庙会丛，以苍岩山为中心地的这座圣山庙会实则还统括着圣山上下形态各异、或生或灭却互现互文的驾会、杠会、神通会、朝山会等大小社区型庙会。换言之，本书的圣山庙会是一种众星拱月的模式：既强调圣山这个中心地庙会之"月"，也强调散布在圣山四围的供奉同一神灵并大致同期举行的形态、个性有别的大小社区型庙会之"星"。由此，圣山庙会是一幅"众星捧月""月映众星"，且公转与自转并行不悖的星相图，也可以说是"绿肥红瘦"的写意画。

以此视角重审妙峰山庙会，我们就会发现有形的聚散与无形的散聚之间的辩证关系。数条通往金顶的古香道上密布的大小坐棚之内一定供奉有老娘娘的神马，在庙会期间扮演了老娘娘"行宫"的角色。一年一度朝山进香，为老娘娘当差而服务于香客的行香会和到金顶为老娘娘献艺的武会，更是张扬老娘娘灵力的"流动的庙宇"。就地理空间而言，这些行宫和流动的庙宇在庙会期间都与金顶的灵感宫形成了一种有形的聚与散的关系。庙会之后，这些有形的香会在消散于无形的同时，也将老娘娘的信仰化整为零，散布四方，待来年庙会或准许朝山时再汇聚一处，从而形成了一种无形的散与聚的关系。正是因为四散，无论外界环境如何，妙峰山老娘娘的香火并未真正断绝，也才有了改革开放后的重新凝聚。显然，对于妙峰山而言，平日里散于无形的香会完全与庙会期间有形地散布在香道及金顶的香会等量齐观。

同样，学界长期将北京城外供奉老娘娘的"三山五顶"分别孤立研究的局限性也不言而喻。不论以哪座山或哪个顶为中心、重心，也不论曾经是哪座山或哪个顶的香火兴旺，三山五顶相互之间始终都存在一个聚与散的辩证关系。老娘娘庙会也就显现出其因应外力而能动的移步换形、与时俱进的"自流体"特质。因此，在清末，当丫髻山的香火衰微时，妙峰山的香火就红火了起来，而抗战时期，当妙峰山的香火因日寇的搅扰而断裂时，丫髻山的香火则一如往常。正是因为"自流体"的这一特质，在当下科技昌明的时代，还是以敬拜老娘娘为核心的妙峰山庙会才"艺术性"地荣登国家级非遗名录，散发着"神圣"的光晕。

无论是妙峰山，还是苍岩山，抑或鼎鼎大名的"五岳"，围绕特定神灵的香火经济——被承包的信仰——事实上成为地方旅游经济的龙头，并与兴国兴邦的现代民族国家发展的宏大叙事一道携手前行，呈现出承包与被承包的多重辩证法。这在本书浓描的苍岩山庙会有着更加充分的体现。

如果走进任何一个庙会，尤其是圣地庙会的细部，我们就会发现：与人、神并列的主体和能动的掺和者，物的流转不但使庙会可感可知，得以完成，也使庙会的传衍生发成为可能和事实。至今，还在传衍的妙峰山庙会的"戴福还家"就是如此。在苍岩山庙会中，香纸、娘娘驾、灵水、牌匾、福条、灵签、横幅、山货和变了味却有灵力的可食供品等物在短暂与永恒、无形与有形、神圣与世俗、真与假之间移步换形，参差流转，自然让渡。绵延不绝的圣山庙会也就成为一道道的大小"物流"。因此，本书倡导，能动的物也应该是庙会研究不可或缺的基本视角，并专设一章。

主要因应地方社会的稳定和经济建设，百多年来，苍岩山三皇姑敬拜在礼俗之间回转，时而礼，时而俗，时而正，时而邪。及至如今，三皇姑这一"俗"成为当下承载地方历史文化、繁荣地方经济的关键的象征符号和地方馈赠给他者的好"礼"、厚"礼"与重"礼"。与三皇姑的现代演进雷同，遵循奉神为人和奉人为神的乡土宗教人神一体的辩证法，漠河胭脂沟的"金圣"李金镛（1835—1890）、大江南北广为敬拜的毛泽东，经历着礼与俗交替混融的辩证法。胭脂沟的金圣发财香之俗是文物化祠堂这一礼的主动下沉，既有旅游业的驱动，也因"兴利实边"的历史事实而暗合了一个日渐强大的现代民族国家于边疆的政治宣誓。借金圣发财香的磕头跪拜的体化实践，民族国家的边疆意识、主权意识、主人翁意识也悄无声息地熔铸到每个到此一游的过客的感觉结构之中，成为其意识的厚瞬间。

同样，井冈山、韶山冲等革命圣地的毛主席崇拜则与新中国的正史建构息息相关。民众巧妙利用公共空间的公权力，化公为私，为其个体敬拜赢得过渡地带，顺利完成"精神走私"，化"礼"为"俗"。这使得乡野的也是传统化的红色信仰遍布大江南北。在苍岩山，红色敬拜与三皇姑敬拜既分庭抗礼、鼎足而立，又和谐共存，红火而热闹。

作为神圣之城，有城墙区隔的旧京是一个"流体"，也是一座与农耕文明相匹配的乡土性城市。这种乡土性既体现在对土地敬畏的神圣性之中，更体现在家、街、城同构性的空间美学。不仅宫、观、庙、庵、祠、坛、寺等以不同的阶序密布旧京，供奉老娘娘的"三山五顶"还有着拱卫京师的微言大义。西直门内大街这样普通的街巷也有着有"九龙二虎"之称的众多小庙。曾经普遍存在的胡、黄、白、柳"四大门"等宗教信仰使得旧京众多的家居空间同样多少具有"庙"的性质。与此紧密相关，旧京的庙会与旗人闲适典雅的日常生活相连，集中呈现了胡同四合院、街头市井以及宫廷上下的日常生活，是充分展现个体价值、与个体生命历程、家庭伦理义务和市井街区认同紧密相关的精神性存在。

在以西方为标杆的近现代化历程中，旧京必然性地经历了去神化和对以敬拜为核心的庙会的世俗化历程。庙会整体性地衰减为彰显人力与物欲的庙市，沦为一种物化性的存在。正如妙峰山庙会的现状，随着21世纪以来举国上下声势浩大、郑重其事的非遗运动，庙市又向庙会进行了有限度的回归。

（三）聚与散的"让渡"

至此，可以简括一下本书主要讨论的"庙会的聚与散"之能指与所指。

上节文字提及了圣山庙会一直都有的山上与山下、朝聚与散开、中心与四方等多组辩证关系。然而，如果考虑到本书将庙会视为集中呈现乡土宗教和个体日常生活的"精神性的存在"，那么上述的数组辩证关系并非"庙会的聚与散"之全部。不但如此，"庙会的聚与散"也并非仅仅指一个"庙会丛"复杂的社会形态学与人文地理学。换言之，从作为记忆场的庙宇、被创造与敬拜且不断翻新涂抹的人神、庙会之乡土宗教内涵和形形色色的个体对庙会的参与、观照等多个层面而言，"庙会的聚与散"实际上指陈的是多种相互含括的"精神性存在的让渡"。

无论过去还是现在，行好的抑或说香客等底层信众践行的庙会都是一种精神性存在。庙会更主要的意义不仅仅在于不同程度地满足了底层信众的精神需求，它本身更是底层信众充满智慧与才情的精神性创造，是信众之生命观、世界观、伦理观、价值观的具化，并将其或失衡或谐美、或平顺或艰辛的日常生活与生命历程进行审美化与艺术化的集中呈现。

当然，这种精神性存在有很多物化的形式，并且经常是通过容易观察、感知到的物化的形式呈现，乃至于完全可以从兴学的庙产、兴老的庙宇和一道道"物流"来反观庙会的这种精神性存在。清末以来，随着智识阶层整体性地对本土文化的彻底否定，乡土文明向都市文明——离地文明——的全面转型，精神性存在的庙会也不得不整体性地向物化形态的庙市转型。在作为"流体"的旧京等大都市百年演进中,这种转型体现得更加分明。

同样,无论共时性观之,还是历时性审视,长期被"朝圣"遮蔽的"朝山"也始终存在着聚与散、上山与下山、山上与山下、神与人、神与神以及人与人之间的多重让渡。没有一方能全然取缔另一方,强弱的异位取决于参与其中的宗教、政治、经济、文化、生活方式、价值观等诸多因素的角力和以信众为主体的不同人群的心性与认同。惟其如此,呈众星拱月之态、公转与自转并行不悖的圣山庙会才生生不息,绵延不绝。

对于本书浓墨重彩的妙峰山、苍岩山等景观化的圣山庙会而言,宗教信仰与休闲娱乐之间也因应时代的演进和人们世界观的变迁而交融错杂,自然有序地让渡。在漠河、苍岩山、橘子洲头、韶山冲,因应现代民族国家、民族主义以及正史的叙事诗学,革命美学原本反对的、破除的东西,如红色崇拜寄生于传统信仰的新生信仰蔚为大观。在相当意义上,传统信仰和新生信仰相互含括,实则演绎的是传统与现代之间的让渡、乡村与都市之间的让渡、宗教和主义之间的让渡、官方和民间之间的让渡、唯心和唯物之间的让渡,甚至可以说演绎着所谓"科学"和"宗教—迷信"之间的让渡。

对于观察、研究并竭力诠释的学者而言,精神性存在的庙会也就演化成为一幅幅融进被特定意识形态支配的学者心性的图景,进而让渡为一种可以言说,并进行修辞表达的社会事实、精神实践、文化想象与沾沾自喜的自我幻觉。这些或深奥或浅白的精英修辞又会被民众主动地吸收、改造、化用为他们自己的言行与心性。这样,在有着话语权、表达权与支配权的强势的精英与似乎不善言辞、沉默、胆怯甚至唯唯诺诺的弱势的民众之间,其让渡也就相互激励、互生互促、循环往复。

有时,二者之间的这种让渡甚至成为一种辞不达意、言在彼而意在此的言语让渡，即语言"游戏"。文化、民俗、庙会、习惯、宗教、传统、旅游、非遗、农家乐以及文化自觉这些使用频率极高、被社会各界共享的语词，也就成为这个时代典型的"箭垛式的语词"。叠加、层累在其上的亦正亦邪、是是非非、模棱两可的语义，即再生性与不确定性，使得不同群体的口是心非、心领神会、心照不宣的交际交流有了可能，并成为事实。

在日常生活中，当民众快速地借用精英修辞或官方话语等统合、婉饰自己的或被正名或被污名的行好、朝山、赶庙等宗教实践时，形形色色的精英也会不时效仿或遵循民众的宗教实践：或置身事外，视而不见，顾左右而言他；或入乡随俗，只做不说；或进行新的话语命名而不露痕迹地婉饰。此时，因为个体的流动性、"小我"的从众性，在原本异质的不同群体内的个体身上，也就实现了言与行之间的让渡、个体与社会之间的让渡以及个体与文化之间的让渡。从而，每个日常生活中的个体都成为"宗教的人"（homo religiosus），或者说具有宗教性的人，成为一种更广泛意义上的具有宗教情结的人格存在——圣化的生命。①

尽管可能多少显得有些自不量力和一厢情愿，但本书正是对上述诸多层面精神性存在之让渡进行整体性呈现的尝试。

---

① ［罗马尼亚］米尔恰·伊利亚德，《神圣与世俗》，王建光译，北京：华夏出版社，2002，第118—125页。

一

宗教、文化与功利主义

Spiritual Mountain

乡土中国的庙会是民众日常生活中活态的、间发的、周期性的民俗事象，是在特定地域，尤其是在可让渡、转换的家与庙等共享空间中生发、传承，由特定人群组织，以敬拜神灵为核心，私密性与开放性兼具，有着节庆色彩的群体性活动和心灵图景，是底层信众践行的"人神一体"的宗教——乡土宗教[①]——的集中呈现，与个体生命的完成关联度极高。随着西学的强力东进，以一神教，尤其是基督教为标准，在各色精英主导的意识形态中，虽然晚近有了文化的名、遗产的义和作为"社会的另一种生命力"之正视，但有着磕头敬拜、烧香拜佛、许愿还愿的乡土庙会长期被视为"淫祀""异端""迷信""愚昧""封建""落后"的代名词。因为将乡土庙会、宗教置于"家"与"庙"这种二元话语框架下阐释的先天不足，这种随大流的主流认知也导致了对乡土庙会与宗教调研的俯视、蔑视和平视等不同的视角。

（一）教化民众与经济发展

在效法西方，倡导理性、科学、民主的浪潮中，在发奋图强、民族主义一统天下的总体语境下，民国时期对城乡庙会的调查研究多是要改造、教化民众和发展经济。

1925年，北京大学风俗调查会的顾颉刚等一行五人，开风气之先，"假充了朝山的香客"[②]，到京西妙峰山进行了为期三天的朝山

[①] 关于乡土宗教的定义，可参阅岳永逸，《行好：乡土的逻辑与庙会》，杭州：浙江大学出版社，2014，第49—53、83—106、166—171、307—316页。

[②] 钟敬文，《钟敬文文集·民俗学卷》，合肥：安徽教育出版社，2002，第506页。

004 朝　山

龙牌会现场

进香调查。顾颉刚强调,此次调查首先是服务于教化民众的社会运动,其次才是学问的目的。[①] 同年,陪同美国人甘博（Sidney David Gamble）等前往妙峰山调查的李景汉也是以"中国改良社会学家"自居。[②] 与顾颉刚、李景汉的柔和并有学术的目的不同,坚信庙会是迷信集中地的学者、官员则强烈地呼吁"废庙兴学""庙产兴学"。[③] 中华平民教育促进会对河北定县社会调查的目的是进一步清楚地认识中国乡村,力图改造"愚、弱、穷、私"的民众。[④] 其中,"愚"就与神灵、村庙和庙会紧密相连。[⑤]

出于民众教育的需要,各地民众教育馆也纷纷关注庙会。20世纪30年代初期,山东民众教育馆发动了地方人士对山东各地庙会的普查,目的是一窥乡野庙会屡禁不止、迷信禁而不绝的根源。[⑥] 大致同期,郑合成主持的安国药王庙会和陈州太昊陵庙会的调查则直接是出于经济以及教育的目的。于是,安国药王庙会成为一个与"农村交易"集市模型并列的庙会模型。[⑦] 从陈州太昊陵庙会,调查者则希望找出办理乡村康乐教育、生产教育、娱乐教育、道德教育、语言文字教育、艺术教育与卫生教育等方面的参考资料。[⑧] 教化、改造

---

① 顾颉刚编著,《妙峰山》,广州:中山大学语言历史研究所,1928,第1—10页。
② 李景汉,《妙峰山"朝顶进香"的调查》,《社会学杂志》,1925年二卷第5—6期,第1—2页。
③ 邰爽秋编,《庙产兴学问题》,上海:中华书报流通社,1929。
④ 晏阳初,《晏阳初全集第一卷:1919—1937》,长沙:湖南教育出版社,1989,第354页。
⑤ 李景汉编,《定县社会概况调查》,北京:中国人民大学出版社,1986,第417—446页; Gamble, S., *Ting Hsien: A North China Rural Community*. New York: International Secretariat, Institute of Pacific Relation, 1954, pp.398—425。
⑥ 山东省立民众教育馆编,《山东庙会调查 第一集》,山东省立民众教育馆,1933。
⑦ 郑合成,《安国药市调查(上)》,《社会科学杂志》,1932年三卷1期,第95页。
⑧ 郑合成,《陈州太昊陵庙会调查概况》,河南省杞县教育实验区,1934。

也是同期城市庙会调查的首要目的。1921 年，王卓然对北京厂甸庙会商家、游人、车马的调查，就是希望改良厂甸庙会，从而有利于国家社会的进步。① 十多年后，这依旧是北平民国学院经济系的师生对北平五大庙市进行调查的基本情怀。②

强调庙会在经济学方面的意义，使得庙市更具有学理上的重要性。全汉昇曾叙庙市的起源和宋、明、清以及近代城乡庙市概况，以此证明中国与西方一样，也有庙市（temple fair），并在相当意义上将庙市简单地等同于庙会。③ 由于乡土庙会与市集重合、相交、相切、相离的多种关系，主流意识形态也竭力把有敬拜活动的庙会改造成为集市，并进而与物资交流大会、博览会、展览会等同起来。庙市成为民国以来，官方认可并支持的庙会发展的主导取向。庙市研究也至今都是学界研究中国庙会的学术取向之一。④

改革开放以来，随着主流话语先后对民间文化、传统文化的遗产学与考古学诠释和民族文化瑰宝、活化石的定位，那些力挺庙会之于地方有重要意义的人，同样首先看重的是庙会的实用功能。先是在"文化搭台，经济唱戏"的框架下，宣扬庙会的经济功能，将庙会办成以商品交易为主色的物资交流会、商贸洽谈会、招商引资会，对庙会敬拜神祇的内核则三缄其口。继而，在非遗的申报、评审、保护运动中，庙会的教育、娱乐以及宗教、艺术等文化功能也粉墨登场。这才使得北京妙峰山庙会、上海龙华庙会、山西洪洞"接姑姑、迎娘娘"走亲民俗活动等一直以敬拜为核心的庙会（古称

---

① 王卓然，《北京厂甸春节会的调查与研究》，北京高等师范学校平民教育社，1922。
② 民国学院编，《北平庙会调查报告》，北平民国学院，1937。
③ 全汉昇，《中国庙市之史的考察》，《食货半月刊》，1934 年第 2 期，第 28—33 页。
④ 如 Cooper, G., *The Market and Temple Fairs of Rural China: Red Fire*, London: Routledge, 2013。

"淫祀")与泰山封禅、天坛祭天、炎帝黄帝祭典等官祭、正祀比肩而立,纷纷晋身国家级非遗名录。在凸显这些非遗文化特色的同时,庙会中信众的敬拜实践也有了部分不言自明的合理性。无论是偏重于其经济功能还是文化功能,各地试图以有特色且历史悠久的庙会开发旅游、发展经济,顺势进行文化建设始终是精英"俯就"庙会的核心目的。

21世纪以来,GDP附身的"官媒精英"①的潜在欲望进一步导致景区和圣山的合流:一方面,原本没有宫观庙庵的景区不遗余力地修建庙宇,使景区圣山化、灵验的香火制度化;另一方面,原本仅仅是庙会期间才热闹红火的圣山则尽力提高包括交通在内的配套服务设施的档次、规格,使圣山景区化、高价门票常态化。与旅游产业相伴的香火经济、庙会经济成为国民经济,尤其是地方经济的重要组成部分,也成为日渐强大的民族国家的地方性表达,并促生了以承包经营管理为主调的产销宗教的政治—经济学。间杂其间的则是将庙会定位为"迷信"的正颜厉色的讨伐。"靠迷信敛财""被承包的信仰"的批评之声不时见之于传媒。

无论初衷在于教育、改造,还是发展经济、弘扬文化,精英的俯视使得对庙会的调查、书写反而记录了可能会消失或以为已经中断消逝的"迷信",多了些考证和实录的意味。20世纪30年代,鉴于"酆都迷信在中国民间有非常普遍的势力",本着"研究中国宗教与中国社会风俗"的精神,卫惠林对酆都香会进行了调查。② 同期,林用中、章松寿二人对杭州老东岳庙的宗教活动进行了"恐怕是妙峰山以

---

① 岳永逸,《都市中国的乡土音声:民俗、曲艺与心性》,北京:中国人民大学出版社,2015,第70—71页。
② 卫惠林,《酆都宗教习俗调查》,四川乡村建设学院研究实验部,1935。

后的第一回"有价值的记录。①叶郭立诚等对北平东岳庙会调查的动因同样是基于"再过数十年民智大开,迷信破除,泛神信仰终必泯灭"的朴素认知,其保存的"迷信"资料包括求子、求寿、求婚、求财、求官等实践,以及香会的组织、活动、现状,东岳庙的神话传说等。②在当下不同级别的非遗申报、评审运动中,众多庙会的敬拜实践,尤其是"文化大革命"期间潜伏的敬拜实践史,通过非遗申报书的填写及其延伸的立体化叙事诗学成为史实、事实。③

(二)政治强国与文化大国

对围绕乡野宫观庙庵的宗教庆典,历朝历代的统治者一直都采取了"胡萝卜加大棒",即正名与污名叠加的统治技艺:或招安从而纳入"正祀"系统,或贴上"淫祀"标签进而打压封杀。正因为如此,强调正祀、淫祀互动转化的"变迁之神"④"道与庶道"⑤也就日渐成为中国宗教研究的主流话语。就传统的本土写作,正祀是正史和方志等精英写作大书特书的内容,淫祀要么在乡野身体力行、口耳相传,要么成为戏剧家、小说家津津乐道的志怪与笔记。

---

① 钟敬文,《钟敬文文集·民俗学卷》,合肥:安徽教育出版社,2002,第507页。
② 叶郭立诚,《北平东岳庙调查》,台北:东方文化,1970。
③ 岳永逸,《非遗的雾霾》,《读书》,2016年第3期,第31—38页。
④ Hansen, V., *Changing Gods in Medieval China, 1127—1276*, Princeton: Princeton University Press, 1990.
⑤ Hymes, R., *Way and Byway: Taoism, Local Religion, and Models of Divinity in Sung and Modern China*, Berkeley: University of California Press, 2002.

自利玛窦到东土以来，以香烛纸炮为表征，以磕头跪拜的体化实践为标志，在祠堂、墓地、庙宇等不同时空操演的乡土宗教就经历着传教士对其持之以恒的"异端""迷信"的污名化历程。① 基于淫祀这一传统话语营造的温床，在西方科学和革命政治诗学的裹挟下，伴随现代民族国家的建设，"迷信"很快后来居上，全面取代"淫祀""异端"成为乡土庙会和宗教的代名词。对庙会的"迷信"定格，演化到极致就是在捣毁神像、将庙产学校化之后，急迫地对庙会的庙市化改造，直至全面取缔。在 20 世纪，这也是打破 1949 这个政治节点而持续时间最长的一种国共两党都认可的革命姿态。与高高在上的俯视一样，不屑一顾的蔑视成为百余年来精英对集中展演乡土宗教、民间文化的庙会的体位学之一。这既体现在清末以来的庙产兴学运动中，又更为集中地体现在 1949 年以后主流话语急于重新定义庙会和对庙会彻底去神化、集市化以及将部分庙宇、神像文物化的禁锢之中。

就整体状况而言，1949 年后到改革开放前，大陆公开以敬拜为核心的庙会基本处于缺失状态。但是，在禁绝庙会最激烈的年代，"庙会"一词也不时出现在宣扬主流意识形态的文艺作品中。像当时的人、社会、国家一样，"庙会"这个语词也经历由旧向新、由消极向积极、由愚昧向科学、由黑暗向光明的多重语义学转化，有着复杂的"单向性"。

在"大跃进"时期的小演唱、相声以及诗歌等快捷的文艺化宣传品中，新庙会是农业、工业和科技比武、新发明交流、社会主义建设成果展示的平台，以至当下的北京中关村不时还有"科技庙会"

---

① Paper, J. D., *The Spirits Are Drunk: Comparative Approaches to Chinese Religion*, Albany: State University of New York Press, 1995, pp.4—12, 15—17.

之类醒目的广告横幅。"新"庙会要么是社员们心向往之的即将在城里展出的割麦机、插秧机等先进成果的展览会①，要么是不烧香、不拜佛、没有泥菩萨、不求签、不看相的城市工人们就革新项目、技术、生产等展开的大比拼②。或者，庙会直接就是工、农业"大跃进"的展览会。

这些展览包括：电气火车、小汽车、喷气式飞机、大火轮、太阳灶等工业展览；亩产三万五的水稻、一斤重的棉桃、五尺三四高的洋葱、一百来斤的地瓜、插秧船、拖拉机等占据的农业馆；宣传节育等的文化棚。在这些以展览为主的新庙会现场，百货公司是体现共产主义新风气的"无人售货"，娱人的戏楼唱的是紧扣时事的新词，诸如"总路线鼓足干劲"、畅想"那时候驾火箭乘卫星飞上天去，游月宫逛火星任意来回儿"，从而"活活气死迷信人儿"的"十五年展望"等。③

与此诱人、阳光灿烂的当政者张扬的"主观真实"大相径庭，参加旧庙会的人一律是头戴瓜皮帽，身穿紫红袍，腰束纺绸带，脚蹬风凉皮鞋，手拿小乌龟，口袋装泥娃娃，肩上扛五香豆的"二百五"。这些二百五所带的物品是："一股香，两支蜡烛，三串元宝，四个爆竹，五个铜钱敬菩萨，六个鸡蛋当午饭，七根甘蔗解口渴，八块饼干防肚饥，九张草纸，十瓶十滴水"。到庙会后，"二百五"们先给菩萨磕头，然后就傻不兮兮地看热闹。④

作为强力政治和主流意识形态延伸的"手"，在这些通俗也是应

---

① 红光等，《赶庙会》，上海：新文艺出版社，1958，第1—17页。
② 水文祥等，《庙会花开十里香》，上海：上海文艺出版社，1958，第16页。
③ 戏曲演唱资料第二辑，《小两口逛庙会 二人转》，北京：中国戏剧出版社，1958，第1—7页。
④ 陈万镒等，《看庙会》，上海：新文艺出版社，1958，第1—6页。

景的文艺宣传作品中,庙会的能指和所指都发生了质变。这也从反面说明"旧庙会"的根深蒂固和庙会长期都是中国大多数民众喜闻乐见的生活方式,以至于坚决重塑意识形态的执政者不得不借助它,并竭力赋予其新的内涵。于是,对"庙会"的基本言说、叙事、写作与实践也就完全成为当时新好旧坏、新光明旧黑暗的"正史""大历史"的异文,并熔铸到"感恩型国家"①形塑的洪流之中。民众被进行了最宽泛意义上的精神"洗澡"。进一步,反复的书写、宣讲与演练使新庙会赋予的"翻身"幻觉与美妙前景的幻象被夯实为民众的感官感觉、意识的厚瞬间和"主观现在"(subjective present)②。民众也在被动中自觉地内化为"人民"这个"政治强人"。

对庙会的重新定义、言说导致了两种结果。直接的结果是,在参与感恩型国家叙事的洪流中,与"旧"庙会相关的敬拜行为龟缩于家户等私密空间,处于隐性、匿名甚至缺失的状态。间接的结果是,在改革开放后,尤其是 21 世纪以来,在与庙会相关联的非遗申报过程中,大、小庙会都会强调当地人是如何在 1949 年后,尤其是在"文化大革命"时期坚持过会。③

近十多年来,在民族民间文化/非遗—迷信两可表述的窘境中,诸多庙会在申遗过程中的申报书、音视频等多媒体文本的制作和随后不同行政级别的非遗命名等,都表达着改革开放前后两个不同的"新"中国。前一个新中国更多喻指的是豪情万丈又步履维艰的政治强国,后一个新中国则更多喻指的是经济力支撑的文化大国、文化

---

① 郭于华,《倾听底层》,桂林:广西师范大学出版社,2011,第 58—72 页。
② [英] 汉弗里,《看见红色》,杭州:浙江大学出版社,2012,第 78 页。
③ 如:周希斌主编,《尧舜之风今犹在:洪洞羊獬"三月三接姑姑迎娘娘"远古走亲传统习俗》,北京:中国戏剧出版社,2006,第 43—45 页。

2005年河北乡下家中过会现场

古国以及文化强国梦。两个"新"中国意识形态的建构都有相当一部分不约而同地指向了大众广泛参与的庙会、践行的宗教，只不过前者是反向规训，后者正向利用。当然，掌控话语与表述权力的官媒精英不同于清末与民国时期的启蒙知识分子。

在落后挨打的大背景下，志在救亡图存的启蒙精英本意是学习西方所谓的科学、理性，因此作为大多数的民众就成为应该被改造、必须被改造，也可以被改造的民众。有着自己生活世界和价值观的民众在启蒙精英那里也就顺理成章地被一分为二：愚、弱、穷、私的民众和孕育着民族希望的民众。改革开放前，政治强国的政治精英少了其先辈启蒙精英的文化关怀，将"革命"观念，尤其是政治革命发挥到了极致，要彻底破除本土的文化传统。在拒斥被称之为资本主义、帝国主义的西方的同时，政治精英也以封建主义罪名从文化层面展开史无前例的"去中国化"运动。这种革命文化一统天下。

从表象上看，文化大国的官媒精英似乎远离了之前的政治精英，更接近于启蒙精英，但事实上与二者有着本质的不同。在政治的框束下，新时期的官媒精英主要的工作是对所谓"复兴"的民间文化—传统文化进行新的言语表述，绞尽脑汁地"婉饰"（euphemism）[1]，沾沾自喜地"夸父"。在此洪流中，中国一下成为世界上文化遗产、非遗最多的国家之一。官媒精英这种振振有词的炫耀、"舍我其谁"的反哺心态，实则是对乡土庙会及宗教蔑视体位学的变形。它虽没有政治精英的霸道，也少了启蒙精英的忧患意识及其连带的批判精神。

---

[1] Bourdieu, P., "The Economy of Symbolic Gods", in *The Logic of Practice*, Cambridge: Polity Press, 1998, pp.92—123.

（三）时空阶序中的"好奇"

与上述基于开启民智、发展经济、文化保护的庙会调查、书写不同，更多的研究是将庙会作为与宗族同等重要的认知中国社会与文化的基本入口。由此，村庙与祠堂有着同等重要的意义。早在1915年，就有人指出中国的村庙更像一个社会生活的中心，而非宗教生活的中心。① 由于各地情况的差异，村庙及庙会在村落生活世界中的分布和角色并非整齐划一：或是在某种程度上与村民日常生活分隔②；或者庙宇祭神是祠堂祭祖的延伸，都是宗族凝聚的机关③；或者村庙与并立的教堂、祠堂一道，使村庄日常生活有着巨大的张力④。为此，到20世纪40年代初，出现了基于村庙乃社会公共空间认知基础之上的"庙宇宗教"的命名与研究。⑤

一度住在北平东岳庙附近的古德里奇对东岳庙的调查更多是出于因陌生的好奇：东岳庙这个寺庙是干嘛的？里面的神祇都是谁？他们能干什么？为什么人们前来烧香敬拜？⑥ 古德里奇的"好奇"回

---

① Leong, Y. K. & L. K. Tao., *Village and Town Life in China.* London: George Allen & Unwin Ltd, 1915, p.32.
② 费孝通，《江村经济——中国农民的生活》，北京：商务印书馆，2001，第35—36、100—101页。
③ 林耀华，《义序的宗族研究》，北京：生活·读书·新知三联书店，2000，第32—33、52—55页。
④ 杨懋春，《一个中国村庄：山东台头》，南京：江苏人民出版社，2001，第154—157页。
⑤ 陈永龄，《平郊村的庙宇宗教》，北平：燕京大学法学院社会学系学士毕业论文，1941。
⑥ Goodrich, A. S., *The Peking Temple of the Eastern Peak*, Nagoya: Monumenta Serica, 1964, pp.1—2.

2006年北京东岳庙会中的二鬼摔跤表演

016 朝　山

2006年北京东岳庙会中的拉洋片

响在杜博思对当下河北沧州民间宗教教派的研究中,其研究同样是始于对中国人个体宗教精神的质疑。① 与古德里奇的"好奇"不同,南满洲铁道株式会社目的明确地记录了 20 世纪三四十年代华北农村大量的村庙及庙会情况。② 调查者的侵略者身份和报告人有限度的合作导致的反复问询,反而使得调查材料的质量"可能高于"同一时期世界任何其他小农社会的有关资料。③ 沿着问答脉络,我们会发现日本人也将庙会与宗族置于了同等重要的地位,他们试图了解庙会与宗族等村落组织、经济、教育和村民日常生活之间的动态关系。

改革开放后,随着大陆民俗学、人类学、社会学等学科相继恢复,一直被不同学科的学者强调的畛域很快因为学科自身发展的需要、学科之间的交流而迅速打破。伴随同一时期大量的乡土庙会纷纷浮出水面,大陆学术界对庙会的研究既秉承了 1949 年前的学术传统,也深受海外相关领域既有研究的影响,在深度观察众多庙会的基础之上,力求厘清庙会的本质。

在 1990 年代,由台湾学者王秋桂主编的基于田野调查的 85 种"民俗曲艺丛书"中的多本都与乡土庙会有关。同样主要是依赖地方上的文化人,法国学者劳格文(John Lagerwey)主编的"客家传统社会丛书",系统地辑录了粤、闽、赣等地客家村落的庙会调查资料。与之相呼应,由欧大年(Daniel L. Overmyer)和范丽珠共同主编的"华北农村民间文化研究丛书"中的诸多篇章也是对华北乡村庙宇与庙会的调查。与此同时,不同角度、不同层次、不同范围的

---

① DuBois, T. D., *The Sacred Village: Social Change and Religious Life in Rural North China*, Honolulu: University of Hawai'i Press, 2005.
② [日]中国农村惯行调查刊行会,《中国农村惯行调查报告 1—6 卷》,东京:岩波书店,1985。
③ 黄宗智,《华北的小农经济与社会变迁》,北京:中华书局,2000,第 31—45 页。

研究庙会的论文集纷纷出版。在大陆，相关论文集的出版意味着对长期被压制的庙会等社会惯习在一定程度上的正视。[①]这使得无论是作为一种宗教仪式活动、庆典，还是作为一种言说，乡土庙会都有了部分共享的合理性。

由于一直未曾中断的学术传统，学者对港台的庙会研究是蚕食性的，并产生了社会空间、生活节律以及经济理性—宗教市场等多种不同的路径。

出于对弗里德曼（M. Freedman）为代表的宗族模式的反思，对施坚雅（G. W. Skinner）市场圈和巨区理论的反动，地缘社会的组织、地域崇拜的研究成为20世纪后半叶学界的热点。桑高仁将台湾的地域崇拜分为了聚落、村落、跨村落与朝圣四个层次。[②]在其系列文章中，林美容对"祭祀圈"和"信仰圈"进行了严格区分。她指出，祭祀圈"本质上是一种地方组织"，可能发展成为以某一神明或其分身信仰为中心的区域性信徒之志愿性的宗教组织——信仰圈，二者都表现出台湾民间社会基本上是一种地域构成。[③]同样，打醮在香港不同社区的延续与变化和社区本身的特质密切关联。[④]"地域的等级"也在云南大理白族"绕三灵"的仪式研究中得以运用，成为

---

① 如高占祥编，《论庙会文化》，北京：文化艺术出版社，1992。
② Sangren, P. S., *History and Magical Power in A Chinese Community*, Stanford: Stanford University Press, 1987, pp.51—92.
③ 林美容，《由祭祀圈来看草屯镇的地方组织》，《"中央研究院"民族学研究所集刊》，62（1986），第53—114页；《由祭祀圈到信仰圈——台湾民间社会的地域构成与发展》，见张炎宪主编，《中国海洋发展史论文集（第三辑）》，台北：南港，1988，第95—125页；《彰化妈祖的信仰圈》，《"中央研究院"民族学研究所集刊》，68（1989），第41—64页。
④ 蔡志祥，《打醮：香港的节日和地域社会》，香港：三联书店（香港）有限公司，2000。

一家之言。①

与此空间视角不同,受范·根纳普(Arnold van Gennep)、维克多·特纳(Victor Turner)的仪式研究和巴赫金狂欢理论的影响,李丰楙以海峡两岸的庙会为例,将有仪式表演并象征着宇宙观重建的庙会视为民众非常生活、狂文化的集中体现,"常—非常—常"之间的循环交替使民众的生活流形成忙与闲的起伏节律。②除关注进香仪式空间的阶层性,张珣也关注进香等庙会行程中异质时间及其流变所蕴含的象征意义。以大甲妈祖进香为例,她指出与个人时间、社会时间等世俗时间相对立的神圣时间的"无分别"特征。在进香过程中,香客经历了由物理、钟表、世俗、社会、制度的时间向静止、封闭、不朽、系谱、错置的时间转换。作为一种修炼过程,进香也就包含了不同架构时间的经验和超越。③

由于庙会本身在特定社区、地域中的节庆性质,以及中国人春祈秋报的农耕文化传统,从生活节律的角度来剖析庙会同样为赵世瑜等大陆学者重视。庙会在民众生活之中体现出"一静一动、一平常一非常"的律动之美被广泛认可。④与神圣和世俗一样,狂欢与日常也成为中国庙会研究中出现频率最高的词汇。

毋庸置疑,作为一种知识的生产,对庙会在时空体系中的"位置"和庙会内的时空观念的分析有着重要意义。但是,这些看似逻辑

---

① 梁永佳,《地域的等级:一个大理村镇的仪式与文化》,北京:社会科学出版社,2005。
② 李丰楙,《由常入非常:中国节日庆典中的狂文化》,《中外文学》,1993年第3期,第116—150页;《台湾庆成醮与民间庙会文化:一个非常观狂文化的休闲论》,见林如编,《寺庙与民间文化研讨会论文集》,台北:天恩,1995,第41—64页。
③ 张珣,《文化妈祖:台湾妈祖信仰研究论文集》,台北:"中央研究院"民族学研究所2003,第63—106页。
④ 赵世瑜,《狂欢与日常:明清以来的庙会与民间社会》,北京:生活·读书·新知三联书店,2002。

清楚的理性书写与学术知识究竟在多大程度上反映了中国民众的宗教实践和庙会？乡土庙会和民众日常生活之间的关系仍然需要追问。

（四）功利化的复兴？

整体而言，改革开放后对大陆庙会的研究主要集中在大都市郊区那些与国家或当政者关系密切的城乡庙会。除对妙峰山庙会持之以恒的学术热情之外，围绕泰山、五台山、普陀山、黄山、武当山以及女娲、盘古等庙会经常都是学者关注的重点。[①]与此同时，国内外不同学科的学者纷纷从港台、闽粤等地，从泰山等名山大川以及北京等大都市郊区走出来，走向了华北、西北乡村。但是，多数因时应景的调研，同样是在"家"与"庙"对立的二元语境下展开的。由果溯因的"复兴论""功利论"成为庙会阐释的主流，二者又互为因果，因为复兴所以功利，因为功利所以复兴。

抓住孔庙在传统中国和日常生活中祠庙合体的独一无二性，景军描述了改革开放后兰州附近的大川、小川两村孔姓人对孔庙的修复，分析现今这个孔庙庙会语言、仪式种类、结构，参与者与其食

---

① 如：Naquin, S. & Chün-fang Yü (eds), *Pilgrims and Sacred Sites in China*, Berkeley: University of California Press, 1992; Dott, Brian R., *Identity Reflections: Pilgrimages to Mount Tai in Late Imperial China*, Harvard East Asia Monographs, 244. Cambridge, MA: Harvard Asia Center, 2004；梅莉，《明清时期武当山朝山进香研究》，武汉：华中师范大学出版社，2007；叶涛，《泰山香社研究》，上海：上海古籍出版社，2009。

物类别之间的关系等，可谓一枝独秀。①该研究表明庙会不是一个孤立的事件，它与村落公共生活的现状、过去以及对将来的期待紧密相连，隐喻了村落的群体记忆和村民对当下生活秩序的认知及应对策略。近20年来，学界对华北平原腹地小村范庄龙牌会的研究大致也是延续了这一政治学路径，只不过添加了传统民俗、文化遗产枯木逢春、循环再生的视角。②

与此强调权力制衡和权利获得的政治学取向不同，梁景文等人对广州和浙江金华黄大仙庙会的研究凸显的是经济力，想说明源自港台，自上而下的庙宇（庙会）资本主义已经在中国大陆开花结果。③顺势，整合宗教、政治、经济、文化、生态、市场的旅游经济学视角下的庙会研究异军突起。④对这些研究而言，庙会是一个花里

---

① Jing, Jun, *The Temple of Memories: History, Power, and Morality in A Chinese Village*, Stanford: Stanford University Press, 1996.

② 如：刘铁梁，《村落庙会的传统及调整——范庄"龙牌会"与其他几个村落庙会的比较》，见郭于华主编，《仪式与社会变迁》，北京：社会科学文献出版社，2000，第252—309页；高丙中，《民间文化与公民社会：中国现代历程的文化研究》，北京：北京大学出版社，2008，第245—258、293—306页；岳永逸，《灵验·磕头·传说：民众信仰的阴面与阳面》，北京：生活·读书·新知三联书店，2010，第85—168页；赵旭东，《本土异域间：人类学研究中的自我、文化与他者》，北京：北京大学出版社，2011，第163—197页；华智亚，《龙牌会：一个冀中南村落中的民间宗教》，上海：上海人民出版社，2013。

③ Lang, G., S. Chan and L. Ragvald, "Temples and the Religious Economy," in Yang, Fenggang and Josrph B. T. (eds), *State, Market, and Religious in Chinese Societies*, Leiden: Brill, 2005, pp. 149—180; Chan, S. Ching and G. Lang, "Temples as Enterprises," in Chau, Y. (ed.), *Religion in Contemporary China: Revitalization and Innovation*, London: Routledge, 2011, pp.133—153.

④ Oakes, T. and D. S. Sutton (eds), *Faiths on Display: Religion, Tourism, and the Chinese State*, Lanham: Rowman & Littlefield Publishers, 2010.

胡哨、你方唱罢我登场的"社会剧场"。虽然信仰活动被浓妆艳抹地展示，活跃其中的主角却并非底层信众，而是不同程度居上位的利益群体。

与上述研究偏重于庙会的政治权谋或经济效能不同，周越直接把陕北榆林地区龙王沟的黑龙大王庙会作为研究对象。虽然同样涉及政治、经济、生态、市场、文化、旅游等诸多因素，也有着资本、庇护人等在港台庙会研究中常见的经济学术语，周越的研究更强调信众所实践的宗教的内发性，即他所言的"做宗教（doing religion）"。由于有老王这样经历丰富、能干的庙首，今天的黑龙大王庙已经拥有自己的学校、植物园等产业，成为当地一个有影响的"产业公司"，能从不同角度给当地不同阶层和角色的人带来相应的回报。与罗红光关注黑龙大王庙会中的灵签不同[①]，周越在当地历时五年的田野调查是想以此为例，探究改革开放后，宗教在中国农村社会的复兴、红火之因，并建构了其注重过程和实践的"做宗教"范式[②]。

对传统庙会今天的兴旺，学界大致有两种观点：高压政治松绑后的"复兴论"和受机会主义、风险社会、投机心理和生命机会支配的"世俗功利化论"。二者共有的假设是，社会的变迁、经济的发

[①] 罗红光，《权力与权威——黑龙潭的符号体系与政治评论》，见王铭铭、王斯福主编，《乡土社会的秩序、公正与权威》，北京：中国政法大学出版社，1997，第333—388页。

[②] Chau, A. Y., *Miraculous Response: Doing Popular Religion in Contemporary China*. Stanford: Stanford University Press, 2006, pp.73—76; "Modalities of Doing Religion," in Palmer, D. A., G. Shive and P. Wickeri (eds), *Chinese Religious Life*, New York: Oxford University Press, 2011, pp. 67—84; "Modalities of Doing Religion and Ritual Polytropy: Evaluating the Religious Market Model from the Perspective of Chinese Religious History," *Religion*, vol.41, no.4 (2011), pp. 547—568.

展、主流意识形态对此的松动、精神的需求和传统的惯性为现今乡土庙会的繁荣提供了充要条件。复兴论者更强调政治松绑的重要性。世俗功利化论者则将现今乡土庙会的繁荣归结为中国乡土宗教在回应现代社会变迁、迎合现代人的生存压力后的世俗化和功利化之结果。风险社会、投机主义、社会不公、个体苦难对之非常重要。

历时性观之,历代统治者都将乡野庙会视为淫祀或威胁其统治的不稳定因素,要么污名化、大力禁止,要么将其正统化、为之正名。共时性观之,宗教与政治之间的复杂关系绝对不仅仅存在于中国。[①] 在日常生活层面,无论是一神教还是多神教,各种宗教都有着弥散性、实用主义和功利主义等特征。一神教更甚,因为它想完全支配个体的言行与日常生活,将日常生活神圣化,也将神圣化为世俗。马克斯·韦伯（Max Weber，1864—1920）将新教伦理与资本主义精神勾连一处就是关于基督教演进的经典论述。[②] 事实上,进入工业文明以来,关于宗教的离去或衰减就与信仰的个体化抑或教徒的持久在西方宗教学界争论不休。[③] 同样,个体不可控的天灾人祸等风险、不均等的生命机会以及必然或多或少面临的苦难绝对不单单是转型中国的特色,而是人类社会的常态和共性。意识到这些,复兴论和世俗功利论也就不攻自破,丧失了其攻必克、战必胜的解释能力。

与这两种论调相较,周越对中国乡土宗教与庙会的现状

---

① Yang, Fenggang, *Religion in China: Survival and Revival under Communist Rule*, Oxford: Oxford University Press, 2012, pp.159—179.
② [德] 韦伯,《新教伦理与资本主义精神》,康乐、简惠美译,桂林：广西师范大学出版社,2007。
③ [法] 吕克·费里、马塞尔·戈谢,《宗教后的教徒》,周迈译,北京：中国人民大学出版社,2007。

研究有了新的突破。他从个体、庙会组织对庙会地组织——做（doing）——中去找原因，将宗教研究从过去时态、现在时态等一般时态明确地变成了进行时态。他将乡土庙会、宗教与民间的社会组织和地方政府官员的民俗性（自己或家人对神灵的敬畏）结合起来思考。迄今为止的相关研究中，能做到把庙会本身作为考察对象来研究庙会的复兴，又未陷入功利论、复兴论的叙事陷阱的不多，而周越的论证又最为翔实、全面。

但是，像陕北黑龙大王庙会这样的庙会并不常见。中国更多的乡土庙会是散漫的，既没有强有力的组织者，也没有一呼百应的神媒，更难发展成一个能不停增产、增值的公司。它们绝大多数要么是"内卷化"的传衍，要么就是如春草秋虫般自生自灭。对于绝大多数的乡土庙会，资本主义、托拉斯仍然是一个非常遥远的名词。①

河北赵县铁佛寺庙会就是这样一个内卷化发展的乡野庙会。2002年庙会期间，戏班开台唱戏前迎神

---

① 岳永逸，《行好：乡土的逻辑与庙会》，杭州：浙江大学出版社，2014，第264—268页。

当然，在一定意义上，周越也忽略了庙会生活在中国乡村生活中的常态性、结构性和不可缺失性，以及作为一种文化体系的庙会是老百姓一种日常生活方式、信众实现其生命历程的重要时空和庙会自身所具有的再生能力。这种忽视使得周越仍然从庙会外部，如红白喜事的组织等方面去寻找当下乡土庙会及宗教的红火之因。

（五）日常生活中的文化体系

20世纪30年代中期以降，在诸如村落、社区这样具体的时空中研究民俗是摆脱文学、史学桎梏后社会科学化的中国民俗学的基本取向。[①] 因为战争等历史缘由，中国民俗学重新回归这一传统则与改革开放后和人类学、社会学、日本民俗学等相关学科的交流密切相关。受福田亚细男等日本民俗学家村落研究范式的影响，刘铁梁明确提出了村落作为一个具有实体性的时空单元，是"民俗传承的生活空间"的命题。[②] 自此，在村落生活中考察庙会、宗教，把庙会和村落两个领域有机结合起来描述、阐释成为大陆学者庙会研究的一种基本路径。尽管还是在"家"与"庙"、私与公二元对立的话语下进行研究，但在其系列研究中，刘铁梁视村落庙会为一种文化体系、图示或者说有机体，始终将它放置在村落内外的日常生活和民众的情感世界中进行观察，并试图说明或者说提出了下述话题：村

---

① 岳永逸，《忧郁的民俗学》，杭州：浙江大学出版社，2014，第24—33页。
② 刘铁梁，《村落——民俗传承的生活空间》，《北京师范大学学报》，1996年第6期，第42—48页。

落庙会的多元性、公共性与开放性、象征性与生产性、自足性。①

与刘铁梁着力于从村落生活把握庙会不同,多数研究更关注地方社会、神职人员、仪式专家对于庙会的意义。作为汉语圈重要的学术刊物,台湾刊行的《民俗曲艺》的"宗教与地方社会""天灾与宗教""庙会与地方社会""神职人员与地方社会"和"礼仪实践与地方社会"等专辑虽各有主题,但其中的论文却多少都与乡土庙会有着关联。这些研究多"结合了历史文献的耙梳与系统化的田野调查",欲通过与庙会关联的异质性群体、信仰、仪式、剧场表演等来"探索其如何反映乃至形塑地方社会的发展",进而"藉由地方社群的案例讨论,直探中国文化内部的大问题"。②

与港台等华人社区的庙会"是展现当地特色及巩固权力网络的场合"不同,大陆的庙会是"一种受到谨慎控制但合理的宗教表现",国家及地方政府对庙会的高度重视既源自于其衍生的观光资源,也因为它内在地提升了当地并不总是能符合国家政策议题的能力。③鉴于已有的研究侧重于仪式、经济层面和庙会与当地历史的关系,参与庙会的个体,尤其是在地方社会有着重大影响的住持、庙祝、道士以及会首等神职人员与官员、精英之间的互动成为关注的焦点。但是,打通宗教史与社会史等学科界限,希望对中国地方宗

---

① 如:刘铁梁,《村落庙会与公共生活秩序》,见财团法人中华民俗艺术基金会编,《两岸民俗文化学术研讨会论文集》,台北:"台湾政府"文化处出版,1999,第135—147页;《作为公共生活的乡村庙会》,《民间文化》,2001年第1期,第48—54页;《庙会类型与民俗宗教的实践模式:以安国药王庙会为例》,《民间文化论坛》,2005年第4期,第12—18页。
② 康豹,《"宗教与地方社会"专辑(I)前言》,《民俗曲艺》,137(2002.9),第6—8页。
③ 康豹,《"庙会与地方社会"专辑导论》,《民俗曲艺》,147(2005.3),第9—14页。

教传统理解的方法论上的"突破"[①],从而深度理解地方社会与文化以及中国文化的欲求,使得有内在生命力的庙会和作为一种文化体系的庙会再次沦为学术生产的工具。

虽然新时期以来有了很多精深的研究,但无论是哪种取向或侧重哪方面的庙会研究,多数都是将庙会作为其他研究或特定认知论、方法论阐释的载体。不仅如此,作为其他研究布景与工具的庙会研究还深受神圣与世俗、狂欢与日常等学术话语的制约,经常沦为一种偏重于客位的和似乎理性的功能分析。在这多数调查研究中,传承、操演庙会的行动主体——民众虽然已非被动的、会接受改造的愚民,但也非拥有自我意识、思考与行动能力的积极行动者。更重要的是,乡土庙会不但似乎是与现代生活格格不入的民众生活世界中的一块"飞地",与个体生命的完成、民众生活方式少有关联,而且还是简单地放置在"家"与"庙"二元结构的叙事框架下,乃静态的客体。

如果说宗教是一种文化体系[②],那么在中国传衍千年并整体性呈现宗教生态的乡土庙会同样也是一种文化体系。这种文化体系不仅指陈灵验的神祇等人们对宇宙万物的感性把握和宗教认知、实践与生产,庙宇建筑、雕塑等空间艺术,庙戏等舞台艺术,朝山进香、神祇出巡等时间艺术,灵验传说等口头艺术,还指陈因应这些多重因素互动而形成的乡土庙会犹如变形虫和变色龙般的适应性、伸缩性——政治艺术。换言之,不仅每个乡土庙会是一种文化体系,如网状的乡土庙会整体也是一种文化体系。这种短暂却周期性生发传衍的文化体系涵括了中国乡民生活的全部。

---

① 康豹,《"神职人员与地方社会"专辑(I)引言》,《民俗曲艺》,153(2006.9),第11—24页。

② Geertz, C., *The Interpretation of Cultures: Selected Essays,* New York: Basic Books, Inc, 1973, pp.87—125.

对乡土庙会及其行动者——民众的认知需正视民众人神一体的造神逻辑,进而将乡土庙会视为与特定群体和地域相关联在家与庙之间让渡、转换的动态过程,而不是仅仅将其视为脱离日常生活的一个特殊的事件或庆典。同时,研究者也需要打破微观与宏观、传统与现代、国家与社会、时间与空间、神圣与世俗、狂欢与日常、常与非常、个人与社会、客位与主位、客体与主体等二元话语建构的藩篱,尤其是突破人与神、家与庙、公与私、一神教与多神教的机械对立。

(六)"家""庙"之间与之外

无论是作为一个社会单位还是生活空间,以"家"为核心的宗族研究和以"庙"为核心的宗教研究始终都被委以重任,是研究中国文化的重要两极,并分别聚焦于指向内的私和指向外的公。这又具体体现在蔚为大观的学术写作的"祠祭"与"庙祭"的对峙之中。对中国宗教及其文化的认知也就长期陷于"家—宗族"与"庙—宗教"这组片面对立的二元话语的桎梏之中,并外加上源于一神教认知的神圣与世俗、狂欢与日常的绳索。

60多年前,许烺光就使用了"家庭宗教"(family religion)一词,家庭宗教的核心就是祖先敬拜。用"祖荫下"三个字,许烺光隐晦地表达了家庭宗教消极的一面。他指出,西镇的祖先敬拜是一种日常化的行为,"家庭是宗教的一部分,反之宗教也是家庭的一部分",而且奇迹、灵验并非家庭宗教的关键。[①] 虽然裴玄德学术旨趣

---

① Hsu, L.K., *Under the Ancestors' Shadow: Chinese Culture and Personality,* London: Routledge & Kegan Paul, 1949, p.242.

与许烺光大相径庭,作为重要的比较神学家,他一直强调基于家的宗教对于人类文明的重要意义。为此,他认为中国的敬祖,即家庭主义(familism)是积极的,值得肯定的,也是中国人应该引以为自豪的,并以此为基础创建与基督教认知范式并驾齐驱的认知人类宗教的新范式:Chinese Religion。①

与此不同,承袭一神教的"朝圣"认知范式格外关注庙。因为村庙迥异于基督世界的人文地理学特征和其作为公共生活空间的开放性,村落四围、城市四围的寺庙及其宗教实践一直是中国宗教研究中与家庭宗教并驾齐驱的另一极。② 以至于1941年,在杨堃的指导下,陈永龄醒目地使用了"庙宇宗教"一词作为学位论文题目的中心语。在详尽调研、记述大同东南乡村庙宇、碑铭及其历史后,1947、1948年,贺登崧等专程前往万全、宣化等地,调查统计当地庙宇的现状与历史,并得出两地村庄庙宇的平均数。③ 家居之外的庙祭,尤其是走向"五岳"这些圣山和政治文化中心的庙的敬拜更是

---

① Paper, J. D., *The Spirits Are Drunk: Comparative Approaches to Chinese Religion*, Albany: State University of New York Press, 1995, pp.61—68; "A New Approach to Understanding Chinese Religion," *Studies in Chinese Religion* [Taipei], vol.1, no.1 (2013), pp.1—30.

② 如:Shryock, John, *The Temples of Anking and Their Cults—A Study of Modern Religion*, Paris: Geuhner, 1931; Naquin, S., *Peking Temples and City Life, 1400—1900*, Berkeley: University of California Press, 2000.

③ Grootaers, W. A., "Les temples villageois de la région au Sudest de Tat'ong (Chansi Nord), leurs inscriptions et leur histoire (The Village Temples in the Southest of Tatung (Shansi), Their Inscriptions and Their History)," *Folklore Studies*, Vol.4 (1945), pp.161—212; "Temples and History of Wan-ch'üan (Chahar): The Geographical Method Applied to Folklore," *Monumenta Serica*, vol.13 (1948), pp.209—315; Grootaers, Willem A.、李世瑜、王辅世, "Rurai Temples around Hsüanhua (South Chahar), Their Iconography and Their History," *Folklore Studies*, Vol.10, No. 1 (1951), pp.1—116。

关注的重中之重。

遗憾的是,无论是基于家的宗族研究还是基于庙的宗教研究,家庭宗教与庙宇宗教两种取向都未取道对方,囊括对方。画地为牢的学术藩篱,使得分别基于家与庙的这两种耳熟能详的乡土宗教认知范式之间有着巨大的黑洞——"家中过会"。简言之,家中过会是在灵媒的家居,非血缘群体围绕特定的神灵定期举行的敬拜实践。无论外界环境如何变化,精英如何呐喊、改造与教育,家作为最后免遭国家干涉的"神圣的保留地"①,在其中举行的群体性敬拜——家中过会有着倔强的生命力,并使得中国乡土庙会与宗教具有极大的伸缩性、灵活性与变形能力②。事实上,近几十年来,基督教的各种教派在中国城乡的风生水起的传播,尤其是"家庭教会"的遍地开花,就是充分利用并得益于绝大多数中国人之于家、家居的认知和建构。

对因应外界环境,家与庙转化、让渡这一巨大过渡地带的习惯性漠视,绝大多数学者要么将灵媒这类人归之于神职人员以将他们拔高、职业化、专门化,要么将其仪式实践视为是针对个体的私对私的行为,在分门别类地对"附体"的过程、治疗实践、社会名誉进行描述、分析的同时,也将人与其行为、人与人群及至社会历史对立起来。这自然导致对这些具有联结作用,作为媒介与常民的灵媒家居空间公共性的疏忽,也必然忽视发生在这个公私同体的空间的草根仪式实践随着与主流意识形态博弈的诸多异文、变体,忽视

---

① Friedman, E., P. G. Pickowicz & M. Selden, *Chinese Village, Socialist State*, New Haven; London: Yale University Press, 1991, p.234.
② 岳永逸,《灵验·磕头·传说:民众信仰的阴面与阳面》,北京:生活·读书·新知三联书店,2010,第169—240页;《行好:乡土的逻辑与庙会》,杭州:浙江大学出版社,2014,第107—171页;"Holding Temple Festivals at Home of Doing-gooders: Temple Festivals and Rural Religion in Contemporary China," *Cambridge Journal of China Studies*, vol. 9, no.1 (2014.3), pp.48—95。

由此而生的乡土宗教和庙会升迁沉浮的形态学与动力学。

21 世纪以来，做宗教、"造宗教"（making religion）[1]"协商宗教"（negotiating religion）[2] 等注重过程的进行时态的研究，大抵都突破了 20 世纪中晚期的弥散性宗教、朝圣、从神鬼祖先衍生而来并与之互文的"帝国的隐喻"三种认知范式。然而，伴随文化遗产、旅游经济、全球化、现代性，相当一部分新的突围为了解释当代中国乡土宗教和庙会的复兴，依旧不同程度地采用了自上而下的鸟瞰视角。从果到因的逻辑推演，使得国家、政治、经济、文化、公共空间、市民社会、风险社会、功利、机会主义等当仁不让地成为复兴论、重整论的关键词。身份地位明显低于僧道、神父牧师等神职人员的灵媒及其追随者的宗教实践仍然没有引起足够的重视，甚或被有意忽视。

直面信众人神一体的辩证法和将仪式实践在家、庙等不同空间的自由挪移，应该是中国乡土庙会与宗教研究一种可取的路径。因为无论是作为一种文化体系、心灵图景、主观现在，或仅仅就是惯习，乡土庙会与宗教的感观性、灵活性、伸缩性使其与时俱进，体系本身"并未被逐渐发生的社会变化所左右"[3]。无论是清末就掀起的"庙产兴学"运动，还是 21 世纪以来的非遗运动，有形无形的"庙"及其"会"始终都存在着，并孕育、雪藏着蔚为大观的圣地庙会。

以一神教，尤其是基督教为认知前提的不少学者是兴致勃勃的

---

[1] Ashiwa, Yoshiko and D. L. Wank (eds), *Making Religion, Making the State: The Politics of Religion in Modern China,* Stanford: Stanford University Press, 2009.

[2] Poon, Shuk-wah, *Negotiating Religion in Modern China: State and Common People in Guangzhou, 1900—1937,* Hong Kong: The Chinese University Press, 2011.

[3] Jordan, D. K., *Gods, Ghosts, and Ancestors: The Folk Religion of A Taiwanese Village,* Berkeley: University of California Press, 1972, p.77.

功利主义的，甚或是不折不扣的机会主义的。关于乡土庙会的学界图景基本沦为迷信、宗教、文化、遗产、政治、经济、教育、旅游等所占份额不同的大小拼盘、拼图。中国宗教市场的红、黑、灰三色区分和短缺经济学定位更是扑朔迷离，花枝招展。[①] 本应是核心的底层信众在家庙让渡中人神一体的情感、跪拜、感官感觉与主观现在反而逃逸在拼图之外。千百年来，禁而不绝、流动、流变的乡土庙会与宗教也就成为多数学者心中不完全真实的心灵图景——主观现在。只不过这种主观现在是镜花水月，远离了底层信众饱含自己情感和体认的主观现在与身体性。

同样，对区域中心型圣地庙会的研究则大抵基本是延续一神教的"朝圣"范式，用其来置换朝山进香、绕境、巡游／出巡、扫荡等地方性表达所指向的圣地与其四围之间的双向建构与日常关联。因此，对圣地庙会的解读基本就局限在神圣—世俗、狂欢—日常等二元话语之中。在家—庙之间的庙会，尤其是家中过会研究基础之上，本书走出家户与乡镇，对圣地庙会的解读就是试图打破上述二元话语的认知窘境，从历时、共时和心性三个层面回到圣地庙会之实践本身，直面"聚"与"散"相互含括、演化的"朝山"。

[①] Yang, Fenggang, *Religion in China: Survival and Revival under Communist Rule*, Oxford: Oxford University Press, 2012, pp.85—158.

二

资本、教育与福利

Spiritual
Mountain

（一）庙产资本

在中国，多元宗教信仰和平共处，有着良好的生态学。不但儒、释、道、耶、回诸教和谐共生，民众也相安无事地践行着自己所理解的宗教。自战国时期开始，在中国大地上传衍的宗教一直都从属于政治，或者说与政治合作共赢。外来的宗教只有充分和中国既有文化合流、本土化之后，才能在中国安营扎寨。正是经历了这一历程之后，佛教才与儒教、道教鼎足而立。唐代的灭佛归根结底是政治问题，而非宗教问题，因为僧众使劳动力骤减，庙地则减少了朝廷的税收、财路，威胁到了统治集团的生计。[①]

以此观之，不难理解在整个20世纪，因应基督文明的强势和国人内发性发展的诉求，不同时期的执政者竭力将宗教纳入政治之下的旨趣：改造、破坏也好，修复、保护也好，这些不同名目的与庙宇、庙产相关的运动，大抵是延续旧制。因此，对千百年来民众在可让渡的家和庙之中践行的人神一体的宗教——乡土宗教，变法维新的晚清政府、倡导三民主义的民国政府和随后的共和国政府总体上都是抑制的。以一神教，尤其是基督教的外显形态为标准，在主流话语表述上，乡土宗教也经历了淫祀—邪教、迷信—愚昧、弥散性—非制度性宗教以及民俗（文化）、非遗等自上而下的标签化历程。

道光年间，广泛流传的《辟邪详辩》典型地代表了精英阶层对乡土宗教的责难。对统治者而言，"异端"信仰不但不合圣贤之道，

---

① Berling, Judith A., *A Pilgrim in Chinese Culture: [Chin lin]: Negotiating Religious Diversity*, Maryknoll, N.Y.: Orbis Books, 1997, pp.41－71.

对民众也是危险的。《辟邪纪实》中的《圣谕广训》有言:

> 释氏之教不管天地四方,只是理会一个心,老氏之教只是要存得一个神,此朱子持平之言,可知释道之本旨矣。自游食无籍之辈阴窃其名以坏其术,大率假灾祥祸福之事以售其诞幻无稽之谈,始则诱取赀财以图肥己,渐至男女混淆,聚处为烧香之会,农工废业,相逢多语怪之人。①

按此逻辑,集中呈现、展示乡土宗教的庙宇(祠堂稍后也进入了这个序列)这一传统社会的公共空间一直是让当政者揪心的地方,也长期被置于"非法"的境地,没有存在的价值、意义。因应"发展"之名,庙宇、庙产的价值理性、内价值被视为负资本、负资产而决绝舍弃,工具理性和外价值则成为精英言说、行动的核心。此即在对其原有内价值抽空后,对空壳建筑体的革命性使用,尤其是用作校舍(或厂房),以及古迹化、文物化、遗产化之后,静态的保护与展示。

肇始于"戊戌变法"时期的庙产兴学运动明确地将矛头对准了遍布城乡的大小庙宇这一固有"资本"。在西教日炽、释道二教式微的大背景下,张之洞(1837—1909)建议道:"今天下寺观何止数万,都会百余区,大县数十,小县十余,皆有田产,其物业皆由布施而来。若改作学堂,则屋宇、田产悉具,此亦权宜而简易之策也。"这样,"儒风振兴,中华乂安",释道二教"亦蒙其保护矣"。②

然而,首倡庙产兴学的张之洞并非是主张将所有的庙产都用来

---

① [清]天下第一伤心人,《辟邪纪实》,同治十年重刻本(1871),第1页。
② [清]张之洞,《劝学篇》,程方平校,北京:北京师范大学出版社,2014,第59页。

兴办新学，而是给僧道留有活路。张之洞接着写道：

> 大率每一县之寺观取什之七以改学堂，留什之三以处僧道，其改为学堂之田产，学堂用其七，僧道仍食其三。计其田产所值，奏明朝廷旌奖，僧道不愿奖者，移奖其亲族以官职，如此则万学可一朝而起也。以此为基，然后劝绅富捐赀以增广之。

（二）教育的义

如果说庙产兴学是晚清政府因国库空虚而又欲兴西学以自强，不得已而为之的权宜之计，那么与辛亥革命、五四新文化运动倡导的民主、科学等效仿西方的近代化努力同步，民国时期的庙产兴学运动的因、果就复杂得多。因为急欲破除帝制，根除皇权，重塑国民、社会和国家，当时的智识阶层同时从时间制度和空间制度两个面向进行了努力，以此重构国民的时空观。

在时间制度上，重构的重中之重就是废除旧历，推行新历。[①]毫无表情的数字时间和冷冰冰的钟表时间，没有了汉字时间的暖意、丰茂和乡土情怀。改朝换代、周而复始、生死轮回的环形时间观被线性时间观嵌入，并强力撕开了裂缝。在空间制度上，换颜的焦点又分为乡村和城市两条路径。在都市，一方面是效法西方，将皇家

---

① 左玉河，《拧在世界时钟的发条上：南京国民政府的废除旧历运动》，《中国学术》第21辑（2006）。

天津的钟表雕塑

园林、宫苑禁地等改造成公园,将宫观庙庵、王宫府邸改造成大小学校;另一方面是新建革命烈士纪念碑、中山纪念堂、国货陈列馆等标志性景观。北京、南京等老旧帝都的改造都是如此。从时间制度和空间制度进行了双向叠合重构后的广州,在 20 世纪 20 年代也因此当之无愧地成为国民革命的"摇篮"。[①] 在乡村,全国范围内蓬勃开展的就是庙产兴学。

尤为关键的是,对乡土中国时空的重构是将旧的时间制度和空间制度与民众的"迷信""愚蒙"捆绑一处,从而使现代民族国家时间制度的重构和空间制度的改造互为表里。张倩雯关于"迷信"一词在现代中国语义学生成背后的政治和宗教动因的深层解读,主要就是立足于庙宇等公共生活空间、社区仪式的重构进行阐释的。[②]

---

① Poon, Shuk-wah, *Negotiating Religion in Modern China: State and Common People in Guangzhou, 1900—1937*, Hong Kong: The Chinese University Press, 2011.

② Nedostup, Rebecca, *Superstitious Regimes: Religion and the Politics of Chinese Modernity*. Cambridge, Mass: Harvard University Asia Center, 2009.

1928年12月28日,《申报》刊发了《中央宣传部电告元旦宣传要点》。该"要点"将旧历明确定义为"阴阳五行的类书,迷信日程的令典""迷信的参谋本部"。废除旧历也就成为国民革命和随后"新生活运动"的基本方针和旨归。正是富国强民的强大群体心性和内在诉求,民国政府出面组织、发动的摧毁乡村庙宇的力度也要大得多,并成为自上而下的,意味着新、好、进步和发展的主流运动,成为一种先声夺人、居高临下的政治姿态、革命姿态与文明姿态。

1914年,国民政府颁布的《寺庙管理条例》规定:各寺庙得自立学校;仅有建筑属于艺术,为名人之遗迹、为历史上之纪念、与名胜古迹有关的寺庙可由主持负责保存;凡寺庙久经荒废,无僧道主持者,其财产由地方官详请长官核处之。20世纪20年代,李宗仁、冯玉祥曾分别在广西、甘肃和河南强力推行庙产兴学。济世情怀、使命感和原罪感兼具的学者也参与到庙产兴学运动之中。民国教育界四大"怪杰"之一,倡导、践行民生本位教育的邰爽秋(1897—1976)就尽其所能,鼓吹庙产兴学运动,并于1929年编辑出版了《庙产兴学问题》专书。在各界精英的合力操持下,作为一种潮流、姿态,有着站位、自我认同等复杂政治意涵的庙产兴学运动在1928年到达高潮,并影响到政府立法。

从1928年到1931年之间,国民党中央政府先后颁布了《废除卜筮星相巫觋堪舆办法》《神祠存废标准》《严禁药签神方乩方案》《取缔经营迷信物品办法》和《取缔以党徽制入迷信物品令》等一系列法令。在认为社会进程的权力革命存在从神权、君权到民权的线性进化的背景下,这些法规将迷信视为"妨碍人类之进化"的主要障碍。为避免在"文化日新、科学昌明之世",一个民族"腾笑列帮"的命运,要坚决破除"锢蔽民智"的陋俗,以此实现中华民国整个社会的"精神更新"。①

其中,最为重要的《神祠存废标准》欲谴责并制止迷信而保护宗教自由,专门制定了应取缔的迷信和应保护的宗教的区分标准。由于迷信与宗教之间的含混性,"标准"亦是摇摆的。如它将土地、灶神信仰视为合法,将龙王、财神和城隍等信仰视为非法。②这自然导致该标准在执行过程中许多不了了之的事情。如前所述,复杂的庙产兴学运动除新开财源外,其核心的反迷信之诉求也成为政治斗争的一种工具,直至到1930年代中期成为一种新的"精英传统"③,并延续到20世纪后半叶。

无论如何,民国时期的庙产兴学都取得辉煌战绩。从光绪八年(1882年)到1928年,河北定县62村被毁的331座庙宇中,民国以来毁掉的有259座,其中仅民国三年(1914)就毁掉200座。④新河县的众多寺庙也在民国元年、二年基本改建为学校,庙地充公,主持僧道借以糊口者,惟敛香资,募化分文而已。⑤20世纪40年代初期,时任赣南行政督察公署专员的蒋经国曾亲自率先斧劈安远城隍神像,以激励下属拆庙、捣毁神像的勇气。⑥

反之,不仅是宗教政策,民国时期多数从西洋或东洋留学归来的政府官员对兴办学校、医院、育婴堂等的基督教是持温和甚或支

---

① 立法院编译处编,《中华民国法规汇编》,上海:中华书局,1934,第807页。
② 同上书,第813页。
③ [美]杜赞奇,《从民族国家拯救历史:民族主义话语与中国现代史研究》,王宪明译,北京:社会科学文献出版社,2003,第86—102页。
④ 李景汉编,《定县社会概况调查》,北京:中国人民大学出版社,1986,第422—423页。
⑤ 傅振伦,《民国新河县志》第四册,民国19年铅印本(1930),第33页。
⑥ 何柏达,《安远庙会——以城隍庙会为例》,见罗勇、劳格文主编,《赣南地区的庙会与宗族》,国际客家学会、海外华人研究社、法国远东学院,1997,第27页。

持态度的。不仅冯玉祥有着举世皆知的"基督将军"的雅号,在庙产兴学运动最盛的 1928 年,曾任民国政府内政部长的薛子良因公开发表褒扬基督教的言论,也有"薛牧师"的名号。① 所有这些与同时期旨在开启民智的庙会调查、轰轰烈烈的民众教育运动形成互补之势。

(三) 革命的名

杰克·古迪在《烹饪、菜肴与阶级》中说,某些菜肴的延续是"相对缺乏社会文化体系其余部分之承继的一种反映",因此在骤变的革命性社会变迁语境下,烹饪的自主性、延续性对于个人有着非常特殊的重要意义。② 不仅是个体的饮食习惯、菜肴制作如此,上层意识形态同样在革命性社会变迁前后有着延续。无论是 1949 年前后当政者奉行的宗教政策,还是共产党一贯秉持的宗教政策,如果"打破 1949 年"障碍③,我们就会发现其内在的延续性。民国政府和新中国政府的宪法都明确规定了宗教信仰自由,都极力区分开迷信和宗教,对危害统治抑或说威胁到现代"国民"养成的宗教或迷信进行取缔。

1949 年后,全国上下在相当长的时期都在不遗余力地摧毁乡村

---

① 邰爽秋编,《庙产兴学问题》,上海:中华书报流通社,1929,第 79 页。
② [英] 杰克·古迪,《烹饪、菜肴与阶级》,王荣欣、沈南山译,杭州:浙江大学出版社,2010,第 214—215 页。
③ Cohen, P. A., "The Post-Mao Reforms in Historical Perspective," *Journal of Asian Studies*, vol.47, no.3(1988), pp.518—540.

庙宇和神像，这在横扫一切"牛鬼蛇神"的"文化大革命"时期达到高潮。工作组、造反派、红卫兵如同辛亥革命时期"到城隍庙里去拔掉神像的胡子"的吕纬甫[①]等知识分子的再生，激进而狂热。积极根除迷信也是1979年之前，一个乡村基层干部政治合格、工作过硬的标志。

或者也是出于迷信和宗教本身的含混性，党的相关政策也一直摇摆不定，这尤其体现在对乡村庙宇、庙会的策略上。早期共产党人非常重视庙会在革命宣传中的积极作用。[②] 1927年，在《湖南农民运动考察报告》中，毛泽东将神及其住所以及代理人（如道士等）视为神权的象征，将其与政权、族权、夫权并列，明确地把对神权的摧毁列为"推翻县官老爷衙门差役的政权"之后的下一步工作。1944年10月30日，在陕甘宁边区文教工作者会议的讲演中，毛泽东明确提醒所有到会的人，在150万人口的陕甘宁边区，还有两千个巫神存在，"迷信思想还在影响广大的群众"。[③] 1947年在葭县调研时，毛泽东则将寺庙视为名胜古迹、历史文化遗产、民族的宝贵财富，要求"一定要好好保护，不要把它毁坏了"，并强调：

> 看庙看文化，看戏看民情；不懂文化，不解民情，革命是搞不好的。老百姓利用庙会去行善做买卖，我们去可以学到很多知识，了解这一带的民情和习俗，这对我们接近群众有很大的好处。[④]

---

① 鲁迅，《鲁迅全集·2》，北京：人民文学出版社，2005，第29页。
② 中共党史人物研究会编，《中共党史人物传》第20卷《江浩传》，西安：陕西人民出版社，1984，第242—243页。
③ 毛泽东，《毛泽东选集》，北京：人民出版社，1991，第1011页。
④ 李银桥，《在毛泽东身边十五年》，石家庄：河北人民出版社，1991，第46—51页。

在宣判了既往土地制度死刑的同时，1947年12月18日颁布的《土地法大纲》也宣判了庙宇祠堂等传统意义上公共空间的死刑。其第三条规定："废除一切祠堂、庙宇、寺院、学校、机关及团体的土地所有权。"因为废毁庙宇成为党摧毁当地宗教神祠工作的一部分，乡村基层干部们也真切地将反对宗教视为建设新面貌国家的必备条件。① 这些多数原本出身贫苦，以往在庙会等集体性活动中没有多少发言权的流氓无产者、贫下中农，也就把摧毁庙宇作为自己主要的工作任务。最终，在相当长的一段时间内，庙宇这个神圣性的公共空间被彻底地改造成为纯粹的政治性空间。在解放区，从土改开始，没有了庙产的庙院（包括教堂）等信仰活动空间经常是党的基层工作组召开群众大会、斗争会、批斗会，划分阶级成分、贫民诉苦，分配土地，分发地主财产的场所，成为以前受苦受累，受到政权、族权、夫权、神权压迫的贫下中农，尤其是妇女"诉苦""翻身"的革命中心地。②

使以前受压迫的民众政治上解放，并将其满头脑的"封建迷信"用社会主义伦理和科学取代，使之"翻身"，成为社会主义新人，一直是中国共产党人坚定不移的革命信念。新中国的建立进一步夯实了这一理想，并衍生为举国上下的"集体欢腾"。新中国成立后至改革开放前，党和政府在历次运动中都一直延续了土改以来塑造社会主义新人的使命。1958年，饶阳县境内幸存的道观和佛寺均遭拆毁。

---

① ［美］弗里曼、毕克伟、赛尔登：《中国乡村，社会主义国家》，陶鹤山译，北京：社会科学文献出版社，2002，第131页。
② ［美］韩丁：《翻身——中国一个村庄的革命纪实》，韩倞等译，北京：北京出版社，1980，第167—169、第533—547页；［加］伊莎贝尔·柯鲁克、［英］大卫·柯鲁克：《十里店——中国一个村庄的群众运动》，安强、高建译，北京：北京出版社，1982，第19页。

其北部的一个村庄，三座残存的寺庙均在该年大炼钢铁的运动中被毁，寺庙的木墙和木橼成了炼钢的燃料。[①] 在河北赵县，因修建岗南水库、石津灌渠、道路、桥梁，村庙、祠堂乃至坟地的石碑几乎都成了天然的修建材料。

（四）文化资本与遗产

改革开放后，"文化搭台，经济唱戏"的大政方针，所谓民俗旅游、原生态旅游的燎原之势首先使庙会的经济功能这些外价值再次强力凸显出来。不仅是庙会，对不少居上位的人而言，宗教信仰都成为一种能增值并增产创收的资本。无论是热衷于修庙从而敛香资的景区圣山化，还是热衷于修门楼从而收门票的圣山景区化，庙会经济、宗教经济成为众多地方经济的支柱之一。山东泰山、浙江乌镇、云南西双版纳、福建莆田、江西井冈山以及山西大寨等所谓旅游经济的飞速发展，大抵与或新或旧的庙宇香火有着无法斩断的关联。

在相当意义上，不少地方旅游经济的发展实为"香火经济"的红火，直至催生出大导演、大手笔、大投入、大制作终而高门票的泰山祭天之类的"大典"等大型实景演出。因为是要重现历史，解决圣山、庙宇所在地村民的就业，从而创收增收，这些借助声、光、色、电等现代科技手段和大导演声名的"大型实景演出"名正言顺

---

① ［美］弗里曼、毕克伟、赛尔登，《中国乡村，社会主义国家》，陶鹤山译，北京：社会科学文献出版社，2002，第325页。

地成为与时俱进的娱神娱人的"新庙戏"。在此风起云涌的"正祀"及新庙戏的洪流中，求神拜佛、许愿还愿这些被旧制定格的"淫祀""迷信"也有着只做不说的红火、热闹。承包庙殿或神灵成为景区化圣山庙宇管理的常态。

从21世纪伊始，接踵而来的非遗运动，使得长期被定性为迷信、愚昧、浪费的乡土宗教、乡野庙会有了文化的名和遗产的义。乡土宗教与庙会成为传统文化的一部分，甚至与黄帝、伏羲等"正祀""官祭"一样，跻身不同级别的非遗名录。自2007年高丙中醒人耳目地提出"作为非物质文化遗产的民间信仰"[①]之后，这样的学术命名成为一种理所当然。在实践层面，地方基层干部睁一只眼闭一只眼地给予了乡土庙会最大的空间，并冠之以发扬地方文化传统、保护民间文化、振兴地方经济等光环。

虽然一个原本以敬拜神灵为主的庙会要获准修建庙宇并成为合法的宗教活动场所，在不同地方、不同时期的难易程度不一，但官方登记注册"宗教活动场所"也在一定程度上演变成一种宽容或纵容行为。在行政力量的诱导下，除早已被定格为文物、古迹的大小庙宇外，乡野庙宇或佛教或道教的自我归位，给那些已经修建好和得到认可的乡村庙宇将来可能面临的反迷信运动以庇护。为维持这种心照不宣的局面，知己知彼的乡土宗教对政治、主流意识形态及其话语表现出了顺从与刻意的奉迎。

对地方干部，尤其是乡村基层干部而言，虽然他们多数人公开的身份是无神论的共产党员，但他们生长的民俗环境，使他们本人或多或少地有着"村里人"的认同，不时扮演着"村里人"的角色，

---

① 高丙中，《民间文化与公民社会：中国现代社会历程文化研究》，北京：北京大学出版社，2008，第279—292页。

始终是"集体信仰者"[①]的一分子。在乡间流传的众多灵验的惩戒传说的威慑下，这些多少对神灵有着敬畏感的基层干部也就不再像毛泽东时代的干部一样，义无反顾地去捣毁庙宇、神像，禁止朝山进香，行香走会等等。改革开放后，除了反法轮功的特殊时期，是否积极根除迷信已经不再是当下干部政治上合格与否、表现好坏的关键标志。这就在客观上使得要靠每个干部执行政策的地方政府对乡土宗教的监控有着不同程度的松动。

像陕北榆林黑龙大王庙、浙江金华黄大仙庙那样，地方政府和庙宇之间类似于庇护人和委托人的关系并不具有普遍性。在多数乡村，基层干部对乡土庙会仍然态度非常谨慎。在任的官员很少有人愿意卷入到修建庙宇的批复等程序中去，或者不愿在公开场合承认某个庙会的合法性。当法轮功被定性为邪教后，多数基层政府基本不处理乡村庙宇修复的申请。这在河北省赵县尤为典型。每年三月，赵县县委和县政府都要开展"科技文明进庙会"活动，力求改造、主导或者至少说影响庙会，必要时还会集中精力打击"封建迷信"活动。这更增添了当地庙会生存的两可性。当把一个庙会视为民间文化、传统民俗文化以及（非）物质文化遗产时，当认为一个庙会可以发展旅游并带动地方经济时，它是积极的，存在也就具有了一定正当性，如龙牌会。当一个庙会被视为迷信时，则会面临被制止与摧毁的危险，如铁佛寺庙会。但对同一个庙会来说，究竟面临的是雨还是晴则很难预料。

由于学界和传媒持续的积极参与、拔苗助长式的鼓与呼，以及地方政府几乎同步的默认，原本起源于醮会，现今主要祭祀写有

[①] Chau, A. Y., *Miraculous Response: Doing Popular Religion in Contemporary China*, Stanford: Stanford University Press, 2006, pp.69—72.

二　资本、教育与福利　047

数十年来,日渐长大的范庄龙牌会的龙牌

现今龙牌会供奉的龙牌

2003年,龙牌会新修的龙祖殿,自此龙牌会不再在家户中举行

"天地三界十方真宰龙之神位"的木制龙牌的赵县范庄龙牌会不但是"合法"的存在,还被视为是发展范庄经济的龙头。与行好的私下里称"龙祖庙"不同,在县、镇两级政府对外的公开语本中,这个公共空间是弘扬龙文化的"博物馆"。官民双方在公开场合共同认可的称谓则是"龙祖殿"。在龙牌会现场,适时的调整[①],借用双

---

① 刘铁梁,《村落庙会的传统及调整——范庄"龙牌会"与其他几个村落庙会的比较》,见郭于华主编,《仪式与社会变迁》,北京:社会科学文献出版社,2000,第252—309页。

名制的政治艺术①和民俗学主义策略②，官方的俯就和民众的谄媚同步运转。

虽然范庄税务所、银行和学校等政府相关职能部门都捐有不同数目的钱款，但是政府并未给龙祖殿的修建拨付一分钱，龙祖殿也未被登记为一个"合法"的宗教活动场所。"宗教—迷信"活动被发展经济的策略掩饰和取代，并被表述为龙文化的活化石。除了龙祖殿的奠基仪式、落成典礼和为申报非遗前后庙会期间的文化展演，县乡官员前往参加外，平常并无官员前往。也就是说基层政府仍然采取了一种可进可退的策略。

与此相类的是同在赵县的常信水祠娘娘庙会。娘娘庙会敬拜的是传闻中救过汉光武帝刘秀的当地村姑贾亚茹。③这个庙委会也采取与龙牌会一样的策略，坚持不懈地申请修建"刘秀走国文化博物馆"④。

虽然赶会的人群没有太大的变化，但铁佛寺及其庙会就有着截然相反的命运。2000年5月30日，河北省省会精神文明办公室下发的《河北省省会精神文明建设简报》第16期就表彰了赵县"以拆除农村非法庙宇为突破口，集中精力打击封建迷信活动"所取得的成绩。此次打击的主要对象就是铁佛寺。赵县"县委组织公安、民政、交通等职能部门出动400多人次，动用大型作业机械4辆，对占地200多亩的30余座乱建小庙进行了集中拆除。对拆除后的闲散地块，

---

① 高丙中，《民间文化与公民社会：中国现代社会历程文化研究》，北京：北京大学出版社，2008，第293—306页。
② 岳永逸，《灵验・磕头・传说：民众信仰的阴面与阳面》，北京：生活・读书・新知三联书店，2010，第85—168页。
③ 岳永逸，《对生活空间的归束与重整：常信水祠娘娘庙会》，《民俗曲艺》，143（2004.3），第213—269页。
④ 华智亚，《龙牌会：一个冀中南村落中的民间宗教》，上海：上海人民出版社，2013，第206页。

2002年水祠娘娘庙会现场

乡村两级提出了筹建经济园区的规划方略。"这次活动使"全县封建迷信势头得到有效的遏制"。

与以往的法规一样，2003年7月18日由河北省第十届人民代表大会常务委员会第四次会议通过，并于当年9月1日实施的《河北省宗教事务条例》明确指明合法的宗教信仰只限于佛教、道教、伊斯兰教、天主教、基督教等五大宗教。民众按照自己理解并践行的乡土宗教在条例中没有位置，乡野庙会的宗教活动也很难归于哪一类合法宗教。于是，基层政府、干部和乡土庙会都谨小慎微地相互试探着前行。不少信众在强调自己是行好、行善的同时，也纷纷前往官方认可的香火旺盛的位于赵县县城的柏林寺皈依，或找道教协会"认祖归宗"。

这样，经过百年"迷信"观念的内化，官民各界对乡土宗教在

2002年，在水祠娘娘庙会接待处，笔者抄录前来过会的香会散发给娘娘庙会的请帖

意识形态层面出现了最大的公约数。在进化论主导并基于欧洲立场的"欧洲透视法"的规训下，在仍试图清楚辨析出迷信与宗教边界的核心语境中，已经挂牌数年的国家宗教局"民间信仰司"是尴尬的，难有所为。与此相反，民众则坦然很多。

对其延续传统的宗教实践，信众自如地借用官方话语以及学术名词，进行严丝合缝的"婉饰"。延续"国泰民安""五谷丰登""天下太平"等草根叙事传统，"民俗""民间文化（遗产）""（非）物质文化遗产""文物"以及"文化自觉"等都很快地成为乡民的口头禅。借用这些语词，原本高高在上的国家、精英，再度沦陷为乡民、乡村与乡土的。2006年，龙牌会荣登河北省省级非遗名录。在此后两年的庙会中，会首们自觉地与"上边"的非物质文化遗产保持一致。

(五) 乡野庙宇的毁建轮回

　　出于民族的振兴，相当一部分五四以来的启蒙精英，尤其是民俗学者对民间有着浓郁的浪漫主义想象。他们能从民间流传的歌谣、传说、故事等口传文学中找到自己思想上的共鸣。20世纪二三十年代"到民间去"[①]这场"眼光向下的革命"[②]蕴含了知识分子对民众的想象、知识分子对自己的想象，也诱发了知识分子愿意到民间去的趋势和实践。对民间文学的重读、发掘和到民间去的实践使稚拙、淳朴、乐天知命的"积极的民众"和狭隘、愚昧、行动盲目的"消极的民众"同时呈现在了多少带有原罪感、使命感的这些"有机知识分子"面前，蕴藏了民族精神和潜力的民众同时也就成为要被改造、批判的对象。

　　整个20世纪，与对民间文学的礼赞相反，受不同意识形态支配的精英对民众的"迷信"一致给予鞭笞和痛斥。乡村庙宇、庙会以及其所体现出的"迷信"是国家强盛、民族振兴、精神健康的障碍，是国家现代化、文明化的绊脚石，是要竭尽全力清除、改造和利用的对象。虽然背后可能有着多种不同的动机，甚至于成为政治权力争夺的手段与策略，但改造者们对民众会接受改造也是能被教育改造好的积极想象和对民众愚昧、迷信的消极想象，既分离了民众与民

---

① Hung, Chang-t'ai, *Going to the People: Chinese Intellectuals and Folk Literature, 1918—1937*, Cambridge, Mass. and London: Council on East Asian Studies, Harvard University, 1985.
② 赵世瑜，《眼光向下的革命——中国现代民俗思想史论（1918—1937）》，北京：北京师范大学出版社，1999。

众生活于其中的文化①,也忽视了乡土宗教的惯性及其对民众生活调适引发的存在的合理的一面。最终,"有关向现代化转变的途径的启蒙叙述结构在中国一再碰上民间宗教的暗礁"。②

但是,乡土宗教本身的多面性、复杂性、适应性、灵活性和实践性也使得不同当政者的政策出现摇摆性,并给乡土庙会的生存带来两可性。当将乡土宗教偏重于民间文化、文化遗产、优秀的传统文化表述、言说时,乡土庙会就变得积极并且应该存在。当侧重于描述其不轨或异端即"迷信"的一面时,乡土庙会和它存身的场所、空间就理所当然地应该被压制、摧毁。不论霸权话语是严厉还是温和,都没有从根本意义上断裂或阻绝乡土庙会与宗教的存在。虽然可能在规模、组织、仪式上等都会发生应景性的调适,但庙宇一直在拆毁中重修,人们一直都在或大或小、或公开或隐蔽地过会。

在栾城县寺北柴村,民国四五年重修过观音庙,民国17年重修过五道庙,民国25年前后重修了真武庙。③到1930年,定县全县仍存庙宇至少879座,有庙会的庙宇至少有50座。④民国29年,藁城马邱供奉三皇姑的菩萨庙在旧址上重修,并立《重修兴隆驾会菩萨庙记》碑志一座。大致同期,根据前引的贺登崧的调查,山西大同东南乡村的龙王庙、观音庙、真武庙、五道庙仍然比比皆是。那时,哪怕是在北平郊区,燕京大学的实验区,已经内设简易小学还拥有政治、

---

① [美]施耐德,《顾颉刚与中国新史学:民族主义与取代中国传统方案的探索》,梅寅生译,台北:世华出版社,1984,第161—162页。
② [美]杜赞奇,《从民族国家拯救历史:民族主义话语与中国现代史研究》,王宪明译,北京:社会科学文献出版社,2003,第104页。
③ [日]中国农村惯行调查刊行会,《中国农村惯行调查报告》第三卷,东京:岩波书店,1985,第42—43页。
④ 李景汉编,《定县社会概况调查》,北京:中国人民大学出版社,1986,第417—419页。

经济、社会、娱乐等多重功能的平郊村的延年寺也并未完全拆毁神像。①进庙烧香磕头、求神拜佛、讲述"四大门",尤其是延年寺柳仙灵验的传说仍然是生活的常态。1947年、1948年,贺登崧等实地统计出了万全和宣化两地的村均庙宇分别是6.5座和4.2座。②

相较于"文化大革命"时期对庙宇彻底的毁,改革开放以来,尤其是21世纪以来,则进入了全面建的轮回。2014年,经历了2000年全面毁的赵县铁佛寺又有数座大殿巍峨屹立。一座大殿像天坛里的祈年殿,内供道教诸仙,另一座大殿像故宫中的太和殿,内供佛祖罗汉。不能公开地赶会,人们在家户中也要办会过会,龙牌会就这样传衍下来。在广大乡村,至今仍然有很多围绕部分家户中

2008年,远近的信众又基本修复了铁佛寺曾经有的大小庙宇

---

① 陈永龄,《平郊村的庙宇宗教》,北平:燕京大学法学院社会学系学士毕业论文,1941,第32—102页。
② Grootaers, W. A., "Catholic University Expedition to Hsüanhua (South Chahar) 'Preliminary Report'," *Folklore Studies*, Vol.7 (1948), p.136.

的神马定期过会——家中过会——的情况。鉴于多数行好的在家居空间中进行的非血缘群体的信仰活动,将家庭定义和解释为"免遭国家干涉的神圣的保留地"也就具有了合理性。

在日积月累的"局外人偏见"和"局内人忽视"的中国宗教研究的双重窘境中①,即使不能说学界至今津津乐道的中国宗教"复兴"与"短缺"②是假命题,至少也是一个次要问题。因为忽略了家居层面的非血缘次生群体的仪式实践——家中过会,以庙会为表征的中国当代宗教的复兴论也就自然被国家、政治、经济、文化、旅游、市场、自由等大词包裹,对中国宗教和庙会的认知也就停留在外围和表层,甚或陷于东西方意识形态争斗的褊狭陷阱。

(六)老人俱乐部

在传统中国,以行善积德为主旨的大小庙会多少都担负了社会再分配,即救济与福利的职能。以神灵的名义,富人舍钱、舍物、舍粥,穷人出力、出工,或垫道修路或提供茶水饭食,等等。围绕神灵,社会呈现出一种均衡、和谐且是为所欲为、各得其所的反结构的阈限(communitas)③——江湖状态。在这种状态下,穷富、男女、上

---

① 郁喆隽,《神明与市民:民国时期上海地区迎神赛会研究》,上海:三联书店,2014,第4页。
② 如杨凤岗,《当代中国的宗教复兴与宗教短缺》,《文化纵横》,2012年第1期,第26—31页;*Religion in China: Survival and Revival under Communist Rule,* Oxford: Oxford University Press, 2012。
③ Turner, Victor W., *The Ritual Process: Structure and Anti-Structure,* Chicago: Aldine Publishing Company, 1969, pp. 94—165.

下的界限、禁忌模糊了，平时绝对不可为之的事情在庙会现场都成为正常。不仅仅是偷油、偷灯、偷食供品，也允许小孩或贫穷的人家公开抢香客上香的香、烛、炮等物[①]，甚至撕裂女性的服饰，触摸参加庙会的蚕姑的双乳[②]等都被视为正常。正是基于庙会中的这些现象，强调生活节律的狂欢与日常、常与非常以及神圣与世俗也成为研究中国庙会的一种经典范式，甚至成为研究中国庙会的预设前提。

尤为关键的是，在庙会这个时空，人们都会对乞丐、僧道术士、瞽者艺人等"游民"进行施舍，并不会精心辨识乞丐、僧道的真假，艺人才艺的高低。这使得有所食的"游民"始终是中国传统庙会的基本角色，与烧香拜佛、许愿还愿一样，形式各异的"行乞"在庙会现场也是惯习。在神圣世俗之间自然转身换形的食物、供品不但是乡野庙会的客体，更是能动的主体。庙会也就成为一道道大大小小物流和人流的混响，从时间、空间、财富、人心、人性等多个维度调节着地域社会的均与不均，平与不平。

如同后文将要呈现的那样，类似于昔日的浙江永康方岩庙会[③]，在现今苍岩山庙会期间，除汇聚在苍岩山上下的僧道术士，前来行乞的苍岩山附近村落的老少人等都是延续"祖制"，他们并不觉得难堪，甚或还有些怡然自得。因为庙会期间在殿宇的帮工，甚或承包

---

① 熊佐，《黄屋乾真君庙庙会》，见罗勇、劳格文主编，《赣南地区的庙会与宗教》，国际客家学会、海外华人研究社、法国远东学院出版，1997，第75—76页。

② 顾希佳，《东南蚕桑文化》，北京：中国民间文艺出版社，1991，第180页；Broadwim, Julie, Intertwining Threads: Silkworm Goddesses, Sericulture Workers and Reformers in Jiangnan, 1880s—1930s, a dissertation of University of California, San Diego 1999, pp.95—100。

③ 胡国钧，《胡公大帝信仰与方岩庙会》，《中国民间文化》第4辑（1991），第184—221页。

经营殿宇，土特产品等物的交易，为香客、游客提供食、宿、行等有偿服务，庙宇附近的村民大获神益，甚至改变其原有的靠山吃山的生产、劳作模式。事实上，"靠庙吃庙"在很多圣地都衍化成为一种新型的村落经济形态。在此新旧叠加的文化底色下，经过百年由迷信向文化资本、文化遗产的演进，乡野的庙会、庙宇在回复其福利功能、角色的同时，对当下的乡土中国，尤其是老年人也就有了新的意义。

社交、地位、安全是在群体生活中的个体的三大基本社会性需要，其重要性远大于人之生物性需要。[①]如同广东梅州的情形[②]，在华北乡村，赶庙礼"佛"是多数民众，尤其是老年人精神生活的一种需要。虽然电视等现代娱乐、休闲工具已经十分普及，但自古以来就喜欢面对面交往的乡民只要有可能还是喜欢扎堆的群体活动。在庙会现场，指向过去的庙戏对怀旧的老者更有着不同的意义。包产到户以来，以家庭为单位的生产方式全面取代了大集体生产方式。在有相当多自主性的同时，各过各的在一定程度上使人们的生活较之以往枯燥了，在群体生活中满足个体基本的社会性需要受到不同程度的抑制。这样，适应性、伸缩性都强的庙会成了现今乡野中老年人自愿参加的最主要的群体活动，而且并不一定是因为虔诚的信仰。

庙会中，人们主要追求的不是名利，而是奉献、行好。面对共同的神灵，人们少了世俗的束缚，拥有的更多的是一种平等、自由与舒展。行动者完全是"随心"行事。因此，随着担过公职/见过世面而回居乡里的老者的加入，庙会组织或者茶棚会之类信仰群体的成员

---

① [美]许烺光，《宗族、种姓、俱乐部》，薛刚译，北京：华夏出版社，1990，第147—156页。
② 徐霄鹰，《歌唱与敬神——村镇视野中的客家妇女生活》，桂林：广西师范大学出版社，2006。

异质性明显增强，契约连带的"俱乐部"色彩也日益浓厚。换言之，经过百年演进，因应经济的发展和老龄社会的全面来临，"庙产兴学"已经在部分意义上发生了向"庙产兴老"的转型。这也促生了不少人去屋空的村小学恢复村庙的想法，并进而成为事实。1991年到1993年，为了发展香火经济，改善村民收入，经过合村公议，苍岩山山顶的寺堖村将弃用的村小学所在的玉皇顶重新修复成庙宇。近20多年来，玉皇顶旺盛的香火一直与山腰的苍岩山主殿圣母殿（三皇姑殿）并驾齐驱。

  与河南周口地区闹剧般"啃老""食老"、与逝者抢地的平坟风暴不同[①]，"庙产兴老"是当下中国普遍发生的事实。1999年10月，在福建沙县琅口镇镇头村半山腰不起眼的显密吉祥寺，凭着善心与愿心，照禅法师办起了养老院，面向所有人尤其是农村的鳏寡孤独者。随着老龄社会的全面来临，尤其是空巢农村中老人养老难的事实，利用宗教界兴办养老的公益事业也提上了议事日程。2009年全国"两会"期间，政协委员普法法师提交了名为《大力引导宗教界融入社会参与兴办养老公益事业》的提案，呼呼号召宗教界建设以老人赡养为主的专业养老机构，从而使老有所养，死有所安。2012年，国家宗教事务局颁布的6号文件《关于鼓励和规范宗教界从事公益慈善活动的意见》，明确提到了重点支持宗教界开展非盈利活动领域中的"养老"。自此，福建、广东、浙江、江苏、北京、山西、四川等地的佛教寺庙纷纷建立起了养老院。2014年，在江苏的五十余座养老院中，佛教寺庙养老院占了一半。

  在相当意义上，如显密吉祥寺养老院那样，这些政府支持、鼓

[①] 陈廷一，《魂殇：河南周口市"平坟风暴"调查与冷思考》，《北京文学（精彩阅读）》，2014年第3期，第16—39页。

励的寺庙养老院让不少老人的死有了尊严。然而，无论有没有附设的养老院，这些重新融入社区和人们日常生活中的大小庙宇还赋予了很多老人生活以意义。

近十多年来，川北地区重建了不少乡野小庙。在这些庙宇正殿的门侧，除了我们通常能想象得到的颂扬神灵的对联之外，一般都还多了一块牌匾，上面常写有"某某乡/村老人活动俱乐部""文化公园""老人活动中心"之类的文字。同样，挂有"老人俱乐部""老人西会"以及"骨灰纪念堂"等牌子的江苏高淳县的乡村小庙是当下"乡野老人和妇女们又一社区性活动空间"。[①] 无论是以俱乐部来代称还是定名为社区性活动空间，无论这是乡野小庙的生存策略还是基层政府规范化管理的政绩，发生在乡野小庙的由敬神到娱人、由兴学到兴老的变化应该都是值得称贺的。至少，它多少有了向价值理性回归的意味！

2016年盛夏，我回到川北老家槐树地闲居了段时间。槐树地是个典型的依靠留守老人守护的空巢农村。原本百余人的自然村，现在常住村中的不到20人，平均年龄则逾60岁。让人多少有些意外，槐树地周边的开封庙、锦屏寺、尖庙子等乡野庙宇因各种机缘，在善人们的努力下，纷纷得以重建。开封庙在场镇边，有昔日当过小学校长、村主任、村支书等知书达理、见过世面的老人张罗、管理，很容易就有了基层政府认可的牌匾。锦屏寺虽然在远离乡镇的山巅，却因有些摩崖石窟，改革开放初就有了县级文物保护单位的牌子。20世纪90年代，锦屏寺也就得到名正言顺地修缮。

原本在公路边山巅的尖庙子则不同，它没有官方命名的文物牌匾。然而，就在2014年，当有人因病、因神灵托梦而呼吁、张罗重

---

① 陶思炎，《南京高淳县的祠山殿和杨泗庙》，《民俗曲艺》，112（1998.3），第23—38页。

修这座小庙时，四围留守的乡民纷纷出钱出力。如今，这座已经具有一定规模的庙宇依旧没有在政府备案，庙门也没有一块牌匾。而尖庙子的香火，用父亲的话来说就是："没想到，香火旺得很！平常都有不少人去。"8月14日一早，我和家父一道前往造访尖庙子。沿途，我们碰见了周边十余位留守乡里的父老乡亲三三两两地步行前往庙上。然而，这并不是庙会期间。

农闲时日，这些老人每天徒步往返步行十余公里，在强身健体的同时，也让他们内心平和、舒缓。包括天天朝去暮回、准时往返守庙并为前往的香客服务的老者在内，数位年逾七旬的老人就是因为这个庙修好之后，天天例行前往烧香念经而恢复了健康。尽管电视、手机对这些老人而言，早已是常见之物，政府的新农村建设也在不少村落修建了广场、搭建了色彩缤纷的健身器材，但是这些留守老人们依旧没有城里人跳广场舞、唱红歌以娱乐身心的习惯，更没有人在那些健身器材上"扭扭捏捏"。让他们心静体安的依旧是他们年轻时可能参与拆毁而现在参与重建的还没有挂牌的小庙和小庙中的神灵。而因为这些留守老人，不少短时间或长时间回到村子里的中青年也不同程度地与尖庙子发生了关联。槐树地的小庙史、敬拜史就这样起起伏伏、交替轮回，螺旋式地前行。

在本质上，历史事实是心理上的事实。① 以此观之，无论是兴学还是兴老，也无论名实相符还是相异，或新或旧、或完整或残破的庙宇——遗迹或文物——显然是一百多年来中国社会、政治、经济、历史、文化、教育与群体心性的记忆场。作为记忆之场，大小庙宇也就悄无声息地承载着一个民族的过去、现在与未来。

---

① ［法］布洛克，《历史学家的技艺》，张和声译，北京：北京师范大学出版社，2014，第159页。

三

层累的金顶

Spiritual Mountain

中国诸多名山山顶都俗称"金顶",诸如武当山金顶、峨眉山金顶、贵州梵净山金顶,等等。在北京,有两座山的山顶都竞相称"金顶",那就是如今隶属于门头沟区的妙峰山和平谷区的丫髻山。两座山的主祀神灵都是碧霞元君,民众俗称为"老娘娘"。就近一百多年的情形而言,妙峰山金顶的盛名压过了丫髻山金顶,以至于人们经常也会倒过来说"金顶妙峰山"。对于相当一部分人而言,"金顶"也就成为"妙峰山"的同义词,"朝山进香"也常说成"朝顶进香",或者直接简称为"朝山""朝顶"。

无论单称还是并称,金顶妙峰山的盛名依仗高居其上的老娘娘和数百年来人们对她的顶礼膜拜而名扬四方。清末以来的妙峰山庙会以农历四月初一至十五的春香——春季庙会为甚,四月初八为正日子。虽然抗战爆发到改革开放初期妙峰山庙会曾经中断了约半个世纪,但在庙会得以如常进行的年月,数百档香会、数以万计的香客纷纷离开日常生活的市井街头或村落,前往金顶"为老娘娘当

妙峰山金顶上遥望群山

差",朝山进香、行香走会,许愿还愿,虔诚膜拜。当然,过去也有不少前往踏青赏春以及凑热闹的"闲人",而当下更是增加了不少旅游观光客以及徒步健身者。

由于地处京郊,妙峰山庙会很早就得到学界关注、记述、研究。百年来,海内外关于妙峰山庙会的著述出版不断。可以这样说,妙峰山香火的兴衰起伏不仅与社会变迁有着明显的关联,不同时期精英阶层或直接或间接的参与也多多少少影响到妙峰山庙会的生态与形态,将多重意涵叠加了进来。反过来,被人们持续层累的妙峰山也就成为社会演进的一面棱镜。

(一)占山的娘娘

距离北京城阜成门约 40 公里的妙峰山,在京城西北部,也称妙高峰或阳台山,海拔 1291 米,是西山分支仰山的主峰。妙峰山山峻而秀,层峦叠嶂,奇石林立,秀松争彩,既有北方山峰的苍劲,亦有南方山峰的秀美。不仅如此,妙峰山还是北京重要的玫瑰生产地,有着悠久的栽培历史。如今,种植玫瑰花及生产相关产品是附近乡民的一大经济收入来源。每年五六月间,漫山遍野的玫瑰花使妙峰山成为花的海洋,红色胀眼,芳香袭人。

妙峰山老娘娘的香火确切的起源于何时尚未可知。根据现存的康熙二年(1663)的海淀新庄保福寺三村所立的引善老会题名碑、清朝宛平人张献在康熙二十八年(1689)撰写的《妙峰山香会序》[①]

---

① 这些碑铭连同明清两朝更多的妙峰山碑铭,可参阅东岳庙北京民俗博物馆编,《北京东岳庙与北京泰山信仰碑刻录》,北京:中国书店,2004,第 267—304 页。

以及康熙十二年（1673）创始的万寿善缘缝绽会茶棚启贴可知，妙峰山香会"最迟到清初康熙年间已正式见于碑刻"①。换言之，至少在康熙初年以来，妙峰山便因老娘娘而享有盛名。在信众的宗教实践中，金顶妙峰山同样滋生出了中国绝大多数圣山都有的娘娘与某一位男性神祇争山的"娘娘占山"型传说：

> 有一个老佛爷，西边大云寺，知道吗？大云寺西边有个大石头，大石头坐落在那儿整像一个大佛爷。这个妙峰山盖起来之后呀，佛爷占上了，佛爷占上就把地毯铺到地下，铺完拿金钵到外面找水去了。他找水的功夫老娘娘来了，来了，到这儿一瞧，哎呦，妙峰山有人占了，说这个地方太好了，老娘娘就把金簪拔下来，把地毯掀起来就给扔底下了。老佛爷托着水回来了，找来一看，老娘娘在院子里坐着呢，说："这地方我占下了。"老娘娘说："你占下了，我先占的呀。"老佛爷说："我有地毯为证呀。""那你有地毯为证，我有金簪为证，你看看底下有东西呗。"**老佛爷一掀**开一看，嘀，可不是吗，那里头有金簪。这老佛爷也知道女人有点"娇情"，是不是？卷起这个什么就走了。……②

---

① 郑永华，《〈妙峰山香会序〉碑刻之年代订误——兼及妙峰山香会的初始时间》，《民俗研究》，2009 年第 2 期，第 60—67 页。
② 受访者：孙德权，涧沟村金顶文场秧歌圣会会首，涧沟村食品厂经理；访谈者：张成福；访谈时间：2004 年 5 月 26 日；访谈地点：妙峰山。关于妙峰山娘娘占山等传说的更详尽研究，可参阅王晓莉，《碧霞元君信仰与妙峰山香客村落活动的研究——以北京地区与涧沟村的香客活动为个案》，北京：北京师范大学博士学位论文，2002，第 19—20、97—98 页；张成福，《庙会重建中的文化生产：以妙峰山传说为分析个案》，《民俗研究》，2005 年第 3 期，第 121—141 页。

金顶上的敕建惠济祠

关于老娘娘碧霞元君的来历与身份属性，罗香林曾经根据文献记载，梳理出四种说法：其一，东岳大帝的女儿，即泰山的女儿，亦称泰山玉女；其二，华山玉女；其三，黄帝七女之一；其四，汉代民间凡女得仙。[①] 无论何种说法，从更普遍的意义而言，碧霞元君信仰源自中国古已有之的女神崇拜。在很大程度上，民众对碧霞元君的信仰就是因为其作为生殖女神的意义。

公元1008年，宋真宗东封泰山。因此，长期流传一则关于泰山玉女池中一尊女性石雕像在宋真宗面前真身显圣的传说。[②] 宋代在泰山建的奉祀玉女的昭真祠，金代易名为昭真观，明洪武年间重修，

---

① 罗香林，《碧霞元君》，《民俗·妙峰山进香调查专号》第69—70期合刊（1929.7），第1—67页。
② [明] 刘侗、于奕正，《帝京景物略》，北京：北京古籍出版社，1983，第132—133页。

"号碧霞元君。成、弘、嘉靖间拓建，额曰：'碧霞灵佑宫'"。^①由此，人们多将碧霞元君与泰山神女联系一处。^②在朝廷的参与和诱导下，民间对碧霞元君的信仰日渐兴盛。

最晚在明代，碧霞元君受到了北京民众的祭祀，并得立庙供奉。老北京人所说的"三山五顶"就是因为供奉碧霞元君而影响较大的几个地方。"三山"指妙峰山、丫髻山和隶属于石景山区的天台山。明代，北京地区祭祀碧霞元君的东西南北中"五顶"之势已经形成。^③当然，北京还有"六顶""八顶"之说。^④中顶在右安门外，草桥北，明代在唐代万福寺遗址上兴建。东顶，在东直门外。西顶在西直门外蓝靛厂，麦庄桥北，明代万历年间初建，康熙五十一年（1712）重修并改名为"广仁宫"。南顶在左安门外东南弘仁桥或马驹桥，始建于明成化年间（1465—1487），又称"大南顶"。与之相对的"小南顶"，指永定门外南苑大红门的碧霞元君庙，始建于明正德年间（1491—1521）。北顶在安定门外，北极寺之东，即朝阳区大屯乡北顶村。

如今，北顶村已经是鸟巢、水立方等奥运场馆的所在地。民间传闻，在规划设计奥运场馆时，著名历史地理学家侯仁之（1911—2013）等人建议：北顶是神灵的居所，凡人占用不得。政府听从了这一建议，而在北顶旧址上重修了这座见证北京悠久历史的小庙。虽然这座建筑并未恢复为民众敬拜老娘娘的场所，但无论怎样，水

---

① 聂剑光，《泰山道里记》，岱林等点校，济南：山东友谊出版社，1987，第17页。
② 关于碧霞元君乃泰山玉女的详细考证，参阅叶涛，《泰山香社研究》，上海：上海古籍出版社，2009，第78—83页。
③ [明] 刘侗、于奕正，《帝京景物略》，北京：北京古籍出版社，2002，第132页。
④ 赵世瑜，《狂欢与日常：明清以来的庙会与民间社会》，北京：生活·读书·新知三联书店，2002，第355—378页。

068　朝　山

现今与鸟巢比邻的北顶

立方与鸟巢却因这座一度被视为"封建迷信"的小庙往北挪移了数百米。

有学者认为，东西南北中"五顶"的设置表达了中国古代惯有的四方和中央的结构观念，构架起了北京地区碧霞元君信仰"城郭之间，五顶环列"的神圣空间秩序。这不但让紫禁城成为市井小民的，金顶妙峰山也成为民间自己有意营造的"象征的紫禁城"。[①]如果说这一后续阐释值得商榷，那么五顶说明了明代北京的人们对老娘娘的信仰已经兴盛则不容置疑。到明末，北京地区共有20多座碧霞元君庙[②]，并以通州、涿州以及西顶的娘娘庙为盛[③]。此时，妙峰山上可能也修建了碧霞元君庙。

清代，宗教信仰多元并存。清政府也选择性地有意放任、扶植一些汉族民众的神灵，碧霞元君当属此列。当然，这种放任与扶植或者也与在满族中盛行的女神崇拜不无关联。在清代，除了五顶香火依旧之外，另有两处娘娘庙会香火日胜，即丫髻山和妙峰山，并呈现出此消彼长的态势。

清初，皇室贵胄前往承德避暑的途中，经常到丫髻山娘娘庙奉祀。丫髻山的香火也因此日渐兴旺起来。2000年4月，当我与玄昌柱一同前往调查时，丫髻山脚下的北吉山村民仍然确切地指点着当年皇帝行宫在村子的位置。不过，皇室的参与也使丫髻山的香火逐渐有了"富香"的别称，使得大多数穷苦信众的敬拜渐渐向后起的

---

① 吴效群，《妙峰山：北京民间社会的历史变迁》，北京：人民出版社，2006，第36—39页、前言第5页。
② Naquin, Susan, "The Peking Pilgrimage to Miao-feng Shan: Religious Organization and Sacred Site," in Naquin, S. & Chün-fang Yü (eds), *Pilgrims and Sacred Sites in China*, Berkeley: University of California Press, 1992, p.337, 368.
③ [明]刘若愚，《酌中志》，北京：北京古籍出版社，1994，第180、218页。

2007年元宵节,大雪覆盖的丫髻山

妙峰山倾斜。晚清时期,内忧外患连绵不断,清廷皇室无暇也无力前往承德避暑,丫髻山碧霞元君庙也连带着渐渐失势。

1940年代,丫髻山被坐实为在京城内外民众普遍信奉的狐狸、黄鼠狼、刺猬、蛇四种仙家,即俗称的胡黄白柳"四大门"信仰的圣地,丫髻山的王奶奶、老娘娘也被视为这些仙家的上级神灵。[①] 当然,稍早些的妙峰山的王三奶奶同样被信众视为四大门的上级神灵。1929年,周振鹤记述的妙峰山王三奶奶殿中,在王三奶奶塑像前就有高尺许的"南无三界救急普度真君柳修因之仙位"(柳仙)和"南

---

① 李慰祖,《四大门》,北平:燕京大学法学院社会学系学士毕业论文,1941,第102—108页。

雪中丫髻山山腰的庙宇

无引乐圣母驾下胡二爷仙长之神位"(胡仙)这两座神位。①

妙峰山碧霞元君庙的香火与丫髻山的形势正好相反。与丫髻山相较，清初妙峰山的香火并不旺盛。但是，因其香火以"穷香""苦香"为特点，并且远离京师政治中心，相对的高远反而增强了其神性，故而笼络了大批普通信众。清末，无力西去避暑的皇室避远就近而直接参与其中。

当然，富香和穷香的分别只是相对的。从现存的关于妙峰山香会最早的确切记载，即康熙二年的"引善老会碑"碑文可知，当年

---

① 周振鹤，《王三奶奶》，《民俗·妙峰山进香调查专号》第69—70期合刊（1929.7），第68—107页。

海淀新庄保福寺三村的这个老会有钱粮都管①、陈设都管、房都管、办事都管、请驾都管、中军吵子都管、拉面都管、司房都管、车上都管、号上都管、饭把都管、行都管、揆子都管、净面清茶都管等各色人众。而且，这个因"年例诚起"的老会就是"二顶走香"。②虽然"二顶"中的另一顶是否就指丫髻山有待进一步考证，但不少香会和香客多顶走香则是事实。雍正十一年（1733）七月初七在西直门内诚起的"二顶兴隆圣会"同样强调自己是除上金顶妙峰山之外，还朝拜另一个"顶"的。③

清末民初，妙峰山香火达到鼎盛，远远超过了"五顶"和丫髻山，夺走了其他各处的香火，成为华北地区众所周知的圣山。对于大多数朝顶进香，行香走会的香会和信众而言，人们更习惯于亲情化的"老娘娘"，以至于时常忘记道士、文人熟悉的碧霞元君是谁。

（二）庙会的时空布局

最晚在 17 世纪晚期，妙峰山碧霞元君祠进香的时间就确定在了农历四月初一到十五，初八是庙会的正日子。清中叶，亦曾出现过农历七八月的秋季进香，但却并未盛行开来。④四月进香，民间惯称

---

① "都管"后人也写作"督管"。
② 东岳庙北京民俗博物馆编，《北京东岳庙与北京泰山信仰碑刻录》，北京：中国书店，2004，第 269—270 页。
③ 同上书，第 273—274 页。
④ Naquin, Susan, "The Peking Pilgrimage to Miao-feng Shan: Religious Organization and Sacred Site," in Naquin, S. & Chün-fang Yü (eds), *Pilgrims and Sacred Sites in China*, Berkeley: University of California Press, 1992, p.342, 389.

"春香",七八月进香则称"秋香"。

妙峰山庙会春香的红火,多少与碧霞元君作为生殖女神的属性有关。对于诸多人类早期文明而言,春季是万物复苏的季节,农作物的生长、动物的繁殖及人类的生育繁衍会相互促进与影响。"仲春三月,令会男女"的中国古俗也标明春季作为繁衍季节的文化意义。因此,妙峰山的春香远较秋香热闹。顾颉刚曾经记述90多年前妙峰山春香的盛况:

> 每年阴历四月中,从初一到十五,朝山进香的人非常踊跃,尤其是初六、七、八三天,每天去的有好几万人。这些人的地域,除京兆之外,天津及保定方面也很多,旅京的南方女子亦不少。①

妙峰山庙会的空间不仅仅只是金顶,而是由香客所在的村落、街区、香道及其沿途的茶棚、金顶殿宇以及广场等不同的空间及其配置组成。过去,前往妙峰山进香的香道主要有五条,依次为:南道(经三家店)、中道(经大觉寺)、北道(经聂各庄)、中北道(经北安河)、中南道(经建阳洞)。其中,中南道自清末便已废弃。对于主要是靠双腿出行的年代,这些香道不但路途遥远,而且陡峭艰险。因此,沿途也就布满了以为老娘娘当差的名义,广施善行,并作为老娘娘"行宫"的茶棚,一座座固定也流动的"庙宇"。

尽管如此,昔日的个别香客还采取了有些"痛苦"甚至"残虐"的进香方式。诸如:"爬香",即背鞍,背系马鞍,项戴元宝锞串,匍匐跪地爬山,表示"自变犬马,已赎己罪";"滚砖",即跪香,三

---

① 顾颉刚编著,《妙峰山》,广州:国立中山大学语言历史学研究所,1928,第1页。

寨尔峪茶棚遗址

步一拜，五步、七步一磕，朝拜者手拿一砖，每翻转一面砖便要磕一个头；镯镣，香客穿着红色的"罪裙"，自戴镣铐朝山；悬灯，用绳子把灯笼穿在胳膊的皮肉里，举着灯笼上山进香；挂炉，把两个铁质的小香炉用绳子穿在自己的皮肉里挂着燃着盘香的香炉上山朝顶。①

茶棚遇到这样的进香者会赶忙上前、想方设法地搀扶，救助。这些劳其筋骨、饿其体肤、空乏其身的身体实践虽然不乏残虐，却在相当意义上增强了进香的神圣性。茶棚自身的活动及其与香客和香

---

① 金禅雨，《妙峰山指南》，北京：名胜导游社，1936，第15—16页。民国年间，这些因许大愿而有的苦香的具体情形，全国可见。在江南的迎神赛会中，苦香是赛会仪仗必有的单元，参阅郁喆隽，《神明与市民：民国时期上海地区迎神赛会研究》，上海：三联书店，2014，第102、179—181页。

会组织间的互动也在昭示着老娘娘的"灵力",突显老娘娘信仰的神圣性。换言之,香道并不仅仅是达到金顶娘娘庙的道路,在一定意义上,它们是民众一步步接近心目中至善至美也可亲可近的至高神灵的过程,是身心都在感受老娘娘神性与灵力的过程。由此,平日少有人问津的香道实际上也是妙峰山庙会神圣空间重要的组成部分。

根据奉宽①和顾颉刚的描述,大概可以窥见清末民初妙峰山的殿宇群落布局。从1937年日本全面侵华开始,妙峰山的庙宇建筑连年遭到破坏。直到20世纪80年代,老娘娘信仰始终处于一种潜伏状态。金顶之上的残垣断壁被满山遍野的火红玫瑰印染得萧瑟、凄凉。1985年,人们才开始修复妙峰山的庙宇和其他一些基础设施。

如今,除了娘娘殿、王三奶奶殿、财神殿在旧址基础上重建以外,民国时期的华佗殿的位置变成了药王殿,供奉的神灵由华佗变成了神医扁鹊。原广生殿的位置成了观音殿,原三教堂的位置成了喜神殿。原观音殿、喜神殿的位置均在灵感宫东北方。五圣宝殿的位置成了月老殿,白衣大士殿成了遇仙长廊。同时,回香阁一带,原来有东岳庙,供奉的是东岳大帝,两配殿为速报司和现报司,速报司供奉的是岳飞。如今,回香阁一带的东岳殿、武圣殿、文昌殿分别供奉的是东岳大帝、岳飞、文昌帝君,不变的是东岳大帝。

过去,山上没有玉皇顶。现在,人们在回香阁之上专门修建了玉皇顶。2005年年底,有关部门进一步加大多项旅游设施投资力度,对涧沟村的灵官殿、傻哥哥殿和三仙姑殿等遗址进行了修葺。于是,妙峰山又有相对完备的庙宇群,既作为祭拜场所也作为镶嵌在山顶的景观,满足着香客、游客等不同群体的需求。

这些殿宇之间的空地或殿门外的广场是娱神表演进行的场所。诸

---

① 奉宽,《妙峰山琐记》,广州:国立中山大学语言历史学研究所,1929。

076 朝山

现今的喜神殿

如舞狮、高跷、中幡、石锁等这些民间色彩浓厚的表演，既体现民众敬神、娱神、祈福的心态，也塑造着人神沟通交流的神圣氛围。如今因应发展旅游的需要，也满足游客的娱乐需求，在结合传统庙会的一些因素基础之上，这些空地也有了照相、打金钱眼等新的活动项目。

在传统的基础上，有着文化精英、旅游公司、基层政府以及普通民众共同参与建构的妙峰山当下的空间布局，在一定程度上反映了当下民众在生活中的诉求。沿袭以往，在所供奉的神灵中，依然以主生育的老娘娘为主。虽然今天的重建或修建，有不少专家学者参与其中，并有着旅游景观打造的考虑，但妙峰山空间的布局还是在一定程度上与当下生活紧张，竞争激烈，从而规避风险、寻求安全的心态紧密相关。

（三）香会与香客

在参与妙峰山进香的人群中，根据有无组织，有着香会和一般香客的分别。所谓一般香客，也即非香会成员的香客。

在妙峰山进香活动中，香会是有组织的香客群体。从流变角度而言，香会可能是古代"社会"的变体。①《旧都文物略》详述了京畿一带乡社子弟结队前往妙峰山上香的情形：

> 中顶、西顶、南顶皆有祀神之会，而四月妙峰山之娘娘顶，则香火之盛闻于远迩。环畿三百里间，奔走络绎，方

---

① 顾颉刚编著，《妙峰山》，广州：国立中山大学语言历史学研究所，1928，第12页。

轨迭迹，日夜不止。……乡社子弟，又结队扮演灯火杂剧，籍娱神为名，歌舞于途，谓之赶会。会期之前，近畿各乡城镇，皆有香会之集团首事者，制本会之旗，绣某社名称。旗后则金漆彩绘之笼檠以数人担之而行，笼上缀彩旗鸾铃，导以鼓锣。担者扎黄巾，衣黄色褂，喧染过市。……凡赛事毕，先后散于庙内，外肆摊购绒绫花朵，插帽而归，谓之戴福。遥望人群，则炫烂缤纷，招颤于青峰翠柏间，其风物真堪入画也。①

妙峰山的香会，有文会和武会两类，文会又可以分为行香会与坐棚。

行香会，指以贡献给碧霞元君庙及各茶棚物品，或为朝顶进香的香客提供服务的各种香会组织。行香会以流动性和临时性为特点，在进香当年临时组织，在整个进香途中为其他香客、香会提供服务，没有固定的服务场所。在进香活动结束之后，行香会即解散，待下次进香再重新组织。清末民初，行香会种类繁多，如修筑进香道路的、装修路灯的、义务修鞋的、修补瓷器及铜器、锡器的、呈献庙中茶棚中用具的、呈献神用物品及供具的、施献茶盐膏药等生活用品的、专门以搜集、焚化字纸为任务的香会、沿途施舍粥茶的茶棚会，还有组织起来代别人前去进香的香会，等等。

这些行香会几乎囊括了京津地区的各种行业。在妙峰山庙会中，他们以为老娘娘当差的虔敬之心，竭尽所能地为香客服务，肯定自身及行业的社会价值，也使这些行业纳入到老娘娘信仰体系之中，成为体现老娘娘神圣与灵验的一部分。

---

① 汤用彤等编著，《旧都文物略》，北京：书目文献出版社，1986，第270—271页。

坐棚，因其固定不动而名之，指拥有固定场所为香客服务并在其中施舍粥茶的香会。无论是拥有固定地点的坐棚，还是茶棚会每年进香时节临时搭建的棚，都称为茶棚。茶棚主要功能是施舍粥茶，有条件的还施舍馒头、肉食等，并提供香客食宿。最初，茶棚的建置比较简易，是用苇席搭建的，后来人们慢慢地在这些固定的地点修建了小庙形式的建筑，有些财力丰足的茶棚还修建成大型院落，可供多人食宿。茶棚被香客视为老娘娘的"行宫"，其摆设和布局均具有一定的象征意义。

一般的香客在茶棚中会参驾及喝粥茶等。《民社北平指南》曾载："施粥茶者身穿黄衣，并呼口号，如'先参驾来，然后再喝粥来，哎哎！'香客入棚参驾后，即随意取粥取茶食用，作临时休息，

现今妙峰山庙会期间金顶的坐棚

夜间并可住宿"。① 遇到以特殊方式烧"苦香"者，茶棚得信必派人提上茶壶于百步之外迎接。行香会在路上遇到茶棚，必须拜贴、献供、烧香，双方的言行都有一定的陈规讲究，如进香回来的武会路遇茶棚，则必须在茶棚前呈现技艺。

改革开放后，虽然妙峰山庙会逐步恢复了，但文会却越来越呈衰减之势。交通条件的质变、生活方式的变迁和观念的变化等多种原因，使得这些过去在沿途为香客提供各种服务的行香会、茶棚几乎荡然无存。就是如今在金顶的几个茶棚也渐有被妙峰山景区管理处接管的趋势，尽管当下金顶的茶棚中还有人要求香客要到娘娘殿进完香之后才能喝粥或者吃馒头。

武会，又名走会，是指在庙会活动中表演诸如舞狮子、走高跷等百戏、杂耍的进香群体。《民社北平指南》有载：

> 走会又名武会，为民间最热闹之杂戏，亦即民间有统系之艺术，各种歌舞技艺，五花八门，均有活泼之精神，而不染盈利之思想。会中人员，具有坚实勇敢之精神，表演各种艺术，均极精彩，于民间艺术中，占有雄厚之势力，每逢山坛庙集开会时，或一村一处有典礼庆贺时，皆举行走会，而城外各村亦有历年行之者。其为民间调剂艺术者，以妙峰山及左安门外十里河地方为最盛。②

因为表演形式多样，民国之前有十三档武会，俗称"鼓幡齐动十三档"，具体是：开路会、五虎棍会、侠客木（高跷会）、中

---

① 转引自李家瑞，《北平风俗类征》，上海：商务印书馆，1937，第 61 页。
② 同上书，第 456—457 页。

三　层累的金顶　081

如今的中幡会

现今的五虎棍会

狮子会

幡（大执事）、狮子会、双石会、掷子（石锁）、杠子会、花坛（小执事）、吵子会（献音圣会）、杠箱会、天平会、神胆大鼓会。民国之后，又增加了自行车会（踏车会）、小车会、旱船三档，成为十六档。要成为能够前往妙峰山向老娘娘进香的武会，有着约定俗成的条件，即所表演的内容必须与老娘娘有一定联系，如小车会当年加入进来，声称自己是为老娘娘运送钱粮的。所以，纵然民间有丰富多彩的表演，也有很多是无法在妙峰山庙会中立足的。传统的十三档武会如果按一定形式组合起来，则成为一幅极具象征意义的"庙宇"布局图，其表演的神圣意义更进一层。

　　武会成员平日里的艰苦训练，为的是向老娘娘表达自己的虔诚。与讨生计的撂地卖艺[①]不同，虽然同属于表演，前往妙峰山"献艺"的武会表演具有娱神的神圣性，不是为了挣钱，而是"耗财买脸，抢洋斗胜"，以此表达这个群体以及背后所指涉地方、行业的个性与认同。这样，各个武会的着装、行头等有着相对统一的形制。

　　在当下的口传记忆以及实践中，人们又在强调过去这些名目众多的香会有着老会、圣会以及皇会之别。老会是指朝山历史在百年以上的会，否则只能以圣会相称。皇会则指在晚清被皇帝或者慈禧观看过的香会。皇会不但在称谓前加上了"万寿无疆"的头衔，在朝山进香时也要求其他香会自动避让，这自然就打乱了原有的老会与圣会之间的阶序关系。如今，一个香会过去是否是皇会也就成了人们当下津津乐道的记忆。

　　各香会内部有明确的分工及严密的管理系统，如顾颉刚所说："他们的组织是何等的精密！他们在财政，礼仪，警察，交通，饷

---

① 岳永逸，《空间、自我与社会：天桥街头艺人的生成与系谱》，北京：中央编译出版社，2007，第92—137页。

糈……各方面都有专员管理，又有领袖人物指挥一切，实在有了国家的雏形了！"①而诸如"让道""盘道"等香会之间的规矩讲究，则存在着在老娘娘名义下"抢洋斗胜"一比高下的竞争心态。各香会的服务都是免费的，不以赢利为目的。通过这些花费和服务，香会也就有了"脸面"。

与文会的衰减之势不同，武会的表演成为现今妙峰山庙会最主要也是最重要的景观，而且还有增多和再生的趋势。现在城乡不少社区的表演队也纷纷上山表演。原本门头沟区基本是没有武会上山的，但为了将庙会办得红火，发展旅游、增加税收，门头沟区政府一度还要求各村都成立秧歌会之类的花会组织并在庙会期间上山表演。顺此潮流，妙峰山景区管理处专门成立了"花会联谊会"之类的半官方组织，协调安排每年上山的会档的日期。管理处、联谊会的负责人也与有影响的花会会首之间往来密切，甚或主动"下山"参加倪振山等会首的葬礼，从而让这些花会积极主动的朝山。

考虑到管理处、联谊处的有着居上位的（半）官家人的身份，而且长居山上并直接负责于金顶妙峰山的老娘娘，这些人低姿态的主动下山也就标志着传统朝山进香的显著变化：为了维持、彰显老娘娘的灵验和庙会的传统性、民俗味，单向度的"上山"与四面八方的"朝聚"，变成了上山与下山的双向互动；原本基于为老娘娘当差的"人凭神，神依人"的人神互惠关系，增多了人与人之间的礼尚往来的色彩。②

---

① 顾颉刚编著，《妙峰山》，广州：国立中山大学语言历史学研究所，1928，第26页。
② 岳永逸主编，《中国节日志·妙峰山庙会》，北京：光明日报出版社，2014，第304—306页；张青仁，《行香走会：北京香会的谱系与生态》，北京：中央民族大学出版社，2016，第198—203页。

出于多种原因，武会"井"字里与"井"字外之别的强调也表明现今朝顶进香的武会的庞杂和变异。包括"贺会"①等讲究在内，武会过去的规矩只有越来越少的人在强调、遵守与坚持，各个会档的技艺也日益严重地面临着失传的危险，"以会养会"到处表演挣钱成为多数会档无奈也是必然的生存传衍规则。甚至出现了以盈利为基本目的的公司化运营的会档，而朝山进香仅仅只是业务的一个部分。②然而，武会讲究的着装习惯却一如既往。

因为香会有着严密的组织结构、明确的服务目标和统一的价值取向，所以香会中的香客在进香活动中的实践是以香会的实践为归依的。从香会的活动中看到的是香会集体的诉求和表达，而香会成员个体的差异性并不突出。以香会为组织的香客积极投入到香会为香客服务的活动中，以为老娘娘当差的主人翁姿态，体现并不断强化着他们对老娘娘的虔诚与敬畏。"为娘娘办事"成为香客日常生活及庙会中的精神寄托。这使得庞杂的妙峰山庙会异彩纷呈的同时也井然有序。

除了有组织的香客外，妙峰山庙会中的大量信众都是零散的个体香客。来妙峰山朝顶进香的这些零散香客，心愿各不相同，有求姻缘的、求子的、求平安的、求祛病的、求断狱的、为结社的（如戏社结拜）等等，也有因为娘娘保佑实现了心愿而来还愿的。③香客

---

① 岳永逸主编，《中国节日志·妙峰山庙会》，第103—107页；张青仁，《行香走会：北京香会的谱系与生态》，第164—168页。
② 张青仁，《行香走会：北京香会的谱系与生态》，北京：中央民族大学出版社，2016，第86—94、123—127页。
③ 这在百余年来并无明显的变化。就20世纪30年代，人们向金顶老娘娘的求祈事象，可参阅佩弦，《"妙峰山圣母灵签"的分析》，《民俗·妙峰山进香调查专号》第69—70期合刊（1929.7），第120—125页。

带着"生活的失衡"①，怀着对老娘娘的虔诚，纷纷在进香时节踏上这朝山之旅。

在相当长的时期，尤其是清末民初，多数香客以徒步攀爬的方式到达妙峰山，也有一些香客选择诸如背鞍、滚砖、挂炉等苦香方式朝山进香。这些香客往往是为了非常重要或急迫的心愿，如为父母重病许大愿或还大愿的，急切地希望老娘娘能实现他们最迫切的心愿或感谢娘娘保佑自己度过重大难关。这些旨趣各异的香客丰富了妙峰山老娘娘信仰的内涵，使妙峰山庙会呈现出多样性的特点，也反映了在特定历史时期民众的日常生活状态和精神需求，并成为当下多少已经闲暇化与世俗化的妙峰山庙会潜在的"内核"。

如果按地域划分，则可发现妙峰山庙会的香客既有来自北京东城、西城等老城区的居民，也有来自门头沟、石景山、昌平、丰台、

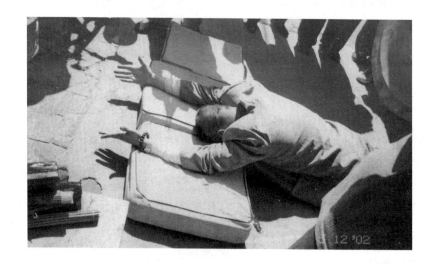

---

① 岳永逸，《行好：乡土的逻辑与庙会》，杭州：浙江大学出版社，2014，第134—146、326—327页。

朝阳、海淀等郊区的农民,还有专程从天津、保定、廊坊、张家口等地赶来进香的香客。这样的群体构成,一方面反映了老娘娘信仰的广泛性,另一方面也突出了妙峰山在京津乃至整个华北地区碧霞元君信仰中的重要地位。

总体而言,妙峰山庙会之所以持久传衍、丰富多彩,靠的正是这些来自不同地域的有组织或无组织的香客及其活动。在妙峰山庙会现场,能够听到前去进香的人们互道"虔诚",能够看到香客"带(戴)福还家"。从这一声声特殊的招呼方式,透出的是香客祈愿的真心、还愿的感激和彼此的恭敬。在这一声声招呼和摇曳的身影中,妙峰山庙会洋溢着神圣的温馨,并不乏欢快的生活气息。

作为一出"社会戏剧",妙峰山庙会的深刻意义在于:它是民众日常生活的调节机制,并在相当程度上使民众的日常生活得以平顺地展开,也表达着民众对那些在日常生活中不能获得的秩序和精神状态的追求。庙会不仅是民众日常生活的动力和精神寄托,同时也是民众继续生活必不可少的心理基础与准备,是一个与自然更替一道的个人与群体的通过仪礼,并整合规训着群体性的生活与地域性的生活。①

换言之,妙峰山庙会不仅在每年进香时节通过各种活动"显性"地存在着,也"隐性"地存在于民众的日常生活之流中。这从《百本张钞本》中的俗曲"妙峰山""大过会"等20世纪前半叶在京城民众中对往妙峰山朝山进香的浅吟低唱中可见一斑。② 也即,妙峰山朝顶进香这一宗教实践已经演化为市井的说唱、嬉戏——日常的回

---

① 岳永逸,《对生活空间的规束与重整:常信水祠娘娘庙会》,《民俗曲艺》,143(2004.3),第213—269页。
② 岳永逸主编,《中国节日志·妙峰山庙会》,北京:光明日报出版社,2014,第123—134页。

味、娱乐与赏玩,成为民众,尤其是旗人艺术化生活的一部分。因为种种原因,当年或数年没有能前往朝顶的信众,也可以通过亲自的唱诵或摇头晃脑地聆听他者的吟唱而重温进香的盛况。

(四)旗人与皇室

耗财买脸的旗人

妙峰山庙会虽辐射面广,但北京地区则是最为基本与核心的部分。在发展过程中,妙峰山庙会与京城民众尤其是旗人的生活有着紧密的联系。

在清末民初的妙峰山香会组织中,北京城厢内外的旗人占了相当大的比重。早在明末,关外一带满人的城池中就已建有碧霞元君庙,碧霞元君信仰对满人并不陌生。① 清初,朝廷虽排斥某些汉族神祇,但对碧霞元君信仰则采取了扶植的态度。最早一批到妙峰山进香的信众中有很多都是旗人。在清末民初的众多香会,尤其是"井"字里的武会中,旗人同样是主体。这些情况的出现,与旗人在清代的生活状态紧密相关。

在清朝,八旗的组织方式把旗人按户编制,兵民合一。这有利于在战时迅速组织起强大的兵力。与此同时,旗人皆可按月领取朝廷发放的钱粮。与汉人相较,旗人还拥有更多的特权。起初,"八

---

① Naquin, S., "The Peking Pilgrimage to Miao-feng Shan: Religious Organization and Sacred Site," in Naquin, S. and Chün-fang Yü (eds), *Pilgrims and Sacred Sites in China*, Berkeley: University of California Press, 1992, p.371.

旗"制度为满人开疆拓土、立朝立国发挥了巨大的作用,旗人扮演了骁勇善战的决定性角色。可是,随着国家承平日久,当年的尚武精神逐渐颓殆,取而代之的是在朝廷俸禄的供养下,讲究吃、喝、玩、乐的生活习性的形成。整体而言,在清代,旗人成为生活明显优越于汉人以及其他民族的有闲阶层,讲究生活的品味与情趣,如斗蛐蛐、遛鸟、听戏、唱曲、品茗等成为多数旗人生活的风尚。在此背景下,组织各种抢洋斗胜、耗财买脸的香会到妙峰山朝顶进香,成为这个闲暇阶层生活中的"爱好"之一,也是妙峰山香会传衍的整体文化氛围。《燕京岁时记》有载:

> 过会者,乃京师游手扮作开路,中幡,杠箱官儿,五虎棍、跨花鼓钹,高跷秧歌,什不闲,耍坛子,耍狮子之类。如遇城隍出巡,及各庙会等,随地演唱,观者如堵,最易生事,如遇金吾之贤者,则出示禁之。①

《旧京风俗志》(稿本)记载得更加详尽明白:

> 所谓会者,京俗又名高乡会,即南方社火之意也。太平无事,生计充裕,一班社会青年,八旗子弟,职务上相当工作已了,饱食终日,无所用心,于是互相集聚,而为排会之游戏,如中幡会、狮子会、五虎棍、开路、少林棍、双石头、杠子、跨鼓、十不闲、杠箱,均于是日进香。各会常因细故,而演成凶殴,按此等娱乐,虽无关生计,然若辈视之,直同生命,譬如今日之会,共为数十档,某档在某档之

---

① 转引自李家瑞,《北平风俗类征》,上海:商务印书馆,1937,第455页。

前,某档在某档之后,秩序均须大费斟酌,尤以同样之会最费踌躇,倘或安排不当,即发生冲突,好勇斗狠,牺牲生命,往往有之。①

《春明采风志》亦载:

过会:京乡游手,排演各档,行香走会,耗财买脸,匪豪民不能为此。虽系游戏,中有武功甚深者,强于博弈,不必甚禁之,亦与民同乐也。自妙峰山始,凡各庙宇,请则至。有中幡、花钹、挎鼓、杠箱、狮子、杠子、花砖、花坛、开路、五虎棍、少林棍、双石锁、高脚秧歌、什不闲之类,杂耍馆中亦请,谓之打中台。②

同时,当旗人已经习惯于这种闲暇生活的时候,清帝国却江河日下。清朝覆亡之后军阀割据,社会动荡,对此感受最深的京城旗人也日益笼罩在大势已去、回天乏力的悲凉之中。可以想见,在这种绝望的心态下,参与香会组织,到妙峰山朝顶进香,投身到妙峰山庙会活动中,浸淫在老娘娘的神力之下,未尝不是一种逃避现实的可取方式。换言之,在特殊的生活境况及心理状态下,参与妙峰山庙会在旗人生活中扮演了重要的角色,也形成了旗人对妙峰山庙会深厚、难以言说的感情。无论是盛世时身份地位的炫耀,还是末世时逃避现实的绝望,这种类似"生命皈依"般的情感,经过祖祖

---

① 孙景琛、刘恩伯,《北京传统节令风俗和歌舞》,北京:文化艺术出版社,1986,第51页。
② 转引自李家瑞,《北平风俗类征》,上海:商务印书馆,1937,第455页。

辈辈得以传递。在社会急剧发展变化引起庙会变迁的情况下，每每谈及老娘娘以及传统妙峰山庙会时，诸如隋少甫（1920—2005）这样的老会首、老香客在言谈之间都情不自禁地流露出浓浓深情。①

清廷的参与

妙峰山庙会在清末达到极盛的另一个非常重要的原因是清廷的主动参与。如前文所述，由于满族人本来就崇信女神的关系，清初朝廷并没有压制碧霞元君这一信仰，而是在一定程度上听任百姓从事这一信仰活动。到康乾时期，国家日渐强大，人民生活亦日趋稳定，民众大规模的敬拜活动也发展起来。组织严密庞大的香会队伍，成群结队地前往圣地进香成为事实。对于民间自发的"集结"，统治者始终有着先天的恐惧症。顺治皇帝就曾说过："京师辇毂重地，借口进香，张帜鸣锣，男女杂还，喧填衢巷，公然肆行无忌，若不立法严禁，必为治道大蠹。"②

到了清末，以慈禧太后为代表的清廷皇室却一反此前的抵制态度，表现出对妙峰山庙会的兴趣和支持，并参与其中。在内忧外患的境况下，清廷对老娘娘信仰态度的急剧转变自然而然。与对义和团的利用相仿，皇室对妙峰山庙会乃至整个碧霞元君信仰的支持实质上也是出于对民间力量的笼络。这也使得有"老佛爷"之称的慈禧在北京市井百姓的口头叙事中是一个地地道道的民间玩意儿的倡导者与保护者，俨然一个有品味的民间艺术鉴赏家和非遗保护的先驱。③

---

① 吴效群，《走进象征的紫禁城——北京妙峰山民间文化考察》，南宁：广西人民出版社，2007，第118—134页。
② 《清实录》第3册，北京：中华书局，1985，第8—9页。
③ 岳永逸，《空间、自我与社会：天桥街头艺人的生成与系谱》，北京：中央编译出版社，2007，第221—224页。

以慈禧太后为代表的清廷皇室对妙峰山庙会的支持，首先表现在他们对妙峰山进香活动的亲身参与。金勋《妙峰山志》记载，慈禧于光绪二十五年（1899）上过妙峰山，据说还赠与妙峰山碧霞元君庙几口大钟及精美匾额。在亲身参与进香活动时，皇室自然享有特权，垄断了烧"头香"的权力。至今，人们也在说，那个时期妙峰山庙会的进香活动必须在皇室烧过头香之后才正式开始，普通信众才能进香。皇室的参与使得民众深受鼓舞，以致一时间，妙峰山庙会进香的场面繁盛无比。

其次，皇室的参与更突出地表现在他们对于香会，尤其是武会的重视。不但太监、皇妃等与皇室关联紧密的特殊群体直接捐赠甚至组建文会，慈禧太后更是热衷观看武会的表演。对于一些技艺超群的武会，慈禧还传召进宫表演。据《妙峰山志》记载："光绪二十二、二十三、二十四年，慈禧太后传看各种皇会十二项，表演团体七十余堂，会众近三千人。"[①] 被皇帝或太后看过的香会可以称为"皇会"并能够在自己的会名前缀上"万寿无疆"之类的称号，还在笼子上插龙旗。

逾越原本的会规会礼，皇会凌驾于其他香会之上。同时，一些原本出身不好但由于技艺出众受到慈禧太后垂青而一朝成名的香会成员也成为当时人们崇拜追捧的对象。与原本香会活动的初衷是为老娘娘当差，耗财买脸不同，自从以慈禧为代表的清廷参与后，香会的追求也多了邀取皇宠的意味。据说当年，慈禧太后在每年妙峰山庙会期间，在进香结束以后都要在颐和园等着看香会的表演，所以各武会在进香结束后，无论来时选择哪条香道上山，下山时都要绕道颐和园，以图得到慈禧太后的观看与恩宠，以获得成为皇会的

---

① 金勋，《妙峰山志》，北京：中国科学院藏书（年代不详），第2页。

机会与可能。

朝廷支持，民众主动迎合。正是在这种双向互构中，清末的妙峰山庙会达到了举城皆狂的地步。如今，一个香会曾经是否是"皇会"已经成为申办各种级别的非遗的一个重要筹码。

（五）皇会与非遗

从妙峰山庙会的兴起直至民国时期，较大的变迁发生在清末皇室的主动参与时期。"皇会"的出现，表现出朝廷的俯就和民间的奉迎。原本为老娘娘当差同时也追求声望、脸面的各香会转而以各种方式邀取皇宠，主动向皇室靠拢，多了世俗的味道。可以说在一定程度上，原本以民间自发组织，有自我追求的民间文化传统被统治者巧妙地规训了。应该说，这是妙峰山庙会发展史上一次比较大的嬗变。

辛亥革命后，数量上不再有增长的"皇会"虽日渐萎缩，但却成为人们表达自己所认同的"过去"的一种符号和思维工具。在传说之中，有着"皇会"封号的会，会一而再再而三地强调其昔日荣耀。时运不济而没赶上老佛爷赏玩的香会则要强调自己历史的长久，有的甚至想象性地创造出"皇会"传统，演绎着自己会档昔日与宫廷的关联。虽然已经过去百余年，"皇会"这个情结仍久久萦绕在有着不同诉求的香客、香会之中。尤其是在当今主流意识形态赋予传统、民俗更多的积极意义——正价值/能量——的社会语境下，也即其可能转型为一种增产创收的文化资本的语境下，很多香会成员仍然以自己所在的会曾经受过皇封而骄傲，并在非遗运动的语境下大肆张扬，以求获得不同级别的非遗的封号及相应的利益。"传统"的

已经成为非遗的朝阳区红寺村太平同乐秧歌圣会第四次重整时的飘带

皇会也就在似乎自然的情境中转化为"现代的皇会",一如既往地享受着种种特权,并进一步铸造着新的阶序。

自1937年日本全面侵华开始,由于战乱,妙峰山的庙宇建筑连年遭到破坏,民不聊生,妙峰山庙会逐渐衰落。随后的政治强力不仅使朝顶进香的敬拜活动被禁止,就连"香会"这个术语也成为一个与封建迷信相连而指涉黑暗、反动、落后、愚昧等贬义词,并被强制性地用民间表演、民间艺术的"花会"所取代。这也是20世纪90年代初妙峰山庙会恢复时,前往朝顶进香的武会远甚于文会的原因之一。

1983年以来,所谓北京"香会复兴"实际上更主要是武会的复兴。当然,民众也充分利用摆脱了宗教意义的"花会"这个称谓,同样包含着求神拜佛的会,以眼花缭乱的表演小心翼翼地拓展着生存空间。1989年开始,基层政府出于旅游的需要逐步恢复妙峰山的庙宇建设。1990年,"万里云城踏车老会"的会头隋少甫怀着对老娘娘的虔信与对过往妙峰山庙会的留恋之情,带着十档花会稍有不安地进行了一次行香走会活动。此前,他曾两度上山,但都被有关部门认为开展封建迷信活动而遭遇了"麻烦"。令他意外的是,这一次的活动被政府认可,并称之为民间文化,而且是有利于旅游产业发展并应该有计划恢复和发展的民间文化。于是,在政府的支持与牵头下,妙峰山庙会正式走上了复兴之路,也开始了在现代旅游文化背景下的重生与变迁。

与清末妙峰山庙会的变迁相比,这次变迁更为剧烈深刻。妙峰山庙会的整体定位发生了改变,对妙峰山庙会的恢复重塑是以"文化搭台,经济唱戏"为归依的,政府以旅游文化产业链的方式对妙峰山的景观和庙会传统进行了有条不紊的恢复和改良:

> 妙峰山乡政府认识到,妙峰山作为北京传统上的宗教信仰中心,若将其传统恢复,并能再现往日辉煌的话,那么经济上的收益将是巨大的。为此,他们从软硬两个方面加大了对妙峰山工作的力度,希望妙峰山能够成为当地经济发展的支撑点。他们由党委一把手负责妙峰山的事务,不断追加对于妙峰山旅游开发的投入。全乡上下对妙峰山传统民俗文化所能带来的经济效益寄予厚望。①

---

① 吴效群,《妙峰山:北京民间社会的历史变迁》,北京:人民出版社,2006,第235页。

确实，依赖传统文化来发展旅游经济的导向给老百姓自己喜欢的生活留存了相当的空间，使得昔日的香会，尤其是武会，也即通常所谓的花会，得到生存的机会与可能。因为一年一度众多会档①的上山，妙峰山庙会也显得红红火火，有着传统味、民俗味，并具有观赏性。

　　然而，朝顶妙峰山会档的复兴不仅仅是为了延续传统，因为时代的变迁，它还不得不多了对名利的追求。在一定意义上，这些重整或新起的会档既不同于昔日以敬拜为核心，为老娘娘当差而"大爷高乐、耗财买脸"的香会，也不同于1949年后的17年时期完全去神化而舞台化的花会。这些会档在部分延续昔日香会朝山进香的敬拜特性时，也出现在国庆、奥运等重大与民族国家脸面相关的庆典现场，还在喜庆堂会、公司开业等场合频频亮相，以牟取基本的维持运转的可能以及费用。当非遗运动蓬勃展开时，这些与妙峰山庙会多少有着历史渊源的会档自然而然地完善其口传历史，念"老佛爷"的好。可是，就在成功地申报成为不同级别的非遗之后，传承人的老龄化和社区拆迁造成的居民分散使得这些会档依旧面临失传的危机。

　　石景山区古城秉心圣会是在改革开放后形成并整合村民认同的会档。从拆迁开始，古城后街的居民就散居各处，无法聚首，更无法演练。自2007年起，声势浩大，已经成为石景山区非遗的秉心圣会就不再朝山。②因为存在利益分割，非遗的评定也增加了原本就有着一些积怨的香会之间的矛盾。2008年，海淀区西北旺的高跷秧

---

① 20世纪、21世纪之交朝山会档的名目，可参阅岳永逸主编，《中国节日志·妙峰山庙会》，北京：光明日报出版社，2014，第249—256、275—277页。
② 苗大雷，《民间组织荫蔽下的村庄意识：京西古城村秉心圣会研究》，见李小云、赵旭东、叶敬忠主编，《乡村文化与新农村建设》，北京：社会科学文献出版社，2008，第211—247页。

歌会虽然已解决拆迁问题，但其拆迁所补偿的广场却被开发商收回，会众的活动场所不得不转移到尚未建设完备的关帝庙中。不仅如此，同处一村的高跷秧歌会与五虎棍会之间因为申遗激发的宿怨和每次上山都要统一在西北旺村的名义下进行，矛盾难以调和。[①] 2010年妙峰山庙会期间，同属西北旺村的两个会档都没有朝山，仅有会首凌长春一人独自前往。

2011年，朝阳区红寺村太平同乐秧歌圣会顺利晋级为国家级非遗。为了制度性地解决传承人的问题，响应专家的建议和小红门乡政府的安排，秧歌圣会主动地走进小红门小学校园，在小学生中培养传承人。然而，因为学校的的教学安排，只能在小学四年级的学生中施教。这使得刚刚懂得点皮毛的小孩就立马要放弃，不能形成以前的那种永久性的传承关系。再加之秧歌这些本土的老旧传统难以获得学校、家长甚至曾经作为兴趣学习的学生本人真正的认可，靠"以制度性建立的师生关系"来维持秧歌会的传承也就流于形式，无济于事。[②]

无论是老旧的"皇会"还是新科的"非遗"，被妙峰山庙会倚重的这些会档的变数，使得一年一度的妙峰山庙会存在着诸多的不确定性，并强化着山上的妙峰山景区管理处与散布在山下四围的这些会档的会首们之间的礼尚往来。对名声大、有特色的强势会档，组织张罗庙会的妙峰山景区管理处也就表现出更多的尊重与推崇。

---

① 王敏，《花会组织与社区公共生活：北京西北旺村高跷秧歌会研究》，北京：中国农业大学硕士学位论文，2009，第21—34页；岳永逸主编，《中国节日志·妙峰山庙会》，北京：光明日报出版社，2014，第278—294页。

② 张青仁，《行香走会：北京香会的谱系与生态》，北京：中央民族大学出版社，2016，第107—116页。

（六）朝山进香的演进

作为一般香客，到妙峰山朝顶进香，是随着自己的心意敬拜老娘娘，行动比较自由。作为有组织的香会，其朝顶进香的过程是被高度组织化、程式化和仪式化的。这也构成了在相当长的时期妙峰山庙会独特的仪式体系。从当年响墙茶棚的"会报子"，我们可以对清末民初香会的朝顶进香仪程知晓一二：

> 兹因京都顺天府大宛二县，旗民善信人等，每逢春秋二季，前往京西金顶妙峰山灵感宫，恭谒天仙圣母碧霞元君懿前，昊天金阙玉皇上帝御前，东岳天齐仁圣大帝驾前，呈献香供等仪。年例：春季于三月二十九日，原在东安门内妞妞房高宅，今移地安门内内官监刘宅守晚。三十日大众起程，至海甸街中伙，晚至北安河上坎，响墙茶棚，安坛设驾，一切齐备。于四月初一日大众呈供拈香；随即诚献粥茶十四昼夜，以预（原即此字）朝顶来往众善便宿。初十日大众封表，朝顶进香，交纳现年钱粮，云马疏词。当日回香，在本棚驾前，酬恩了愿。十五日进京。仍由旧路中伙，至高宅（原高宅今刘宅）送驾。秋季则于七月二十五日起身。八月初一日回香。右启请。承办会末众等仝拜。①

过去，一般在春香开始前，大概农历三月初，本年要上妙峰山朝顶进香的各香会就会在京城内外沿街张贴会报子，宣告本会今年

---

① 奉宽，《妙峰山琐记》，广州：国立中山大学语言历史学研究所，1929，第106页。

进香的行程安排。这些会报子成为召集、组织、统一香会成员活动的方式，同时也成为各香会间相互协调进香活动的依据。

进香前的预备包括：(1) 设坛，即设立祭坛，标志着香会开始当年的进香活动。(2) 通知，向会众发送柬贴表示告知及召集。(3) 会集，在出发前一天，会众会集中在预定的会集地。(4) 设驾，设碧霞元君尊驾。(5) 拈香，向老娘娘神位烧香。(6) 守晚，共同祭拜祖师爷，由会头对大家强调进香的纪律，主要是行动听指挥、素食、禁酒、行为庄重，等等。

祭拜祖师爷是"守晚"的一个重要内容。将祖师爷的牌位摆放在供桌正中，两旁摆设香炉、蜡扦各一个，蜡扦底下压着"钱粮"和"元宝"，牌位前面摆放供品。根据各会祖师爷的喜好，摆放供品的种类和方式各有不同。接下来是烧香。烧香的时候，香首在前头举香，会众在其身后。如有化妆的武会，还必须穿戴好行头，化好妆。在祷告后，香首负责把香插到香炉里，大家齐跪下磕三个头。那些有表演项目的香会，还要进行简单的表演。

朝山的过程包括：(1) 启程。香会启程前要燃香敬祖，接着准备好上山所需的物品。(2) 沿路焚祀。在朝顶途中，边走边沿途焚化香纸，有的还焚化捡拾起来的"残文废纸"，称为向老娘娘"缴纳钱粮"。(3) 仲（中）伙，即中途休息进餐。(4) 登山。(5) 报号，到灵官殿签到。(6) 朝顶，也称上顶。(7) 守驾。

在20世纪90年代，还能看见下述朝山情景：

> 祭祀时，香首捧着香高声嚷道："见见神堂守驾的，见见守驾的文武各会，见见遇缘的文武各会，见见北京城关内外，三山五顶，四乡八镇，四股香道，行香坐棚，文武各会。敝小会×××上香有见了！"这时候众人跟着齐嚷：

现今香会的会报子

"虔诚！"香首将香插进香炉，众人一起磕头。[①]

进香之后的过程：（1）回香。香会开始下山，先要在回香亭"进香"，如同和各位神灵"告辞"。（2）回京安驾。在香会回到北京后，要将碧霞元君圣驾供奉在香会之中。（3）谢山。也称做"酬山"，在回京当天或者第二天举行。（4）部分香会还要参村庙或祖师，如是武会还要等卸妆后才算朝顶进香的结束。

这是一般行香会的行程，茶棚的行程稍有不同。在与其他行香会大致相同的进香准备和上山途中的仪式之后，茶棚先是开棚，粥茶等会开始"诚献粥茶"，而缝绽会则开始"诚献缝绽"。在开棚之后就是朝顶，茶棚朝顶的时间比较迟，一般在四月初八之后。茶棚朝顶的时候，除了烧香叩拜老娘娘之外，还需"攒香封表"，就是记录捐资人的姓名及捐资数目进行封表告神，当即焚化。之后是"止

---

① 吴效群，《妙峰山：北京民间社会的历史变迁》，北京：人民出版社，2006，第62页。

三　层累的金顶　101

2008年庙会期间，海淀树村小车会叫香

供奉"、"止粥茶",最后"落棚",完全停止一切供应活动。这之后的下山等过程与其他行香会相同。

如今,随着交通的改善、社会的发展、观念的变化,香会朝顶进香的全过程已经发生了众多变化,人们更强调在金顶的行为,全过程大致如下:会首参加香会联谊会、准备、启程、上山、参山门、签到、打知换帖、上惠济祠、参庙门、报号、献艺、参拜娘娘、参白塔、参碑林、参各路文会、休息用餐、回香下山、参香会过世的各位督管、参村庙或祖师、卸妆。

行香会、茶棚、一般香客之间也有某些仪式化的互动,有着明确的"规矩"。

行香会在途中相遇——会遇会——时,相隔五十步,双方队伍便要停止一切活动,如带有表演的香会则要"止响",即停止敲打乐器。负责挑"钱粮"的钱粮引子要使挑子下肩。这时,双方前引上前行礼拜帖,向对方介绍自己的身份并表示对对方的尊重。根据当年的观察及访谈,格外注重也著文强调香会规矩和礼仪的吴效群曾这样描述过拜帖礼:

2008年馒头圣会的具体安排

前引左手持拨旗,右手执知贴,抢行前往对面他会,他会亦由前引迎出,双方已互遇途中为准则。……双方前引手持会旗互致三鞠躬,然后交换会帖。……若是双方友好,交换会帖后彼此谦让一番,说贵

2008年庙会期间,在妙峰山管理处搭建的粥棚前喝粥的人们

会承让路,承代指引等客气话,互请先行。结果是两会同时起屏,"钱粮把的"双手捧着扁担,双方皆以拨旗挡住屏上的旗幌,两支队伍静悄悄地擦身而过。两会错过去之后,同时奏响乐器,大展门旗,颠屏振铃,各奔前程。[①]

普通的香客,在途中遇到茶棚,只要到老娘娘的驾前磕头行礼就行了。但是,对于路遇来拜棚的行香会,行香会与茶棚二者间的规矩很严格。行香会需在离茶棚五十步开外停止一切活动,执事人拿会旗拜知,茶棚执事人也拿会旗相迎,双方行三参礼,交换拜知。

---

① 吴效群,《妙峰山:北京民间社会的历史变迁》,北京:人民出版社,2006,第115—116页。

2008年庙会期间，在金顶，人民永乐会会首和德清鲜花会会首打知

队伍进入茶棚后，前引先在门外行三参拜礼，分别参拜茶棚设置的七星纛旗、参辕门和二十八宿值日。之后入棚参拜老娘娘：

> 前引手持高香进棚，相应的会众随行，只有前引一人进至驾前，先向茶棚督官执事人等各自谦让一番，本棚有几把人，就须得拜见几次，然后抱拳道："各把儿老督官，有僭了！"然后焚香叩首安香于炉内。在前引等人下跪叩首之时，乐器敲响以配合，三叩首敲响三次。行礼完毕出棚，武会则开始进行献艺表演。在如此这般履行礼节以后，武会才能离开上路。路上有多少茶棚就须行多少次同样的礼节，每次都得献艺表演。①

---

① 吴效群，《妙峰山：北京民间社会的历史变迁》，北京：人民出版社，2006，第118页。

妙峰山庙会上的仪式，不仅包括了香客在正殿中的朝拜，也包括了各种香会之间互动的仪式性行为。它们都以高度程式化、规范化的礼仪表达了香客对老娘娘的虔诚，也表达了香客之间平等友好的关系以及对平等的期待，共同构筑了庙会期间的妙峰山这个场域。香客具体而微的实践是妙峰山庙会的根本，不但蕴含着香客对老娘娘的理解、也形成了妙峰山庙会特有的文化逻辑，和在此期间人们特有的情感取向。在这些庄严肃穆的操持过程中，在这些仪礼年复一年的重演中，人们记忆着过去，也表达着现在并满怀对将来的期待。这些不断操演的仪式化行为也就浸透进诸如隋少甫这样的老会首、老香客的生命体验之中，并伴随终生。

在改革开放后妙峰山庙会重整以来，围绕隋少甫以及香会不同级别的非遗，形成了新的香会权威和阶序体系，香会朝山进香的规矩也被强调。然而，由于新起会档的增多，几乎年年在金顶都会遇到不按规矩行事的会档。会与会相遇时，或者是不知道停响闭点，或者是不知参驾、打知、换帖，甚或二者都不知晓。在惠济祠门口，因为空间场地的狭小，回香的经常也没法让保香的先行。

与此同时，因为当下香会与妙峰山景区管理处、花会联谊会的礼尚往来的关系，不少香会在报号时，除传统的面对神灵、各会都管的程式化字句之外，还经常在开首多了"见见妙峰山各位工作人员"这样的字句。2010年，朝阳区红寺村太平同乐秧歌圣会在参驾金顶守驾的清茶老会、馒头会和鲜花圣会时，把儿头赵凤岭手持燃香，大声吆喝道：

见见全义向善的各位老督管，见见妙峰山的各位领导，见见香客，见见三山五顶四村八寨文武各会老督管，北京左安门外红寺村太平同乐秧歌圣会上香有鉴。①

值得注意的是,在金顶上下,自认为根正苗红的强势香会基于会规会礼等"老讲究儿"的挑眼盘道则也多了经济利益的考量,并掺杂了基于利益考量的道德取向以及道德优越感。旧时基于对老娘娘虔诚的香会之间的人情伦理关系也多少让位于利益关系。在与拥有权威并掌握话语权的把儿头交往失败,或者一个香会明显威胁到强势的把儿头所在会档的利益与权威时,该香会就会被欺凌,甚至直接被不屑一顾地称之为"黑会"。

2012年4月15日下午两点半,在金顶的众友同心中幡圣会和亲友同乐清茶圣会之间出现了这样的见面场景:

> 老卢拿着手旗,朝棚门口走去。棚外,众友同心中幡圣会会员们携着中幡,黄源站在车尾。按照行香走会的规矩,香会见面时,会头必须拿着手旗打知。出乎意料的是,直到所有的家伙装卸完毕,也没有见到中幡圣会的手旗。见到拿着手旗的老卢时,黄源径直上来握住他的手,"你这是黑会,我也就不给你打知了"。老卢颇为大度地表示,"没事没事,您是老会,应该的,应该的"。②

如今,虽然基本没有了劳筋骨的苦香,敬献的供品也与时俱进,有葡萄酒、蛋糕等,但虔信的个体香客在老娘娘面前的跪拜、烧香

---

① 岳永逸主编,《中国节日志·妙峰山庙会》,北京:光明日报出版社,2014,第390页。
② 张青仁,《行香走会:北京香会的谱系与生态》,北京:中央民族大学出版社,2016,第161页。

上供的敬拜仪程、求祈的事项、抽签解签等则并无明显的变化。[①]他们通常是直接前往灵感宫,然后前往惠济祠内的其他殿宇,再前往回香阁和玉皇顶上香。王三奶奶殿虽然仍在,却全然没有了八九十年前的红火。

(七) 信仰抑或休闲

处于动态过程中的妙峰山庙会一直都在发生着或多或少的变化。与 20 世纪初期相较,相对纯色的信仰实践多了世俗休闲的色彩。在一定意义上,已经形成了信仰和休闲并驾齐驱的态势。不仅如此,作为相互涵盖、混融通透、自然让渡的二者,还互相婉饰着对方。妙峰山庙会发生了以下明显的变化。

管理机构和方式的改变 以往妙峰山庙会是民众自发组织的活动,零散香客自己负责开支,而各香会也采取筹款或香首负责的方式组织活动。现在,整个妙峰山庙会有了统一的管理机构和管理方式。这其中有政府部门的主导,门头沟区政府还于 1998 年制订了"三山一河带全区"的旅游业发展总体战略,妙峰山就在"三山"之中。政府带头支持一些民俗活动的重建,如旅游宣传、建立网站、开发旅游文化纪念品,与学界通力合作,投资召开与妙峰山相关的学术研讨会等。紧接着,又成立了京西旅游公司下属的妙峰山景区管理处这样半官方半民间性质的机构,顺应时势地对妙峰山庙会进行统筹管理。因

[①] 岳永逸主编,《中国节日志·妙峰山庙会》,北京:光明日报出版社,2014,第 391 - 394 页。

应工作的需要，这些半官方机构的负责人主动下山，与影响较大的花会会首之间频繁互动，礼尚往来，形成了在红白喜事时"走亲戚"的互惠交往关系，以此维系有着老旧色彩的香会朝山的传统。

至2008年，庙会期间高达人民币30元的妙峰山门票将不少虔信老娘娘的香客拒之门外。2012年后，妙峰山的门票上涨为40元。不仅如此，2008年新修好的灵官殿因单收人民币15元的门票，使得它基本上仅仅成为能够享受免费待遇的香会及贵宾的通途。

朝山峰点的改变 传统的妙峰山庙会时间是每年农历四月初一至十五日，以初一、初八、十五的人数为多。现在，作为旅游景观的妙峰山是全年开放的。与如今人们的生活节律相应，在庙会期间，上山人流量在现代国家规定的节假日，尤其是周六、周日等时间达到高峰。如下表所示：

2004年妙峰山庙会游客人数与花会数目 *

阴历/西历/星期	游客	花会	阴历/西历/星期	游客	花会
四月初一/5.19/三	2 265	7	四月初九/5.27/四	454	1
四月初二/5.20/四	447	3	四月初十/5.28/五	351	2
四月初三/5.21/五	550	1	四月十一/5.29/六	1 505	3
四月初四/5.22/六	1 796	13	四月十二/5.30/日	1 385	2
四月初五/5.23/日	2 093	4	四月十三/5.31/一	506	1
四月初六/5.24/一	625	7	四月十四/6.1/二	370	1
四月初七/5.25/二	170	0	四月十五/6.2/三	706	0
四月初八/5.26/三	754	6	总　　计	12 592	47

* 该表数据引自曹荣、詹环蓉，《第十二届妙峰山传统春季庙会调查报告：旅游重塑下的妙峰山庙会》，2007年第1期，第127—144页。

这表明妙峰山庙会的时间布局由过去以信仰"要回到原点"的"神圣时序"正向现代的旅游度假、休闲消费时序倾斜。至少就上表的情况而言，朝山的现代峰点已经与传统峰点等量齐观。

进山方式的改变　如今，进入妙峰山的公路全线贯通，人们可以很方便地乘地铁，再换乘公共汽车等公共交通工具快速到达金顶，也可驾私家车直达金顶，不必像往昔那样要经过长时间跋涉。以往因沿途艰险和身体力行所强化的进香的神圣性在如今大大下降，爬山本身成为都市人一种时尚的、健康的、环保的健身行为。

虽然交通状况的改善悄无声息地改变着朝顶进香的神圣程度，但却在相当程度上与当下都市生活节奏相匹配，满足了都市白领消费生活的需求，也为根本旨趣在于创收的有关部门提供了更多的可能。

殿宇空间的改变　随着公路的畅通，妙峰山庙会的神圣空间集中到了金顶，但山顶庙宇设置也被嵌入了许多旅游方面的设施。昔日的关帝殿现在已经改成了妙峰山招待所。在主殿内增加了法物流通处，主要出售福牌、佛像、佛经等旅游纪念品。为迎合很多不熟悉妙峰山传统的游客的心理，人们新建了玉皇顶。目前，山上还有管理处办公室、售票处、妙峰山商店、餐馆、招待所、公共厕所、电动门、安全警示牌等设施，有佛经光碟出售。迎合年轻游客需要而在新时期重建的连心亭也因管理处新的需要被予以拆除。

另外，还增设了"上连心锁"，"打金钱眼"等撞运气的旅游项目。山下的涧沟村也成规模、上档次地发展起了农家院、农家饭等服务项目。这样，一整套比较完备的旅游服务体系在保证了游客需求、丰富游客娱乐生活的同时也浸淫甚或说裹挟了妙峰山庙会的信仰传统。

进香群体的构成及心态的变化　以往朝顶进香的人群,多是虔诚的香客,他们视妙峰山庙会如日常生活不可缺少的部分,视老娘娘为生命的归依,朝顶进香的一举一动都力显虔诚。如今,进入妙峰山的人群,目的各不相同,有朝拜进香的,有从事旅游服务做生意的,有纯粹观光游览的,有爬山健身的,有看热闹的,有做调查的,不一而足。近十余年来的调查显示,以旅游观光为目的的上山者日渐增多。这些新增加的参与群体更感兴趣的是妙峰山这座山,而非灵感宫中的老娘娘。

香会的变化　作为传统妙峰山庙会中的重要组成部分,各香会在如今的新环境中也发生了改变。首先是已经提及的"香会"到"花会"名称的改变。

诸如缝绽会等很多香会因为无用武之地已经消失。还存留的所谓"茶棚"已经是类似现代休息场所的布置,老讲究也日益减少。香会严密完整的组织机构随着妙峰山景区管理处的统筹管理而渐渐简化。武会虽然依旧存在,但是整体的运行方式已是大不相同。以往的武会成员对老娘娘敬畏而虔诚,进行平日的训练及进香表演是他们生活中的头等大事。如今,他们中的不少人将这件事情作为了"过日子"的次要选项。上山表演也只是因为"头儿"安排叫去就去,还会根据表演的场次获得或多或少的个人收入。以往武会是成员自己组织安排活动的,表演的先后有着约定俗成的秩序。现在,所有花会都归妙峰山景区管理处管理,进山表演的时间、顺序都要服从管理处的调度、安排。

过去武会以"为娘娘献艺"的心态卖力表演,并以精彩的技艺赢得社会声望。作为民间自发的组织,昔日的武会到各种场合进行表演大都是"车马自备""分文不取"。如今,作为一个表演单位,作为不同级别的非遗，武会基本上既接受政府安排的展演、汇演，参加不同级别的竞赛，也大都接受各种团体、机构庆典以及个人寿诞、红白喜事的表演邀请，并从中获取报酬，而且会首还主动在庙会期间散发名片，竞争客源，以求创收。

随着各种香会发生的种种改变，以往香会之间互动的种种仪式也日渐减少。就连主要的酬神仪式也被大大简化。当然，如同双刃剑，旅游产业与非遗运动在客观上刺激了花会的复兴和繁荣。尽管如此，很多香会在经费和技艺传承问题上仍都面临着严峻的挑战。一度被媒体高调炒作并视为新途的校园传承，同样未能改变后继乏人的困境，于事无补。传承数百年之久的"为老娘娘当差"终止成为一种被频频使用的婉饰。于是，不少会首的名片上都写有"承办各种红白喜事、店铺开张、节日庆典。手机…………"之类的字样。

涧沟村的变化　过去，处于多条香道交汇处的金顶脚下的涧沟村，非常贫困。虽然昔日庙会期间往来的人比平日增加了成千上万倍，但与这些香客相伴的香道密布的行善的坐棚、行香会基本解决了庞大人流的日常消费需求，并没有从根本上对涧沟村人的生活产生决定性的影响。

自从妙峰山庙会走上向旅游文化产业转变的道路之后，涧沟村村民也就一步一个脚印地踏上了致富之路。涧沟村民以农为主的生产方式被打破，涧沟村也从一个靠天吃饭的村庄，变成了以经营旅游产品为主的村庄，真正实现了"靠山吃山"，或者说赋予了"靠山吃山"以时代内涵。如今，涧沟村在妙峰山庙会旅游业中发挥着重要作用，如摊位售卖、维护治安、停车场、食宿、承建山上建筑、解说员、解签人、运输等绝大部分都是由涧沟村村民承担的。庙会期间，涧沟村村民组织的表演队伍在金顶表演时还有"误工费"等回报。因此，涧

庙会期间的打金钱眼

2012年4月15日，在婚庆现场的清茶圣会

沟村的外在形态也渐渐发生了由"土"到"洋"的转型。

总之,与20世纪初叶妙峰山庙会香火的兴隆不同,近二十年来的妙峰山庙会在旅游开发的包裹下,庙宇、香道、香客、香会及金顶脚下的涧沟村都发生了变化。客观而言,这种现代变迁不仅是作为老娘娘信仰中心地的妙峰山的神圣性的衰减,也是原本京城"井"字里闲暇生活的余波与当代再现。与此同时,空间性质的转变与融合,不仅为游客和香客提供了膜拜神灵及观光游览的场所,也给香会的生存发展重新创造了空间,刺激了香会在另一种意义上的重整。

由昔而今,社会不断发展变化,妙峰山庙会传统也在演变。对于这种变迁,毋宁理解为一种传统的"新陈代谢"。因为变迁是一种调适,在变迁中,它还在前行,还拥有强大的生命力。新生的文化力量势如破竹,而古老的文化逻辑则张弛有度。这都使得妙峰山庙会在今天,依然妩媚动人。

(八)"箭垛"妙峰山

"箭垛式的人物"是胡适(1891—1962)的发明。他将黄帝、周公、包龙图都视为是此类人物,即"有福的人物"。为什么有福呢?因为上古很多重要的发明,被后人追加到了黄帝身上,中古的许多制作被归到了周公身上,无论是载于史书还是在民间流传,许多精巧的折狱、侦探故事大都被推到了包拯身上。由此,胡适形象地给"箭垛式的人物"下了个描述性的定义:"就同小说上说的诸葛亮借箭时用的草人一样,本来只是一扎干草,身上刺猬也似的插着许多箭,不但不伤皮肉,反可以立大功,得大名。"①

以此观之,从自然之山到人文之山,从自然美景到神山圣地,金顶妙峰山同样是一座"箭垛式的山"。随着时间的推移,人们在不断地赋予其新意,而且越聚越多,越积越多。

就妙峰山"金顶"得名的由来,吴效群将既往的陈说归纳为三类:其一,自然成因说,因为夕阳照射的大顶呈金黄色;其二,册封说,即可能是康熙或乾隆册封的;其三,京城镇物说,按照五行五方的观念,妙峰山在京西,西方庚辛金,所以得金来做镇物,妙峰山于是有了金顶之名。进而,以上述陈说为基础,他做出了"一种更符合中国民间文化特点的猜测",即妙峰山"金顶"名号的由来,"既可能是皇朝参与的原因,也可能是人们对它们香火极其旺盛的一种敬仰性表达,更可能是两种原因兼而有之。"②

在相当意义上,为俗说"金顶"的正名,其实也就是向这座圣山不停插射"金箭"的过程。改革开放后,尤其是因为发展旅游与非遗运动的需要,向妙峰山射的金箭越来越多。诸如类同狼牙山、太行山等一样,妙峰山同样是座"抗战之山",张扬正义之山。山上通往灵感宫路边的一棵松树曾使当年在此抗日后来出任北京市市长的焦若愚(1915—)幸免于难。因此,这棵"救命松"旁边一度还立有木牌宣扬此事。③ 在这些雨点般的金箭中,有三支最为显眼,那就是"学科之山""花会之山"和"泰斗之山"。

因为顾颉刚的盛名,尤其是他在1925年带领容庚、容肇祖、庄

---

① 胡适,《胡适文存 三集》,合肥:黄山书社,1996,第329页。
② 吴效群,《妙峰山:北京民间社会的历史变迁》,北京:人民出版社,2006,第42—46页。
③ 岳永逸主编,《中国节日志·妙峰山庙会》,北京:光明日报出版社,2014,第134—135页。

严、孙伏园四人前往妙峰山调查民众进香的创举，和他 1928 年主编出版的《妙峰山》一书的深远影响，改革开放后的妙峰山镇政府和妙峰山景区管理处特别重视与学界的合作，诸如支持前往调查的国内外学者、高校师生，联合高校、科研院所等学术机构、协会团体召开学术会议，资助出版关于妙峰山的学术专著，等等。

1995 年，在顾颉刚等人调查妙峰山 70 周年之际，妙峰山所在的门头沟举办了首届"中国民俗论坛"。时年，已经 92 岁高龄的钟敬文（1903—2002）先生和 82 岁高龄的马学良（1913—1999）先生不但亲自参会，还于 5 月 7 日一同登上了金顶。两位长者的壮举，让与会者振奋无比。也就是在这次会议上，妙峰山之于中国民俗学、民俗学者的重要性被强化，甚至定格，成为一座无可厚非的"学术圣山"：

> 自从 1925 年（民国十四年）顾颉刚等人对妙峰山民俗进行实地考察后，妙峰山就不再仅仅是民众信仰的中心，它早已成为中国民俗学者心目中的一块圣地，或一面旗帜；妙峰山也不仅仅是中国民俗学田野调查的象征，而且已成为中国民俗学者推动事业发展的情感动力之源。①

长江后浪推前浪。2005 年 5 月 8 日，在召开纪念顾颉刚等妙峰山调查 80 周年学术研讨会之际，在寸土寸金的金顶之上，妙峰山景区管理处与中国民间文艺家协会、中国民俗学会、北京大学、北京

---

① 一苇，《跨世纪的中国民俗学：首届"中国民俗论坛"侧记》，《民间文学论坛》，1995 年第 3 期，第 79—81 页。亦可参阅刘锡诚编，《妙峰山·世纪之交的中国民俗学流变》，北京：中国城市出版社，1996，第 330 页。

民间文艺家协会和门头沟区文联联合树立了"缘源"碑,即"中国民俗学调查纪念碑"。通过立碑的这个群体性仪礼,妙峰山作为"学术圣山"的理念被具化、固化与硬化,以万古流芳。其碑文如下:

> 北京仙山首属妙峰明末建娘娘庙清康熙帝敕封金顶庙会规模甲于天下每年阴历四月初一至十五有来自全国及海外数十万香客朝顶数百档香会进香献艺公元一九二五年四月三十日至五月二日北京大学顾颉刚携庄尚严孙伏园容庚容肇祖到妙峰山考察庙会民俗活动开中国现代民俗学有组织的田野调查之先河为震动学术界之大事件此后北大清华燕京中山数所大学联合组团来此调查十多个国家数十位学者以妙峰山为研究中国民俗之首选地有多名后学青年以妙峰山民俗研究为博士硕士论文选题获得学位妙峰山被誉为中国民俗学研究之田野大课堂民俗知识宝库数十年来妙峰山民俗文化之研究方兴未艾一九九五年首届中国民俗论坛在此地举办数十位国内外著名民俗学者云集于此以妙峰山民俗为切入点研讨中国民俗学之发展二零零五年数十名学者再次会集于此进行民俗研讨八十年来妙峰山与中国民俗学结下不解之缘成为中国民族民俗文化的一方宝地妙峰山民俗研究对弘扬中华民族文化构建和谐社会大有裨益值此妙峰山民俗学调查八十周年之际立石于妙峰山金顶以纪念前辈对中国民俗学所作出的不朽贡献
>
> 公元二零零五年五月八日

慢慢地,在妙峰山景区管理处的对外宣传以及媒体一年一度的妙峰山庙会采访报道中,人们常常简单也是错误地将妙峰山说成是"中国民俗学的发源地/发祥地/摇篮""中国民俗文化的发源地"。① 直到2016年11月，百度百科中"妙峰山娘娘庙会""妙峰山风景区"词条和互动百科中的"妙峰山"词条都有上述大同小异的断语。

这些经不起推敲的"日常表述"与媒介写作既为妙峰山庙会申报国家级非遗添砖加瓦，也与成为国家级非遗后的妙峰山庙会交相辉映。2014年，金顶之上巨大的宣传展示牌"妙峰山传统民俗庙会 国家级非物质文化遗产"中，共有六支追加的小金箭。其中，除国家级非物质文化遗产这个牌匾没有争议外，连同"妙峰山被誉为中国民俗学研究的发祥地"在内的其他五支小金箭大致都是孤芳自赏的硕果，经不起推敲，分别是："妙峰山传统民俗庙会是华北地区规模最大的庙会""妙峰山庙会是民间自发形成、自筹自办、自营自治的庙会活动""妙峰山庙会与其他地区的香会组织比较，在目的和行为方式上有很大的不同""善会茶棚——文会，是妙峰山的独创"。

如今，作为国家级非遗，妙峰山景区管理处在组织、举办一年一度的庙会时，或打"民俗"牌，或打"传统"牌，或打"非遗"牌，或打"休闲观光"以及"祈福"牌，不一而足。然而，无论打哪种牌，基本都是以大张旗鼓宣传老旧或新生的花会表演为主色的。反之，对于信众在灵感宫内老娘娘前的叩首敬拜、抽签解签、许愿还愿基本是三缄其口。正是因为管理方、操办方婉饰妙峰山庙会的这一策略，花会也就对今天的妙峰山庙会尤其重要。因为绝大多数有些年月或特色的花会又基本成为不同级别的非遗，所以才出现了前述的山上的管理组织者不得不屈尊下山与花会会首礼尚往来的局

---

① 李天际，《明年妙峰山庙会将举办文化论坛》，《北京青年报》，2014年10月20日A07版。

面。最终,就出现了官民合力对"香会泰斗"的命名、称颂和勒石立碑于金顶的盛举。在琳琅满目也是不折不扣的"花会之山"这支耀眼的金箭之外,妙峰山又多了支"泰斗之山"的金箭。

传闻,京东人氏王三奶奶本是位老娘娘虔诚的信徒,每月初一、十五都往妙峰山上香。她为人扎针、瞧香治病,无不奇效,远近闻名,被视为神。根据周振鹤的调查,至晚,在民国四年(1915),坐化后的王三奶奶已经享有了香火,信众还为她在金顶建起了小庙,塑上了神像。民国十二年(1923),还有善人在"三山"之一的天台山为王奶奶建了行宫。

1929年,当周振鹤一行再去妙峰山调查时,四年前顾颉刚等人看到的"老妈子"状的王三奶奶已经"变而为菩萨了:头上戴着凤冠身上披着黄色华丝葛大衫。脸带笑容,肤色像晒透的南瓜蒂腹,红中带黄,盘膝坐。像高约五尺。"为了强调王三奶奶由人成神的真实性,在王三奶奶的塑像边还摆放有其真容,"用黄铜镂成的一座屏风式的镜框里面,嵌着一张在丁卯年摄得的六寸半身的灵魂照片。"不仅如此,在庙会现场,还有《妙峰仙山慈善圣母王奶奶平安真经》《灵感慈善引乐圣母历史真经》《慈善圣母王奶奶亲说在世之历史大略》和王奶奶的表牒、印章在传播、使用。周振鹤也看到,几乎每个香会在灵感宫内老娘娘前上过表牒之后,就立马到王三奶奶殿叩首焚表。面对王三奶奶几乎与老娘娘分庭抗礼的盛况,周振鹤感叹道,与老娘娘"抢生意"的王三奶奶大有后来居上的势头,从而要为老娘娘鸣不平。①

抗日战争爆发使得几近于并驾齐驱共享香火的老娘娘和王三奶

---

① 周振鹤,《王三奶奶》,《民俗·妙峰山进香调查专号》第69—70期合刊(1929.7),第68—107页。

现今金顶的王奶奶殿

奶在妙峰山都没了香火。然而，正如前文已经提及的那样，根据李慰祖的调研，抗战期间同样供奉老娘娘和王奶奶的丫髻山的香火却依旧照常，并明确地成为燕京大学周边"四大门"信众的上级神灵。无论怎样，在20世纪20年代，金顶妙峰山都已经浓烈地上演了乡土宗教中奉人为神的社会剧。虽然已经过去了近百年，具体情形也大相径庭，但上述这种将凡人"非人化"抑或说圣化、称颂的现象仍然出现在当下的妙峰山，而且还是官民合力的结果。

因为隋少甫对改革开放后妙峰山庙会恢复的首创之功，尤其是他生前日渐巩固的在北京花会界"龙头老大"的权威地位，且徒弟支脉众多，在他过世两年后，即2007年，北京市崇文区文联民间花会委员会、北京市崇文区文化馆和妙峰山景区管理处联合在缘源碑

香会泰斗碑碑阳

近旁为其树立了差不多与缘源碑同等大小的"香会泰斗"碑,以示"永世追念"之志。这开创了近四百年来在金顶核心区上为个人树碑的先河。

2015年,在隋少甫逝世十周年之际,众弟子不仅带领自己的会档在香会泰斗碑前献艺表演,追念恩师,还有徒弟在碑前举行了自己的收徒仪式,亦有诚起的会档举行贺会仪式。时过境迁,王奶奶的香火早已今不如昔。虽然只是一块石碑,也没有八九十年前的王奶奶那样有分抢老娘娘香火的可能,但是随着上述这些仪式的不时操演,香会泰斗碑的神圣性也将倍增。隋少甫这个人也俨然成了当下妙峰山香会界的"祖师爷"。对于隋派的香会、花会而言,原本公

香会泰斗碑碑阴

共开放的金顶,反而有了几分私人空间的色彩。

此外,因应旅游业的兴起和人们生活方式、生活观念的转型,妙峰山景区管理处同步强化妙峰山"美丽神奇"的自然属性,以增加庙会会期之外的游客。2008年庙会期间,在金顶悬挂的巨幅宣传画中,就是以"美丽神奇的妙峰山"为题,其宣扬的主旨是完全迎合当下都市人认同的"亲近自然,享受生活"之宏愿,并分设了"春赏桃花""夏看玫瑰""秋观红叶"等多个版块。

或者,对于本章所言的"层累的金顶"与"箭垛妙峰山"而言,2008年这个宣传页上的诗歌《妙峰山颂》进行了最为精当、凝练又饱含赤子之心的总结,云:

京西群山深处，
有一个古老的圣母殿。
金顶苍松傲雪，山谷潺潺清泉；
民俗文化交汇三香，一秉虔心广结福缘。
啊！美丽的妙峰山，神奇的妙峰山。
多少人为你向往，
多少人为你感叹，
你那不朽的民俗丰碑将世代相传。

京西群山深处，
有一个古老的娘娘庙。
香客祈福纳祥，百姓乐业安康；
玫瑰争艳香飘四海，特色旅游富裕农庄。
啊！古老的妙峰山，世代的妙峰山。
多少人为你讴歌，
多少人为你祝愿，
你那不熄的民俗之光将永远辉煌。

四

景区化圣山庙会的政治—经济学

Spiritual Mountain

（一）从因到果：研究的路径与起点

庙会研究的政治—经济学路径

以敬拜为核心和与个体生命历程关联紧密的庙会，既是民众的日常生活方式、乡土宗教的整体呈现，又是群体性或主动或被动参与，并集中展示一个特定地域之政治、经济、文化、习俗、景观的地方性庆典、文化图示和群体心性。如前文所言，近些年来，对于作为"整体性社会事实"和一个"文化体系"的中国当代庙会的研究，大致出现了两种路径：一是因应改革开放后所谓庙会的重整、复兴，探讨庙会内在的动力机制，即庙会研究的动力学路径；二是延续社会功能分析的旧途，引入市场经济和理性选择范式，强调与经济发展为中心的基本国策相互影响，经过行动主体理性抉择的庙会变迁、革新的一面，即庙会研究的经济学路径。

庙会研究的动力学路径，又尤其强调过程的视角和国家与庙会之间的互动。除了天地三界十方的神灵，神媒、僧侣、道士等或业余或专职的宗教人士和信众是研究者倾力关注的对象，国家、政府、学界、媒介、商界、民间、宗族、宗教、迷信、惯习、城市化进程、新农村建设、性别、权力、教育、生态、出版物、现代性、政策法规、空间、时间、公民、旅游等因素也纷纷成为研究者刻意分析的焦点，浩浩荡荡，蔚为大观。在对这些异质力量参与、建构的关注下，强调过程、多方互动的"做"（making/doing/building）、既对抗又协商和连续性的庙会研究渐露强音。进而，在庙会现场，原本不能发声、被人支配、仪式化呈现的作为供品的大猪、鳄鱼、挂置大猪的巨型铁架、槟榔、英灵（义民）和饿鬼都成为与生者一样有着主体性、能动性的主体——掺和者（Actants Amassing）。①

与庙会研究的动力学路径相较，专注于庙会功能的研究一度低迷。国内学者对庙会经济功能的关注多是历史学者，其阐释分析的自然多是历史上的庙会之于其所在地域的意义。② 改革开放后，因应经济发展的需要，尤其是借宗教景观——圣山景区化发展旅游的盛行，学界对"宗教经济"的兴趣远远大于"庙会经济"的兴趣。③ 如已经提及的梁景文（Lang Graeme）那样，把与庙、观相关联的经济"企业化"，将之作为一个企业、一家公司，探寻其运营之道已经是不少研究的基本取径。④

当然，借宗教这个在国际政治场域敏感的话题，试图说明中国大陆宗教市场的不合理性的红、黑、灰"三色市场"及其短缺经济学的英语著作⑤，大抵是基于基督教立场，借市场、经济等概念对宗教进行政治学解读。这些后现代性的，从果到因的政治学解读确实

---

① Chau A. Y., "Actants Amassing (AA): Beyond Collective Effervescence and the Social," in Long, Nicholsa J. & Henrietta L. Moore (eds), *Sociality: New Directions*, Oxford: Berghahn Books, 2012, pp.133—156.
② 如朱小田，《在神圣与凡俗之间：江南庙会论考》，北京：人民出版社，2002。
③ 在中国知网中，1994 年至 2012 年间，出现"庙会经济"关键词的文献是 87 条，但 60 多条文献都来自报纸；反之，2006 年才出现的"宗教经济"的文献 24 条大部分都是 CSSCI 期刊的研究。维普期刊网查询也与上述情形吻合，其中关键词含有"庙会经济"的文献仅仅 5 篇，含有"宗教经济"的则多达 41 篇。查询时间：2012 年 11 月 18 日。在国外，也出现了以旅游经济为经纬的中国宗教与庙会研究，如 Oakes, Tim and Donald S. Sutton (eds), *Faiths on Display: Religion, Tourism, and the Chinese State*, Lanham: Rowman & Littlefield Publishers, 2010。
④ 如 Yang, Fenggang and Joseph B. Tamney (eds), *State, Market, and Religions in Chinese Societies,* Leiden, Boston: Brill, 2005, pp. 63—148.
⑤ Yang, Fenggang, *Religion in China: Survival and Revival under Communist Rule*, Oxford: Oxford University Press, 2012, especially pp.85—158.

不乏洞见，但这些基于欧美中心主义的情趣与"透视"分明有着殖民与冷战时代对抗思维的阴魂，以至于情不自禁地将发生在中国的经验事实不同程度地污名化、妖魔化。

然而，无论是重在解释复兴、重整的动力学研究路径，还是强调变形、革新的经济学研究路径，虽然都不同程度地涉及旅游、经济等话题，却几乎仍然没有研究专注于旅游经济大背景下的庙会生发地的"圣山景区化"（以及与之反向的"景区圣山化"）和景观化的庙殿被承包经营的现代管理营运方式与宗教、庙会之间是怎样的一种互动。固然，景区化的圣山常态是景区，但这些景区化的圣山还有信众年度性定期前往的时长不短的庙会。在某种意义上，庙会的动力学研究的共有前提是：清末以来的现代化历程而生的话语霸权，尤其是政治强力对庙会的打压，以及虽然有着这种打压，民间社会表现出的强大的能动性与生命力。但是，在"发展（经济）才是硬道理"的主导下，当下求经济发展的政治不但不是庙会的阻力，反而成为其助跑器。

同样，经济学路径则是继续演绎着工业社会以来的宗教世俗化定义，即挑战宗教信仰之于个体、群体的神圣性，所谓宗教的理性选择也成为一种世俗主义、功利主义和机会主义，进而强化着"中国有无宗教"这个陷阱重重与吊诡的命题。诚如马克斯·韦伯对新教伦理和资本主义精神研究表明的那样，与功利主义、机会主义一样，追求经济利益与现报是任何一种宗教信仰都普遍具有或者必然衍生的世俗性，而非中国宗教信仰的"私生子"。因此，一味质疑中国当代庙会有的地方文化、民间文化、民族遗产和旅游经济的变脸、命名术、名实相异，或只瞩目于庙会中的经济层面进而否定宗教信仰固有的感性与理性，都是片面与偏颇的。更何况，关涉国计民生的经济发展在今天的中国就是最大的政治！

换言之，就中国当下遍地开花的庙会万象，两种路径都有偏执于一端的嫌疑，多少都有不由自主地"以西审东"的意识形态学作祟。对于当下的中国庙会，尤其是被景观化的圣山庙会，动力学与经济学结合的政治—经济学路径是应该有的解读路径，以此也可避免对中国政治、宗教，尤其是对普通信众惯有的偏见和误解，并直接面对庙会本身。本章就是试图打通两条路径的藩篱，以景区化的华北圣山苍岩山庙会，也是一个并非由和尚或道士主政，甚或基本没有职业的和尚道士参与的"民间"庙会为例，对当代中国信众以宗教实践——乡土宗教——为核心的庙会进行政治—经济学的描述与分析。

"被承包的信仰"的误区

在中国历史上，作为一个经济体，寺院有着寺院经济。不但如此，在魏晋南北朝时期，佛教僧侣就已经参与金融借贷活动，"无尽藏"和"长生库"就分别是隋唐和宋代寺院获利的金融机构。[①] 明确以承包的方式经营管理庙产、庙殿由来已久。这也是民国时期"在城庙会"的普遍生态。1926 年，黄金荣（1868—1953）、张啸林（1877—1940）、杜月笙（1888—1951）等人参与、成立了新的邑庙董事会。该董事会对上海城隍庙的经营管理就是"以租养庙"，将各庙殿内外的摊位出租，对庙殿进行承包管理，进而将收入的大部分服务于慈善、福利和教育等社会事业。[②]

因顺应了中国固有的"耕者有其田"的天下大同理念，作为一种生产组织的方式，将田地分到家户的家庭联产承包责任制充分调动了占中国人口绝大多数农民的积极性，从而取得了极大的成功。

---

① 刘泳斯，《南宋佛教与金融司法实践》，《世界宗教文化》，2015 年第 3 期，第 17—19 页。
② 郁喆隽，《神明与市民：民国时期上海地区迎神赛会研究》，上海：上海三联书店，2014，第 149—170 页。

继而有的私有制、私有化和股份制等多种经济形式与国有制、集体公有制经济并驾齐驱，成为改革开放后中国经济腾飞又一只强劲有力的翅膀。自然而然，以发展旅游，带动地方经济发展的景区化圣山的经营管理也就出现了多种可能。在已经成为国家 4A 级风景名胜区的太行山支脉的苍岩山，对因应在华北有着众多信众的三皇姑而生的诸多庙殿和景观不但国有、集体所有制和股份制多种形式并存，自上而下的面向单位职工或社会公开招标，从而由中标者自负盈亏的承包经营管理模式在繁荣地方经济的同时，也助燃着当下苍岩山庙会的香火。然而，这种在相当意义上焕发活力，助燃香火的经营管理模式正面临危机，其正当性被质疑。

2012 年年初，《中国新闻周刊》第 2 期的封面醒目地印着"被承包的信仰"几个大字。记者对泰山诸多庙殿、云南宜良岩泉寺等宗教旅游场所因政出多门、承包制经营、庞杂的利益链而频频出现的借信仰实践宰客的过程进行了详细报道。[①]一石激起千层浪。因其权威性，该报道被诸多报刊、网站纷纷转载，社会反响强烈。再加之河南少林寺、浙江普陀山、安徽九华山、山西五台山近些年来的上市风波，根据既有法规、规范化管理景区宗教场所再次成为社会共识，并引起政府部门的高度关注。

在"被承包的信仰"报道后的八个月，即 2012 年 10 月 8 日，国家宗教事务局、中共中央统战部、国家旅游局等十个部委联合签署发布了《关于处理涉及佛教寺庙、道教宫观管理有关问题的意见》（国宗发［2012］41 号），强调坚决制止"各种借教敛财行为""不得以任何方式将寺观搞'股份制''中外合资''租赁承包''分红提

---

① 刘子倩，《承包"泰山"利益链》《疯狂的寺庙》《寺庙承包：多头管理监管难》，《中国新闻周刊》，2012 年第 2 期，第 24—31 页。

成'等"。① 对此，一个月后的《人民日报》进行了大版面报道，首先强调的是"禁借教敛财"的急迫性，其次才是严禁寺庙道观上市，严厉打击假僧假道。②

其实，早在 1994 年 10 月 20 日，国务院宗教事务局就发布了《关于制止乱建佛道教寺观的通知》（国宗发 [1994] 123 号）。其第三条明确规定：僧道人员"不得为乱建的寺观工程进行募捐、化缘活动；不得为其开光、剪彩；不得以任何方式搞'股份制'、'中外合资'、'租赁承包'寺观等"。③ 此前不久，国务院宗教局就与建设部、国家旅游局联合下发了《关于制止滥建露天佛像的通知》（国宗发 [1994] 116 号）。2009 年 6 月，国家旅游局联合五部委发布了《关于进一步规范全国宗教旅游场所燃香活动的意见》（旅发 [2009] 30 号），明令禁止宗教旅游场所强拉或诱导游客花高价烧高香。2010 年 3 月，国家旅游局、国家工商总局等六部门又联合召开电视电话会议，要求以宗教活动场所为主要游览内容的旅游景区，加强燃香活动专项治理和联合检查，严厉打击强拉游客烧香许愿、骗取钱财等行为。

按照现代民族国家自我定位的行政管理职能，在国家／政府与宗教／迷信双向互构的现代性历程之中，根本目的在于整治被宰乱象的上述意见、通知等并不存在问题。但是，景区中的宗教场所，或宗教场所景区不仅仅是当下提上台面的敛财等利益问题，它还涉及有着历史重负的信仰、迷信、庙会、旅游、传统、敬拜、休闲、庙

---

① 参阅国家宗教事务局网页：http://www.sara.gov.cn/xwzx/xwjj/17145.htm。查阅时间：2012 年 12 月 20 日。

② 陆培法，《国家宗教事务局等 10 部门联合出台新规 遏制任何形式借教敛财》，《人民日报海外版》，2012 年 11 月 7 日第四版。

③ 参阅网页：http://bbs.chizhouren.com/thread-351442-1-1.html。查阅时间：2012 年 12 月 21 日。

市等基本认知，以及这些认知和实践之间复杂的互动问题。我们需要质疑的是媒介报道的"被承包的信仰"的信度，是否旅游现场、庙会现场的信仰都是被承包的？被承包后的信仰是否全都仅仅是聚敛钱财甚至谋财害命？信仰，尤其是庙会与经济之间究竟是一种怎样的关系？为什么改革开放后会在全国普遍性地出现承包信仰？

"复杂的利益链"和"政出多门"似乎给出了合理的解释。前者从自私自利、中饱私囊、贪欲无限的利己主义、个人主义，后者从政治，尤其是全能型政府行政管理的混乱与弊端分别找到了理由。其实，这都是意在求真而貌似"犯上"的外在观感——最合理、最简单的解释，也是从结果来推断原因的必然会有的因而无用的解释。敛财是人的共性，因此才有了与之相对的浪漫而素朴的"一箪食，一瓢饮"的从简主义和"舍得"的情操美学，才有了儒家和道家的区隔、并行与混融。上述禁止不合理、非法敛财的诸多"意见""通知"基本都是多部委联合下发的，政出多门并非"政出无门"。

对事物的合理认知，或者说更深刻的认知应该是相反的方向——从原因到结果。换言之，我们提问与解答的方式应该有长时段的过程（process）视角，应该有诸如 doing，(re) making，(re) building，negotiating 之类的动名词和现在分词所具的"进行时态"的基本语法定位。如此，在动态的赛局[①]中，那些能动的掺和者博弈、共谋后才逐步地发展到当下就自然成为要释疑的核心。我们也就会将目光从居上位的非法获益者那里移开，转向那些不会言说的神灵、庙殿、景观，绝大多数没有被宰的朝山进香、行好、许愿还愿的香客，凑热闹踏青赏景以及休闲的游客，那些并没有"宰人"

---

① ［德］爱里亚斯（Nobert Elias），《什么是社会学》，郑义恺译，台北：群学，2007，第79—120页。

只是求温饱的江湖术士，面无愧色心安理得的乞讨者，一心行善、催功、当差的香头，因为庙会、旅游而忙得不亦乐乎的为香客游客提供食宿等基本服务而改变生计方式的当地乡民。这样，厘清宗教、庙会、旅游、敬拜、管理、经济、交换等的本质也就有了可能。所以，因信仰而"宰"与"被宰"这个毒瘤仅仅是本章研究的起点，却非本章要回答的问题。

本章对圣山与景区混搭的农历三月初一到十五的苍岩山庙会的政治—经济学研究的目的有四：

首先，根据近十年来，尤其是 2010 和 2011 年苍岩山庙会前后对三皇姑信仰和苍岩山庙会的田野调查，对这个以三皇姑信仰为中心、历史悠久的景区化圣山庙会进行传统与现代并重的深描。

其次，在此基础上，指明改革开放后因宗教信仰而滋生的相关经济行为的普遍性与复杂性，进一步澄清众生参与、乱象纷呈但又是一种文化制度的庙会的本质，即因应变迁之神，掺和者在合力将圣山图像化，在线性链条上的圣山庙会表现出犹如"月映众星"般的复杂的社会形态学和人文地理学。

再次，从历时性的角度指明香火经济之于乡民、乞丐、江湖术士等边缘弱势群体的福利性，和在承包制经营管理模式下香火经济红火的必然性，从而展示政治语境、信仰实践、香火经济与旅游休闲、管理者、经营者与消费者之间互动也互相制约的复杂关系，即在红火的香火经济背后，承包与被承包的多重辩证法。

第四，反思乡土庙会与宗教研究已有的路径，提倡动力学路径和经济学路径相结合的政治—经济学路径。

（二）变迁之神三皇姑

苍岩山是太行山支脉，俗称苍山，有"五岳奇秀揽一山，太行群峰唯苍岩"之誉。苍岩山位于河北省井陉县城西南方向约 30 公里，距河北省省会石家庄市约 70 公里，总面积 63 平方公里。除其独特的自然景观之外，主祀神三皇姑促生了苍岩山在华北的盛名。作为苍岩山的核心与灵魂，与碧霞元君、无生老母、妈祖等女性神祇一样[①]，三皇姑是一个有着独立神格、影响深远、地方色彩浓厚的区域性女神。至今，在以河北石家庄、邢台，山西阳泉等地为核心区，包括京、津、鲁、豫、内蒙古等广袤地域，三皇姑都拥有众多的信众，并有着（三）奶奶、（三）姑姑、（三）妞妞等多种地方性称谓。在石家庄、邢台和阳泉这些核心信仰区，尽管信众在每年农历三月的苍岩山庙会期间有可能不再朝山，但几乎村村都有朝山会或朝山会的残存，不少信众家中也供有三皇姑的神马。

文昌、关公、观音这些在中国被广泛敬拜的神灵，都有一个官民合力使之长期流变的过程，或源自民间后得到朝廷的认可，或自上而下渗透并传播开来。不仅如此，在与狐仙敬拜多少相关的西王母、碧霞元君以及清末民初京津兴起的王三奶奶等不同女性神祇的信仰中，还存在升降沉浮和承转的可能。[②] 尽管当今南阳公主说俨然

---

① Sangren P. S., "Female Gender in Chinese Religious Symbols: Kuan Yin, Ma Tsu, and the 'Eternal Mother'," *Signs* 9 (1983), pp.4—25.

② 周振鹤，《王三奶奶》，《民俗·妙峰山进香调查专号》第 69—70 期合刊 (1929.7)，第 68—107 页；Kang, Xiaofei, *The Cult of the Fox: Power, Gender, and Popular Religion in Late Imperial and Modern China*, New York: Columbia University Press, 2005, pp.141—147。

范庄龙牌会供奉的三皇姑神马

普通信众家的三皇姑神马

正统、主流,但三皇姑的神格也因应社会时代的变迁,信众的需求、不同宗教之间的互动和地方社会的建构始终处于动态的变迁之中。

通过碑铭、方志和民间传说,三皇姑的出身有北周明帝女、隋文帝女、隋炀帝女南阳公主、千手千眼佛(千手观音)以及平民的女儿等多种异文。[①] 不同说法各有来源、信众和盛行的年代,并与书

---

① 岳永逸,《行好:乡土的逻辑与庙会》,杭州:浙江大学出版社,2014,第252页。在井陉,相关的传说故事可参阅井陉县民间文学集成办公室编,《井陉民间文学集成》,内部资料本,1986;井陉矿区民间文学集成办公室编,《井陉矿区民间文学集成(第一卷)》,内部资料本,1989,第67—105页;石家庄市民间艺术家协会、石家庄市三套集成办公室编,《苍岩山民间故事选1—3集》,石家庄:中国工程师杂志华北印刷厂,1989。

写传统互动。

宋代以来,直至清同治年间,三皇姑是隋文帝女乃主导性说法。宋乾兴元年(1022),祁鹏举撰的《井陉县大化乡新修苍岩山福庆寺碑铭并序》中就有"昔有公主在此出家"的记述。在金泰和六年(1206)寺僧智鉴所撰《苍岩山福庆寺石桥记》中,已经有了"公主乃隋文帝女"的断语。自此,在元皇庆元年(1312)的《广平路威州井陉县苍岩福庆禅寺碑》、明万历十六年(1588)许时雍的《游苍岩记》、明万历年间(约1600)霍鹏的《重修苍岩园觉殿记》等碑铭中,公主的事迹日渐丰富。大意是说,这位隋文帝的公主得了风癫病,久治不愈,只有苍岩山上的石泉可以治愈。后经点化,公主决意在苍岩山出家。

隋文帝女究竟何许人也,不仅相关碑记语焉不详,更无史籍可考。在康熙四十年(1701)的《重建苍岩山桥楼殿记》中,还有如下文字:"考公主文帝女也,少瘿瘤疾。闻苍山有石泉可疗,□浴而愈。主遂焚修,竟得坐化。唐因建为福庆寺云。时隋都长安距此不甚远,事或有之。然已不深考矣。"也正是对该碑铭随后有的质疑,为南阳公主说的提出埋下了伏笔,提供了契机,云:"使主诚能尽人之福之祸,何以江都之变,国破家亡,至亲为戮,坐视其毙,而莫之救也"。

光绪年间,地方士绅认为三皇姑乃南阳公主就建立在对隋文帝女说的批驳基础之上,是"纠错"的结果。同治九年(1870),白莲教徒黄老和李秀祯等起义而引发的地方社会动荡[①],导致井陉地方士绅对苍岩山与三皇姑关系的关注。光绪廿二年(1896),井陉县知事言家驹撰写的《苍岩山神隋南阳公主奉敕封慈佑记》表明,在精

---

① 王用舟修、傅汝凤纂,《井陉县志料》,台北:成文出版社有限公司影印本,1976,第498、935、962页。

心考证后,地方士绅先是将苍岩山与观音的道场"香山"区分开来,认为三皇姑应是隋炀帝的女儿南阳公主,并强调其忠孝节义和庇佑一方的灵验:

> 祀公主至今,民有疾病疴痛、水旱灾侵,祈祷灵应。光绪四年旱,乡民祷吁庙下,泉涌不绝,灌溉胡家滩等村地亩,使民无饥。光绪十四年夏旱,世庶赴祷平山县道士,在省城设位求雨,均立应。光绪十六年夏淫雨,河水泛滥,居民褥求立晴。光绪十七年夏旱,余于六月初二日,诣庙求水,到城即雨。

与此同时,地方士绅们还选定史上八大名医、《隋书》卷八十列传第四十五中的"遇贼不屈"的赵元楷妻崔氏等隋代节烈妇女作为从祀者。因为言之凿凿,三皇姑得到朝廷认可。光绪十九年(1893),朝廷敕封三皇姑为"慈佑菩萨"。与《隋书·列女传》所言南阳公主因"国破家亡"削发为尼不同[1],在民间传说中,南阳公主出家主要原因是不满其父隋炀帝的荒淫无道与横征暴敛,宣扬的是符合儒家价值体系的一心为民的"义"和苦孝伦理,也宣扬佛教的一心向佛、因果报应、积德行善和道教的修炼成仙、庇佑四方的道行与灵验。

要提及的是,如果考虑到北魏、隋唐皇室的鲜卑文化血统和身份认同[2],那么这个被后世文人书写的碑铭和民间传说中从宫廷走出

---

[1] [唐]魏征、长孙无忌等撰,《隋书》,北京:中华书局,1973,第 1798—1799 页。

[2] Chen, Sanping, *Multicultural China in the Early Ages*. PENN: University of Pennsylvania Press, 2012, pp. 4—38.

流落民间的皇姑①，得到民众敬拜的过程也大致是鲜卑文化与汉文化日渐融合，直至鲜活的鲜卑文化褪色、消逝的过程。当然，在胡、汉文化的混融过程中，佛教扮演了关键角色。这同样鲜明地体现在三皇姑信仰的地方化历程之中。

受佛教影响，三皇姑即千手千眼佛同样是民间较有代表性的一种说法。20世纪80年代以来，在井陉及其周边地区收集、整理的"民间故事集成"中的不少传说故事都强调三皇姑与千手千眼佛的关系。在这些传说故事中，三皇姑出家及到苍岩山修行的主要情节与千手千眼菩萨故事②大体相同，但多了苍岩山的地域特征。这些情节一般分为三难公主、火烧白雀庵、跨虎登山、巧占苍山、千手千眼佛等。

佛教千手千眼菩萨信仰、隋代史书上记载的南阳公主事迹以及民间盛行的道教仙姑信仰等的相互影响、融合，再经过千百年来民众的建构、实践，使三皇姑成为融儒、释、道于一身，有着独立神格、信众广泛、影响深远的区域性女神。在华北，三皇姑与碧霞元

---

① 值得注意的是，在新近从辽宁新宾满族自治县发掘整理出的满族传统说部《平民三皇姑》中，这位在清末被"逐出"皇宫、历尽艰辛，来此开矿并泽被乡里的"平民"皇姑与当下已经在华北被广为敬拜的三皇姑早年的经历如出一辙，似乎正在向神祇演化。参阅张立忠讲述，《平民三皇姑》，张德玉等整理，长春：吉林人民出版社，2009。

② 关于观音的传说故事及其信仰传布的复杂性，可参阅曼陀罗室主人，《观音菩萨传奇》，北京：大众文艺出版社，1997；中国宗教历史文献集成编纂委员会，《民间宝卷》第十册《大悲卷》，合肥：黄山书社，2005；Dudbridge, Glen, *The Legend of Miaoshan*, London: Ithaca Press, 1978; Yü, Chün-fang, *Kuan-yin: The Chinese Transformation of Avalokiteśvara*, New York: Columbia University Press, 2001；韩秉方，《观世音信仰与妙善的传说——兼及我国最早一部宝卷〈香山宝卷〉的诞生》，《世界宗教研究》，2004年第2期，第54—61页。

君、九莲圣母、无生老母、观音菩萨等女神比肩而立,分享着香火。正是因为如此,在苍岩山虽然有观音、千手千眼佛的殿宇,也有将三者共放一室的殿宇,但苍岩山香火最旺的地方始终是山腰的圣母殿,俗称三皇姑正殿、正殿等。

近百年来,通过不同时期地方精英的积极参与,民间文学大规模收集整理后通过印刷品、导游解说词、网络等方式向民众回流,使得隋炀帝女南阳公主说日渐成为三皇姑出身的主流说法。如今,在苍岩山庙会现场,内容主要摘自《井陉民间文学集成》的《苍岩山的传说》等小册子广为流传,因其通俗、便携、廉价而成为三皇姑传说传承、传播的重要媒介。因应技术时代和传媒时代的全面来临,也因应全民教育程度的普遍提高和旅游经济的导向,原本口头活态、碎片化、多样的三皇姑传说发生了规范化、标准化、体系化以及书面化、导游化的整体转型。① 这也是当代有着传统意味的口头文学传承、传播的基本特征。

不仅如此,以三皇姑为中心的圣山苍岩山的神系以及庙宇景观都是围绕三皇姑的系列传说而形成。也即,因为以文化促建设、经济发展和生活幸福度的政策导向的规训,在(传统)文化向(非物质)文化遗产、文化资本、文化产业整体转型的过程中,旧传说在衍生新传说的同时,也同步被具象化,包括图像化、景观化、影像化,等等。在一些特殊的场景中,当代的观与听反而也具有了一定的仪式性以及神圣性。

从结构主义的角度分析,上章提及的娘娘占山型传说或者隐晦地表达着释道、男女、主客、山上与山下、外来与本土、雅俗、文

---

① 赵倩、岳永逸,《华北三皇姑的传说体系与层累生成》,《民俗研究》,2014年第6期,第108—114页。

野等多种矛盾体之间相互涵盖、升降起伏的辩证法。与在妙峰山金顶和老娘娘争山的是佛爷不同,在苍岩山传说中,与三皇姑争山的神祇多种多样,如志公道人、关羽等。① 占山传说影射的释、道之间的复杂关系,再加之当下新生的红色信仰,苍岩山的神祇体系始终都是流变的。然而,三皇姑的核心地位并未动摇。

改革开放后,对各庙殿承包制管理经营模式全面推行的结果是效益最大化的诉求。可是,重利的经营者对景观、庙殿的再造与修整就是围绕三皇姑乃南阳公主为中心展开的。与民间传说中三皇姑修炼得道成佛、成仙关联紧密的灵兽老虎、猿猴都一并成为景区化圣山再圣化的"关键符号"(key symbols)②。

(三) 景区化的圣山及其再圣化

近20多年来,泰山与井冈山旅游业的兴旺发达,分别代表了历史积淀厚重的古典圣山和现代革命圣地景区化实践的成功案例。泰山旅游业在新时期的兴旺与国家层面将泰山定位为民族认同和自豪的象征并取得成功直接相关。③ 与之相异,21世纪以来,因"红色"、"绿色"有机结合而旅游业飞速发展的革命圣地井冈山则出现

---

① 井陉民间文学集成办公室编,《井陉民间文学集成》,内部资料本,1986,第10、29—31、126页。
② Ortner, S. B., "On Key Symbols", *American Anthropologist*, 75 (1973), pp.1338—1346.
③ Dott, Brian R., "Spirit Money: Tourism and Pilgrimage on the Sacred Slopes of Mount Tai," in Oakes, Tim and Donald S. Sutton (eds), *Faiths on Display: Religion, Tourism, and the Chinese State*, Lanham: Rowman & Littlefield Publishers, 2010, pp.27—49.

了向宗教圣山的变形。①官方原初对井冈山的打造主要是对游客，尤其是对共产党员、共青团员和少年儿童进行爱国主义教育和革命传统教育，从而洁净党风、政风，增强爱国、爱党意识。但是，自从成为旅游目的地后，包括不少官员在内，游客来井冈山旅游休闲明显更多带有了敬拜色彩。革命遗产化、红色文化资本化和乡土宗教中人神一体造神逻辑的结合，导致了道德教育与休闲旅游、缅怀先烈与偶像敬拜、强身健体与心灵慰藉的并行不悖、同步增长。

在泰山旅游业中，有欲通过增加雷锋等附加符号的不成功的"红色旅游"实践的努力。反之，井冈山旅游业中则出现了红色敬拜传统化的倾向。然而，如金顶妙峰山的那棵一度被刻意强调和渲染的为抗战立功的"救命松"那样，发展经济的诉求还必须兼顾培养现代公民爱国主义、民族主义情怀、自豪感和健康、文明的生活方式。由此，将信仰（传统敬拜和红色敬拜比例各有差异）、革命叙事与休闲融于一体是上下形成默契的圣山景区化建设的总体特征。

与此同时，也出现了为了迎合游客而非当地居民精神生活需要，而特意将景区圣化的逆向建构，如浙江乌镇东街旅游公司主导修建的修真观②，河北吴桥杂技大世界的泰山行宫，邢台市临城县崆山白云洞风景区的溶洞入口旁边修建的皇姑殿。即使是在新疆天池景区，因应西王母传说，在景区管委会的主导下，人们也在景区内修建了

---

① Yu, Luo Rioux, "Pilgrim or Tourist? The Transformation of China's Revolutionary Holy Hand," in Oakes, Tim and Donald S. Sutton (eds), *Faiths on Display: Religion, Tourism, and the Chinese State*, Lanham: Rowman & Littlefield Publishers, 2010, pp.79—102.

② Svensson, Marina, "Tourist Itineraries, Spatial Management, and Hidden Temples: The Revival of Religious Sites in A Water Town," in Oakes, Tim and Donald S. Sutton (eds), *Faiths on Display: Religion, Tourism, and the Chinese State*, Lanham: Rowman & Littlefield Publishers, 2010, pp.211—233.

崆山白云洞风景区内的皇姑殿

娘娘庙、灵光寺等庙宇。

在旅游业的发展中,与妙峰山、泰山一类的苍岩山却同时出现了景区化与再圣化同步建构的逆向互动,官民两界还巧妙地融入了不同的红色信仰符号体系。

圣山的景区化

> 奇峰险崖,挺拔俊秀,涧底怪石嶙峋,谷畔鸟鸣檀林,山腰峰回路转,崖顶古柏横生,桥楼飞架南北,古刹隐于崆峒,自然景观犹如画卷,人文景观独具匠心。

这些妙语是当下打印在苍岩山景区门票背面的介绍苍岩山景致的文字。结合三皇姑的传说与信仰,今天的文人雅士继承过去文人唱和、题铭、命名的传统,进一步系统地将苍岩山的美景具化为16处,分别是:岩关锁翠、风泉漱玉、书院午荫、壁涧灵檀、悬磴梯云、峭壁嵌珠、桥殿飞虹、绝巘回栏、说法危台、尚书古碣、虚谷藏幽、炉峰夕照、空谷鸟声、山腰绮柏、阴崖石乳、窍开别天。① 正是这些美景及其文人反复诠释的丰富内涵，《西游记》《卧虎藏龙》《木乃伊Ⅲ》等影视作品都曾来此拍摄外景。

在新的时期，地处太行山一隅，交通仍然不算便捷的苍岩山能享有如此盛誉，和20世纪八九十年代苍岩山镇、井陉县等各级政府对"苍岩山生态旅游经济圈"的规划与实施密切相关。1987年以来，井陉县政府不遗余力推动的苍岩山风景名胜区旅游建设，终于在1995年2月17日获得国务院的批复。② 当然，苍岩山能够在1988年4月就名列"第二批国家级风景名胜区"，也与苍岩山核心地的福庆寺（圆觉殿）等古建筑早就名列国家级、省级等重点文物保护单位紧密相关。按照宋代祁鹏举撰写的《井陉县大化乡新修苍岩山福庆寺碑铭并序》推测，福庆寺可能始建于隋代，甚或更早，即至少有千年以上的历史。作为福庆寺的主体建筑，桥楼殿被誉为世界最险的悬空寺之一，早就与奇檀、怪柏并称苍岩山"三绝"。

环绕苍岩山的苍岩山镇原名胡家滩乡，现辖寺垴、胡家滩等19个行政村，有一万余人，长期以来都相对贫瘠。出于地方发展的需要，1998年胡家滩乡更名为苍岩山镇。1979年5月1日，苍岩山景区试营业，1980年5月正式对外开放，先后成立了苍岩山文物保护所和苍岩山管理处。1991年，在苍岩山管理处的基础上成立了井陉县旅游局。2010年，又成立苍岩山管理处，对苍岩山景区实行统一管理。庙会期间，旅游局有一位局长现场办公，统筹安排指挥一切。

---

① 对苍岩山景观的赞颂，可参阅张阵容、赵恒文编，《苍岩山揽胜》，北京：地质出版社，1991。

② 文件的具体内容，可参阅岳永逸主编，《中国节日志·苍岩山庙会》，北京：光明日报出版社，2016，第433—434页。

苍岩山山门

这样一系列审时度势、因势利导的规划及相关建设，成功地将传统圣山引入了现代旅游业。早在 2005 年，苍岩山福庆寺庙会就成为石家庄市首批非遗，但是此后并未进入更高级别的非遗名录。当然，这或者与众所周知的如今苍岩山的庙会并非围绕福庆寺展开有关。

1985 年庙会期间，因为拥堵，悬磴梯云处发生五人死亡的重大事故。为了杜绝此类事故的再次发生，当年年底就修通了从圣母殿外直通山顶的通天洞。经过近三十年来的发展，从山脚到山顶，苍岩山形成了更加密集的空间布局，对香客、游客的接待能力大大提高，通行安全也有了基本的保障。

山门外，有了苍岩山旅游专线的停车场、接待香客游客的苍岩山宾馆等大小宾馆、饭店、货摊，开通了从山门外到玉皇顶的索道缆车，还有主要是依托苍岩山美景和庙会的红火而新建的龙岩寺。从山门到半山腰的悬蹬梯云的山脚地带，主要依次分布着苍山书院、魁星阁、文昌殿、红色纪念、猴祖师庙、万仙堂、跨虎登山庙、观音殿、壁涧灵檀、灵烟殿、龙王庙、三星殿等18处庙宇及景观。从悬蹬梯云到通天洞的山腰地带依次分布着王灵官庙、水帘洞、小桥楼殿、桥楼殿、园觉殿、梳妆楼、关公财神大殿、财神殿（原为藏经楼）、尚书古碣（透龙碑）、绝巇回栏、说法危台、妙法莲花宝塔、圣母殿等19处庙宇及景观。通天洞以上的山顶地带主要分布着在传说中的皇姑坟基础上扩建的南阳公主庙、菩萨顶、玉皇顶和卧佛寺等庙殿群落。

山顶的南阳公主庙，1999年动工修建，2001年竣工。在庙门外的《南阳公主庙重修碑》碑记中，正式加入了"旅游休闲"的字句，强调南阳公主庙是"一处集佛教文化、历史记载、民间传统和旅游休闲为一体的观光胜地"。2011年苍岩山庙会期间，尚未完工的菩萨

桥楼殿

顶在宣传牌上也写明这里是"拜佛、观光、照相、购物、游玩的必选之地"。

如今庙会期间，景区规划的香客游客上山单行路线就是沿上述建筑、景观的顺序前行。因为是上山香客、游客的必经之路，庙会期间，在稍微开阔之处都有商店、饭店、数码照相、卖山货的地摊、看相算卦抽签的摊位。从通天洞出来的上行台阶到玉皇顶的山路两侧，还有不少乞丐。庙会期间，下山路线则是从玉皇顶至东天门下山，沿途建筑景观略少，但也有烈士台、山腰绮柏、老虎洞等，南天门处还有"窍开别天"。2000年就投入运营，即可上行也可下行的索道缆车使得景区化的苍岩山的现代旅游气息更加浓厚。

在通天洞修成之前，香客游客上行走到圣母殿便是尽头，得返回到桥楼殿后，上南天门到玉皇顶、皇姑坟，然后再下山。通天洞的开通，既促进了山顶南阳公主庙、菩萨顶和卧佛寺等庙群的修建或扩建，改变了原本来回一线的进香、游玩路线，也使庙会期间香客游客的安全保障大大提高。

图像志与景观再圣化的关键符号

随着旨在创收、发展地方经济的旅游业的发展，景区苍岩山庙殿与三皇姑传说的相互演绎大致可分为两类：一是在相传为三皇姑出家、修行地点的庙殿、景观再造，二是供奉传说中相助三皇姑的神灵或神兽的庙殿、景观再造。前者有水帘洞、梳妆楼、说法危台、圣母殿、南阳公主庙和三皇姑修行宫等，后者有猴祖师庙、老虎洞、跨虎登山、王灵官和关帝庙等。这些再造的庙殿、景观不但使得景区苍岩山风景多了神秘与神圣的色彩，还将口传的三皇姑传说、故事落到实处，有迹可循。这样，在三皇姑之于苍岩山核心地位强化、夯实的同时，景区苍岩山的圣山属性也得以强化，各庙殿、景观的经营就形成了既竞争又互补的唇齿关系。

在民间匠人中，众多神灵的塑像造型都有相对固定的塑神样本或"秘谱"。[①] 与此不同，再现三皇姑神格、信仰和灵迹的图像志是立体的、动态的，且饱含张力。这在扩建后的南阳公主庙分食部分圣母殿香火的赛局图景中格外明显。

在传说故事、宝卷（信众亦称"佛""经"）、善书这些三皇姑信仰传播的有效载体中，除了反复出现的猴祖、老虎等神兽，玉皇、王母、太白金星、如来和观音等佛道神祇也时常出现。他们或指点三皇姑渡过难关，或点化三皇姑出家，但出现频率最高的则是民众更加熟悉、亲近的关公、嫦娥、龙王和八仙。因为三皇姑，这些在苍岩山不同庙殿的神祇也渐次排列开来，成为一个整体。三皇姑与观音／千手千眼菩萨在不少信众、庙殿经营者那里更是混融，没有明确的界限。三皇姑信仰深入人心，使得在苍岩山山门外新建的、由和尚主事的龙岩寺也专门修建了供奉三皇姑的殿宇。

对三位皇姑的合祀是20世纪80年代以来苍岩山三皇姑神系又一个重要变化。三皇姑的"三"由序数词变为了基数词，圣母殿中的神像也由一座变为了三座。这同样是将口头传统中的皇姑传说具化、景观化的又一实践。当然，庙会期间，圣母殿内三位共享香火的皇姑也有分流香客，增多收益并减少安全隐患的实际功效。与之相应的是，在传说中公主坟旧址上新建的南阳公主庙内单收门票的公主坟（俗称"地宫"）内，在从右到左依次排列的大、三、二这三位皇姑的塑像身后，还分别有漆绘棺木一具。经营者声称，三皇姑与大皇姑之间龛内供奉的石质坐像是1998年出土的隋代"原始"三皇姑石像。

---

① 参阅王树村，《塑神秘谱》，北京：北京工艺美术出版社，2008。

作为"显圣物",连环画式的情境再现——感应故事画的图像叙事,也即与唐宋以来的变文、讲经文、宝卷相关联的"变相"[①]——不但强化了香客的直观感受,还使香客重温原初事件,回到主观世界的起点。因此,将神祇的传说等言语文本化、影像化从而具化该神祇及其圣迹,增添传说的真实性、可信性,并在再次口头化的过程中广为传播是华北乡野庙会、乡土宗教常见的情形。

在赵县,常信村民将与本村相关的"刘秀走国"传说"圣像画"后进行供奉。距离常信不远的秀才营西会供奉的三皇姑神案同样是连环画状的圣像画,共有五大副,每副长约 3.5 米,宽约 1.5 米,从头到尾完整地绘制了三皇姑成仙的全过程,先后是:王灵官、冬施衣、夏施饭、神仙托梦、夜跳皇城、枯树发芽、碾房研磨、虫王分

山腰的圣母殿,民众俗称三皇姑正殿或正殿

[①] 在民间盛传的三皇姑传说、佛、经与变文、讲经文、宝卷之间的关系是一个十分复杂的话题,可参阅林鑫,《谈〈谈豫剧三皇姑出家〉》,《佛教文化》,1999 年第 5 期,第 35—36 页。

正殿内的三位皇姑，三皇姑居中

米、金殿辞父、火烧白草（雀）庵、跨虎登山、仙人指路、白猿献果、小鬼撒灾、俩皇姑不舍手眼、刘长取手眼、百官贺王病愈、白猿、全手全眼菩萨、苍山皇封三皇姑。

一个信仰群体距离其心中圣地的远近，会导致这些圣化叙事的差异。秀才营距离苍岩山百余公里，到南和县白雀庵则有150多公里。在秀才营的圣像画中，与白雀庵相关的情节仅一个。与此不同，河北任县刘家庄到南和县白雀庵仅30多公里，到苍岩山则约两百公里。这一地理分隔使得该村春分打醮时，"花花好"所供奉的《三皇姑化迹图》的28个情节中，与白雀庵相关情节远多于与苍岩山相关的情节。[①]

换言之，与当下乡民口中的佛、经等言语紧密关联的三皇姑

---

① 石军良，《民间信仰仪礼文化空间中的图像文本研究》，石家庄：河北科技大学硕士学位论文，2012，第61页。

的图像学、图像志成为与人文地理形态学、宗教社会形态学互现的异文、"变文"。如此就不难理解虽然历经劫难，至今在圣母殿内的南北墙壁上留存的再现三皇姑传说故事的图像是以苍岩山为中心地。这些图像志是 4.65×2.05 米的两幅壁画。北侧是明代壁画，分为"礼仪、落难、削发、修道、显灵、敕封、佑民、行雨"八部分，与现今香客还在传唱的"佛"基本相同。南侧是光绪十九年（1893）壁画，绘的是"奏讨敕封""灌溉湖淮"等皇姑遗泽后人的事迹。

正是继承包括变文、宝卷、佛、经、图像叙事在内的信仰文化的基础，与别处庙殿不同，在山顶新建的让香客、游客免费入内的三皇姑修行宫，是将三皇姑修行的经典情节以泥塑彩绘的方式，动态呈现殿内。泥塑彩绘的这些情节及文字说明陈列在修行宫内的玻璃柜中，依次为：宫中生活、撒黍撑船、苦劝父王、三难公主、火烧百草寺、跨虎登山、智占苍山、造桥修殿、众尼降灾、修成正果、舍献黎民、普度众生。

乍一看，这些似乎与千手观音（妙善）的传说雷同，其实大相径庭。因为，这里的主角是信众传说并信奉的历史上实有其人的南阳公主和其父隋炀帝。介绍"宫中生活"说明文字的首句就是"一千四百年前，隋炀帝杨广在位"。不仅如此，作为国家级景区的导游解说词的基本主旨也与三皇姑修行宫内这一固态形式呈现的传说主旨基本相同，都是在强调三皇姑的孝行、灵验及其与苍岩山殿宇、景观的关系。①

与此同时，如果将该传说中不变的父女关系和哪吒传说、目连传说内在的父子、母子亲属结构关系比较分析，就会发现妙善—三

---

① 苍岩山的导游词有多个版本，无论在哪个版本中三皇姑的传说都占了相当的篇幅。旅游局的官方版本，可参阅岳永逸主编，《中国节日志·苍岩山庙会》，北京：光明日报出版社，2016，第 435—447。

皇姑传递的不仅仅是儒家的孝道、佛教的仁慈、悲悯与道教的道行修为，她还隐晦地表达了中国女性寻求主观性（subjectivity）和主体地位（subject position）的意识形态。[①] 这或者也就是至今苍岩山三皇姑女性信众远多于男性的深层内因。

有意思的是，在景区化苍岩山的过程中，尤其是庙会期间，三皇姑"跨虎登山"传说中的老虎也成为"关键符号"。山脚地带新建的跨虎登山红砖小庙和东天门老虎洞的恢复直接是该传说的具化。跨虎登山红砖小庙内的神像是身披红布的皇姑骑虎造型。皇姑胯下的老虎虎首高昂，虎嘴大张，面朝山上。因为少有人前往老虎洞参观，承包东天门和老虎洞的旅游局员工在这两年的庙会期间，在东天门里侧摆放了一只"老虎"，并以"老虎来这里护送大家"等说辞，希望香客、游客捐献功德。

不仅如此，近些年来庙会期间通天洞以上的数码照相，除以山上美景作为背景之外，好几处都制作有栩栩如生的"老虎"供人拍照留念。老虎形象大多以竹、泥等物塑造胎身，待阴干后再彩绘出黄黑相间的老虎斑纹。这样，庙会期间在山上山下、屋里屋外四现的神兽老虎成为景区苍岩山神圣的标志性景观之一，抑或说三皇姑显在也是合法的化身、异文。

除了一二九师某部曾进驻苍岩山地区抗日之外，这里与名声显赫的革命领袖、先烈难以找出任何关联。但是，在东天门外，抗战胜利前夕为纪念革命烈士立的纪念碑不仅在景区导游解说词中被强调，还被单辟为一个景点。然而，很少有人前往瞻仰。官方对苍岩山革命化、正统化的另一举措就是借重当代文人的名气。1980年代，

---

① Sangren P. S., "Myths, Gods, and Family Relations," in Shahar, Meir and Robert P. Weller (eds), *Unruly Gods: Divinity and Society in China*, Honolulu: University of Hawai'i Press, 1996, pp.150—183.

山脚的跨虎登山小庙

苍岩山景区建设最大的特点之一是邀约名人上山题诗作画。目前，山上的红色纪念、凌烟阁与藏经楼在二十多年前都是服务于画家写生的接待室。李苦禅（1899—1983）、黄胄（1925—1997）以及天津画院的诸多画家都曾在此写生、小住。山上的多数题咏，也是那时留下的。苍岩山还将革命领袖置于其神祇体系之中，虽然其空间相对较小。

为了恢复传统景观，苍岩山文保所曾特地从山西购回一口六耳八卦钟挂在山腰的藏经楼（峰回轩），与楼旁的"说法危台""峰回路转"一起，构成了一道文人色彩浓厚的新景观，"警钟长鸣"：警示和教化闻达之人在官场要谨小慎微。传闻早年，原河北省委书记叶连松（1935—   ）曾上山游览。当陪同者一提说法危台、峰回路转、警钟长鸣时，老书记笑而不语，默然领悟。①

---

① 受访者：胡秋明；访谈者：祝鹏程；访谈时间：2011年4月5日；访谈地点：苍岩山山腰。

四　景区化圣山庙会的政治—经济学　153

山顶作为照相布景的神兽"老虎"

说法危台

（四）照远不照近

如前文所言，学界普遍使用的"信仰圈"指的是以某一神明或其分身信仰为中心的区域性信徒之志愿性的宗教组织。迄今为止，仍未有研究触及不同信仰圈信仰程度的浓淡。俗语"照远不照近"就是对信仰圈浓淡最为通俗的表达。不仅不同地域的这一俗语有着迥异的地方历史文化内涵，就是同一信仰圈内的这一俗语所指也不尽相同。对妙峰山老娘娘不同的信仰圈而言，"老娘娘照远不照近"既体现了妙峰山下涧沟村民与北京其他城区、郊区老娘娘信仰的差异，也体现了清末民初的京、津两地信众的不同，并演化成不同群体评说他群，获取自我认同，进而整合的思维符号与行事规则。[①]

同样，"三皇姑看远不看近""三皇姑照远不照近"也在其信众中源远流长。过去的"三皇姑看远不看近"大意是说，寺垴、胡家滩等苍岩山山顶和山脚村子的人不怎么信奉、敬拜三皇姑，反而远处村子的人虔信三皇姑。在耆老的记忆中，山顶的寺垴村民在热闹的苍岩山庙会似乎处于失重状态，不见身影，山下的胡家滩也仅仅是以苍岩山"山主"景庄菩萨会等远近香会、香客朝山的临时歇息地和山主等人众表达对三皇姑虔信的舞台。[②]景区打造和管理经营模式的变化，俨然加剧了这一过去既有的信仰水墨图。庙会期间，寺垴、胡家滩等苍岩山附近村民以及庙主一门心思做生意赚钱、回收甚至随意消费供品，而诸如宁晋贾家口村等远来香客则虔诚布施、

[①] 岳永逸主编，《中国节日志·妙峰山庙会》，北京：光明日报出版社，2014，第121—122页。

[②] 参阅网页http://travel.hebei.com.cn/hbhsly/lyztk/hbmhy100129/201001/t20100130_1114843.shtml。查阅时间：2010年2月28日。

跪拜、许愿还愿。

与周围其他村落相比，坐落在苍岩山上下的寺垴耕地面积狭小，土壤贫瘠，灌溉条件差，村民收入有限。随着改革开放后苍岩山重新过会和旅游业有条不紊地发展，"靠山吃山"的寺垴村人均纯收入猛然跃居苍岩山镇19村之首。在为期半个月的庙会期间，面对每天近万的香客、游客，寺垴村民开设小饭店、临时小旅店、贩卖山货、看相算卦、到庙殿帮工、增设收费便所，或直接路边行乞，也有村民用自家面包车绕道后山将香客运上山顶，收取低于景区门票的交通费，利人利己。不仅如此，寺垴村民还有玉皇顶这一村属庙宇的承包费用分红，人均可达近五千元。

于是，对寺垴村而言，"靠山吃山"这个带着自然环境决定论的社会生态俗语有了新的内涵：因应天时、地利、人和，靠山上物产过日子的农耕、采摘经济向依赖香客游客和庙殿神灵的服务业的转型，即靠老天爷吃饭向靠三皇姑等神祇灵力吃饭的转型。换言之，寺垴村民的生计也成为苍岩山庙会香火经济链条上的一环，并反过来为苍岩山庙会的红火添砖加瓦，间接助燃。也正因为靠山吃山、忙于生计做小本买卖，不但庙会期间的寺垴村民对三皇姑等神祇没有外来香客虔诚，而且平时也不进殿敬拜，更少有人在家里设案供奉，只是在每年大年三十或年初一的早上，村民们才会去圣母殿烧香上供。

合力赋予"靠山吃山"以时代内涵，依附苍岩山香火谋生的还有距离苍岩山景区不到两公里的河滩村庄——胡家滩。在民国年间，胡家滩是苍岩山庙会的中心地之一，既是景庄菩萨会三皇姑銮驾歇脚的地方，也是很多远来朝山会、香客落脚住宿的地方。与寺垴村极为相似，胡家滩绝大部分村民家中也没有三皇姑神案。除了"三皇姑照远不照近"之外，"请神容易供神难"也是今天胡家滩人解释自己不怎么信奉三皇姑的原因。仅仅是正月初一、十五和十六，村民会到圣母殿烧香。其他时间，包括庙会期间，人们都不朝山拜神。至今被人们津津乐道的俗语"胡家滩人人怪，三月庙上做买卖"就言说着苍岩山庙会期间胡家滩人一直从事神灵敬拜外围服务的村落个性。

改革开放后苍岩山庙会刚恢复时，胡家滩村民拾掇起祖辈的传统，在庙会期间利用自家房屋开饭馆并提供有偿的食宿服务。如同金顶妙峰山下的涧沟村民生产生活方式因应妙峰山庙会而发生的向旅游服务业转型一样，很快，胡家滩这些较之寺垴更上档次的围绕苍岩山庙会的外围服务也汇入到全国各地风起云涌的"农家乐"洪流之中，成为传承者主动操演的民俗主义①。截止到2011年，胡家滩5家挂牌农家乐都经营得有声有色。土鸡蛋、抿蝌蚪、獾肉、山鸡肉这些广告也迎合了来此的城里人对绿色、生态、环保等的想象。不仅如此，挖到了苍岩山玉皇顶承包管理经营第一桶金的也是胡家滩村民。至今，依旧是胡家滩人在以近百万元的金额承包隶属寺垴村的玉皇顶，还有人投资在山顶建菩萨顶。这些承包者、投资者灵活管理自己的庙殿，多种经营，把"大买卖"做到了三月庙上。

连同修建在胡家滩地界上，苍岩山山门外的龙岩寺一道，这些大买卖也改变着寺垴村和胡家滩之间的关系格局。虽然都是苍岩山庙会香火经济上的一环，但作为地主的寺垴村民始终与小本生意相伴，而借鸡生蛋的胡家滩人则把大买卖做得红红火火。在两村之间，雇与被雇、服务与被服务的关系如同鸡、蛋互生一样，错综复杂。山上的并没有表现出山顶上位明显的优势，山下的更没有表现出需要时时仰望山巅的劣势。

---

① 周星，《"农家乐"与民俗主义》，《中原文化研究》，2016年第4期，第85—93页。

属于寺垴村的玉皇顶

相对于寺垴、胡家滩近年来忙碌的靠山吃山的庙会香火经济，邢台市宁晋县贾家口则是有名的电缆之乡，早已依托工业走上小康之路。但是，贾家口的三皇姑信仰氛围要浓厚得多。贾家口不少村民家里都供有三皇姑神案，虔信三皇姑庇护的灵力，始终保持着朝山进香的传统。不仅是寺垴、胡家滩和贾家口之间有此差异，在三皇姑信仰辐射的以石家庄、邢台和山西阳泉为核心地带的广大地域范围内，城乡之间，因交通条件、经济条件和现有的生活观念，不同的信仰圈也表现出不同浓度的信仰。交通条件方便、工业化程度高、经济条件尚可、生活方式多少有些都市化的城中村、城郊村的信仰圈信仰程度反而更为浓烈。近些年来在圣母殿旁、南阳公主庙内等数处都立有功德碑,成员遍布县城及各乡镇的宁晋县城关观音棚佛会就是这样一个信仰圈。

2010年4月24日,农历三月十一,该会在已经87岁高龄的会首孙文海的带领下,租赁了16辆大巴,共计有786人前来朝山进香。仅仅在圣母殿,该会就添油钱16936元,人均21.55元。对此数额,孙文海并不满意,因为少于他逾两万的期望值。2008年,该会朝山会众仅470人,在圣母殿就添加油钱一万四千多元,2009年朝山会众580人,在圣母殿添加油钱有一万八千多元。对于这样一个年年前来朝山的香会,圣母殿也是专门清场接待,并给予其充分上香、报供和上表的时间,让其表达对三皇姑的虔敬之心和祈求保佑合会善人的心愿,云:

无灾无难。大病化小,小病无作,买卖兴旺,万事亨通,财源茂盛,福禄多增,风调雨顺,五谷丰登,丰衣足食,儿女双旺,家家安宁,开车顺利,路途太平,一顺百顺!

(五)圣山庙会的社会形态学与人文地理学

月映众星:作为集合体的圣山庙会

局限于神圣与世俗、狂欢与日常等西方话语架构的庙会研究,很容易将庙会从乡民的日常生活之流中切割出来,并忽视其作为乡民一种生活方式和日常生活集中呈现的连续性意义。与此相类,除前文已经引用、列举过的顾颉刚、吴效群等之于妙峰山的研究、叶涛之于泰山的研究之外，包括梅莉直接以"朝山进香"为题的武当山研究，绝大多数基于"朝圣"范式的圣山庙会研究虽然关注到历史悠久的茶棚、香会的多样性，但却仍然主要是局限在圣山这个核心空间，局限在外围、边缘向圣山这个中心地单向度的运动，反而忽视因为圣山的向心力与辐射功能而形成的在圣山这个中心地之外相应神祇敬拜实践的广袤的社会网络和在网络中互为异文、相互涵盖的庙会形态的多样性。打破圣山庙会圣山这个中心地的空间桎梏，我们就会发现：通常意义上的圣山庙会实际上涵盖、统领了多个独立发生但又相互呈现的子庙会的巨大集合。

值得提及的是，已经名列国家级非遗的山西洪洞羊獬—历山的"接姑姑—迎娘娘"的走亲民俗活动实际上就是一个这样环状的庙会集合体，或者说庙会丛。神话传说中，羊獬是尧的故里，距离羊獬70余里的历山则是舜的躬耕之地。尧将自己的两个女儿娥皇、女英许配给了他发现的贤才舜。因应这段"神亲"，羊獬村民每年三月初三要将二位姑姑从历山接回娘家，四月二十八，历山人则要从羊獬将二位娘娘迎回历山。因为反复讲述演绎的传说故事和迎送的仪式实践，一年一度往返的环状路线，不但串联起了沿途的数十个村庄，还使这些村庄的村民相互都以"亲戚"[①]相称。而且，诸如西乔庄、万安这样的村庄同样形成了围绕二位娘娘的自己村庄的庙会。圣山庙会的聚与散的辩证关系在这里变形为了接姑姑—送娘娘与送姑姑—迎娘娘的同时双向发生的接送关系，以及结合迎送仪礼对传

---

① 岳永逸,《都市中国的乡土音声：民俗、曲艺与心性》，北京：中国人民大学出版社，2015，第 174—178、181—183 页。

2007年4月19日,从历山出发准备回娘家羊獬的两位娘娘的行身

说故事的反复讲述与演绎①。

杨德睿指出,作为中国宗教的关键词,功德是"人在为建立一套至善的秩序(神圣价值的本体)的过程中做出贡献(功),而得以分享的神圣价值(德)"。功德为无心无力却又真心践行宗教修持的凡夫俗子提供了一条分享神圣价值的简捷通道,并使宗教信仰活动在天人之间形成长期稳定的交换、循环关系。② 与此略有不同,在对三皇姑的敬拜实践中,普通信众,甚至香头都更强调的是道德自律、

---

① 陈泳超,《背过身去的大娘娘:地方民间传说生息的动力学研究》,北京:北京大学出版社,2015。

② 杨德睿,《当代道观型经济的转型》,《中国农业大学学报》,2009年第1期,第125—141页。

四 景区化圣山庙会的政治—经济学 161

人们迎送娘娘

2007年4月20日，万安村民跪送娘娘

修为和日常行为层面的"善",即向善与行好/善。①三皇姑舍手眼救原本荒淫无道的父王,最终修炼成佛,得道成仙,庇佑众生,成为至善至美的象征。苍岩山因她也成为魅力无限、神圣也神秘的圣山。因为有三皇姑这座丰碑,人们一心向善,既向往她这个善的化身,也向往她栖息的圣山,仿效善的善行也就从四面八方聚向了苍岩山,万善同归。

然而,农历三月的苍岩山庙会不仅是四面八方指向圣山的"朝"与"聚"——山上的红火,还有从苍岩山这座圣山辐射、蔓延开来的"散变"与"存留",有着多种形态且在圣山之外的山下、四面八方同步举行的敬拜、赞颂三皇姑的在地化的大、小庙会如星星之火。这一逆向互动形成了学界长期偏重中心地圣山,而相对漠视其外围的圣山庙会特有的社会形态学和人文地理学。

换言之,完整意义上或者说广义上的圣山庙会是包括圣山所在之庙会——狭义圣山庙会在内的,多样形态的山下、山外众多信奉敬拜同一神祇庙会及其历时性传衍的集合。而且,这些在地化的庙会相互之间不但互为异文,与狭义的圣山庙会也形成一种互为表里、相互涵盖的关系。如"前言"所言,狭义的圣山庙会与散落圣山四围的庙会是"众星拱月"或"月映众星"的相互依赖、映衬的关系。月亮暗时,星星可能更加明亮。

同理,如果将狭义的圣山庙会也就是学界惯常使用的圣山庙会比作太阳,那么分散于圣山四野的庙会就是大小远近不同的行星及其卫星。它们有主有次,有公转也有自转,被吸附但有着自己的运行轨迹,相对独立又浑然一体。阴云蔽日时,尽管可能也有流星陨

---

① 当然,行善/行好还有更为丰富复杂的含义,参阅岳永逸,《行好:乡土的逻辑与庙会》,杭州:浙江大学出版社,2014,第56—57页。

石,但多数行星及其卫星依旧运行如常。这些星相图正是千百年来乡土宗教与圣山庙会传衍的常态。

事实上,妙峰山的诸多茶棚、香会、花会以及京城四围的五顶、洪洞历山与羊獬沿途村落中的娘娘庙会和下文将要详述的苍岩山周边村落的神通会、驾会、杠会、朝山会都是其各自圣山、圣地这个日月的星辰。正是因为这些或隐或现,也可隐可现的星辰,狭义的圣山庙会才在雨过天晴后光芒四射,光辉无限。

书写传统中的小不点儿

与有着敬拜传统的多数圣山庙会一样,历史上的苍岩山庙会也有着春香和秋香之别。今天,信众还有传言,三月庙会是为皇姑送单衣,十月庙会则是为皇姑送棉衣、送寒衣,亦说送冬衣。对此,碑铭也有提及。道光十一年(1831)的《苍岩山重修殿宇碑记》云:"每岁三月暨冬十月,远近数百里间,陟山进香者络绎不绝。"20世纪前半叶,苍岩山春香延续农历三月整月,秋香的规模则远小于春香。由于秋香中断多年,现在即使是当地居民,也很难说清秋香的具体时间。这样,今天人们所言的苍岩山庙会仅指春香。

如同碑铭,雍正八年(1730)、光绪元年(1875)、20世纪30年代和80年代的井陉县方志写作也多是在描述苍岩山的胜景、文物古建、三皇姑传说和考辨三皇姑身份,对庙会本身的盛况少有记述。相对于繁多的三皇姑这些碑铭与书写,偶尔提及庙会盛况的文字通常是基于"淫祀"或"迷信"的蔑视的体位学,常含鄙夷不屑之态。万历二十五年(1597),《苍岩寺重修桥碑记》中就直接将信众称为"愚夫愚妇"。

不过,从这些精英不以为然的记述,仍然能依稀地看到数百年前苍岩山庙会因信众对三皇姑的虔信而有的盛况。康熙四十年

(1701),《重建苍岩山桥楼殿记》言,"公主千年庙食于兹,远近之人崇奉笃信牢不可破"。康熙五十年(1711)的《重修小桥楼殿碑记》云:"四方善男信女无不岁岁焚香拜谒"。道光十一年(1831),《重修苍岩山福庆寺碑记》说三皇姑"灵显非讹,祈求必应……香火之盛,莫过于斯"。

除了这些泛泛的描述,为了彰显精英的功德,有些碑文不自觉地记载了庙会期间信众的行为。除有"男女焚香顶祝,络绎于道。南无之声,振山谷间"的字句外,乾隆三年(1738)《重修苍岩山石栏杆碑记》还特别提及,因前往朝山的信众摩肩接踵,在圣母殿前的半山腰常有香客失足摔死——"摔顶":

> 其说则曰:"彼坠崖者,心有不虔诚,为神所嫉也"。众皆莫之惜也。□是祓益显,而信益坚,奉愈专,而传愈广。……愚民易惑,此山为一方名胜□□□余年庙食于兹。远近之人崇奉笃信,牢不可破,似难平止。

神通会、朝山会、驾会和杠会

虽然因为方志一贯有的精英写作策略,学界对清末以来苍岩山庙会的盛况难寻只字片语,再加之近一个多世纪以来的跌宕起伏、剧烈变迁,乡民耆老对庙会的记忆也成断裂之势,但我们还是能大致勾勒出苍岩山三月庙会庞杂的社会形态学与人文地理学。苍岩山下以"马子"为核心的景庄神通会(又名菩萨会)、赵县曹庄朝山会、藁城马邱梅花驾会和意在构建社区认同的井陉矿区的青横庄杠会等样态,就是苍岩山庙会这一璀璨星系中的几颗闪亮的星星。

"马子"是太行山一带对神媒的地方称谓。与李慰祖早年观察的北京四大门的香头和当下华北他地香头[①]明显不同的是，马子在神灵附体的状态下，常常会执利器自残身体，且伤口会很快愈合。这依然是当下的羊獬—历山接姑姑迎娘娘庙会中的事实。[②] 娥皇、女英两位娘娘附体的马子是历山和羊獬庙会以及万安等相对独立的子庙会现场的核心。在 2007 年 4 月 19 日，也即农历的三月初三的历山，为了防止被娘娘附身的马子意外伤人，除数位会首随行其左右外，数十名特警也沿途向道路两侧疏散人流，间接地为马子保驾护航。

清末民初，景庄有苍岩山"山主"之称。从农历二月二十九持续到三月底的景庄菩萨会是直接以与三皇姑一体的马子为核心，所以其菩萨会又有"神通会"的别名。二月二十九下午，菩萨会大小会头组织会众，将三皇姑銮驾从景庄村庙里移到官房大街。妇女们萦绕左右燃烛、烧香、念佛、打扇鼓，善男信女通宵伴驾。三月初一，菩萨会开始从景庄逐村演驾，三月二十九朝山。

是日，在戴凤冠霞帔的三皇姑銮驾前的香案上，摆放有供马子使用的响环三尖两刃刀和重达约二十斤的长麻鞭。当三皇姑銮驾刚在胡家滩落驾，神灵上身的"马子"飞速跑到驾前倒身下拜。恭候一旁的会首、总蓝旗官即刻按住马子，为之穿戴红缨帽、蓝短袍、红彩裤和薄底靴。通常是还未穿戴完毕，身不由己的马子就左手操

[①] DuBois D., *The Sacred Village: Social Change and Religious Life in Rural North China*, Honolulu: University of Hawai'i Press, 2005, pp. 76—82；杨德睿、王建章，《事、功、斗：河北无极县某村的"迷信"的理论意涵》，《社会理论论丛》，第 5 辑（2009）；杨德睿，《在家、回家：冀南民俗宗教对存在意义的追寻》，香港：香港树仁大学当代中国研究中心，2010；李向振，《村民信仰与村落里有权威的"边缘人"——以河北高村的"香头"为例》，《民俗研究》，2011 年第 3 期，第 181—195 页。

[②] 关于当地马子的系统研究，可参阅姚慧弈，《仪式、社会与地方舆论：洪洞县"接姑姑迎娘娘"走亲习俗中的马子研究》，北京：北京大学硕士学位论文，2010。

起香案上的三尖两刃刀，右手抓起长麻鞭，唰啦啦一声将长鞭甩开，并挥刀向自己脸上砍去。虽然有人拦阻，但在连砍三刀后，马子还是常常将自己脸部砍得鲜血直流。会首、总蓝旗官忙从香案上取黄表纸给马子脸部贴上，血流即止。随即，力大无穷的马子径直向山腰的圣母殿飞跑而去。在胡家滩落驾后，銮驾队中的十多名身强力壮的"弼马"早已在胡家滩至大殿途中分段站立，以防快速奔跑的马子甩鞭伤人。从三皇姑銮驾在胡家滩落驾到起驾期间，马子往大殿飞速奔跑三个来回，为随后到大殿的三皇姑的銮驾清道。

　　因为是山主朝山，远远听到三声炮响后，在苍岩山福庆寺住持僧的率领下，数十名僧众吹吹打打到胡家滩村北口接驾。在炮声中，三皇姑銮驾徐徐落驾。众僧参驾之后，再起驾到胡家滩官房大街，让各村依序列队参驾，前来赶会的善男信女纷纷上香。各村人员参驾后，拉队演出开始。从胡家滩至苍岩山大殿，凡设香案处就是一个演出场地。耍社火、颠皇杠、耍铁叉、折子戏等，不一而足。

　　在胡家滩大街，待众人参驾敬香完毕之后，人们在炮声中起驾朝山，直奔大殿。这时，先行演出的各个队伍已经出大殿集中到圆觉殿后的空地汇演。进大殿后，菩萨会的銮驾放在香案之上，福庆寺僧众及善男信女再度参驾上香，住持僧向三奶奶敬献凤冠霞帔、蟒袍玉带及纱灯数对。此时，夜幕降临，菩萨会朝山敬香完毕，鸣炮起驾，挑灯下山回庄。绵延整个三月的苍岩山庙会至此全部结束，苍岩山山门也在次日关闭。①

　　在诸如泰山、武当山、妙峰山等传统圣山庙会中，香会、香客朝山进香的艰难与其乐融融，学界多有描述。长期以来，远途前来

---

① 参阅网页 http://travel.hebei.com.cn/hbhsly/lyztk/hbmhy100129/201001/t20100130_1114843.shtml。查阅时间：2010年2月18日。

苍岩山朝山的香客也是如此。与近距离的景庄神通会有近水楼台之便不同，远距离朝山会的朝山则艰辛得多。2010年，宁晋县79岁高龄的赵纯对祖母、母亲的朝山有清晰的记忆：

> 以前，俺奶奶去苍岩山，都是扛着干粮，穿着布鞋去苍岩山的，路上遇到牛车就坐牛车，没有就穿着布鞋硬走，一趟过去得走好几宿，鞋子都被磨破了，那个时候我没有去，去的都是念佛的。一直到俺娘，都是坐着牛车，扛着干粮去的苍岩山。①

改革开放初，当赵纯自己朝山时，她就可以乘坐拖拉机前往了。在主要是徒步跋涉的年代，渐次分布在太行山两侧的村庄多有敬拜三皇姑的朝山会，又称朝山茶棚会。朝山会包括会首、敛首、合会。会首负责朝山会的总体事务，敛首是茶棚会中专门收敛钱物的人，合会即会中一般成员。在河北赵县曹庄，留存的光绪九年（1884）朝山茶棚会的横幅上就清楚地从右至左依次竖写着茶棚会会名、会首、敛首、合会名单、"万善同归"四个大字和同去的邻村四位女性的姓名。

朝山会又有行棚和坐棚之分。在苍岩山庙会期间，茶棚在前往苍岩山的香道途中搭棚过会，这即行棚。因天气等特殊原因，茶棚会不能外出搭棚，就在村子中的合会家中、村庙、村庙遗址或村中开阔地搭棚过会，此即坐棚。无论行棚还是坐棚，棚内都挂放有三皇姑神马，供信众给三皇姑上香磕头，许愿还愿。朝山会会众除敬

---

① 受访者：赵纯，1931年生人；访谈者：张青仁；访谈时间：2010年4月17日；访谈地点：宁晋贾家口村。

八十多年前的曹庄朝山会茶棚的门帘

拜三皇姑,唱诵皇姑受难、修行成仙成佛的宝卷(俗称"念佛")之外,还会为途经的朝山会或香客提供力所能及的便利,诸如茶水、食宿等。无论是自己对三皇姑的敬拜,还是为他人提供方便,信众们都将这称之为是行善、行好。因此,"积德行善""万善同归""一心向善"等是朝山会会旗上常见的字眼。

通常,这些朝山会搭建茶棚的地点也相对固定,多在会众往来较多、交通便捷的前往苍岩山的必经之地。会中的锅碗瓢盆等物也通常在苍岩山庙会结束后埋在搭建茶棚的地下,来年庙会搭棚时,再挖出来使用。

根据老辈的回忆,过去曹庄朝山会是三月十一出发朝山,第二天赶到距离苍岩山约有七八十里地的元氏县王村。王村是苍岩山以东各处朝山会搭建茶棚相对集中的一个地方。苍岩山东部地区的香客走到这里,有的继续前行朝山,有的则到此为止,在不同的茶棚会中敬拜三皇姑。抗日战争之前,曹庄朝山会还曾经在王村修有简

易房屋。在三月十六庙会结束之后，朝山会的会众就把锅碗等不便携带的器物埋在地下，次年去了之后再挖出来使用。抗日战争、土改以及随后解放战争使得曹庄朝山会朝山传统中断，朝山会在王村曾有的房子也无人问津。改革开放后虽然准许朝山，但因苍岩山的门票和交通费等不小的花销，朝山会不再前往苍岩山朝山进香，而是每年三月十五在合会家中依次轮流搭棚过会。①

很多远地的朝山会，或者年纪大的会众因为天气、健康等原因就有可能在朝山途中诸如元氏县王村这样茶棚众多的地方烧香上供、同时烧掉三皇姑的行身——（銮）驾。这就在苍岩山周围的一些交通中心地形成了不少"驾会"。1949年前，藁城梅花镇就有规模盛大的驾会。

改革开放后，藁城马邱兴隆驾会会期是三月十九到二十四。过

---

① 受访者：老辫，1930年生人；访谈者：岳永逸；访谈时间：2002年5月14—24日、2003年7月22—28日；访谈地点：河北赵县曹庄。亦可参阅岳永逸，《行好：乡土的逻辑与庙会》，杭州：浙江大学出版社，2014，第194—195页。

会时，主要仪程就是做高2米，长3米，宽1米的三皇姑的驾，然后搭棚敬拜，至三月二十五将驾烧掉。抗日战争之前，兴隆驾会会众是在三月二十四这天将驾用大轱辘车运到距离马邱20里地的梅花镇去烧。梅花驾会的正日子就是三月二十四，远近不少村落都会在是日将自己村子的驾运送到此烧掉。那时，在马邱的三皇姑銮驾前往梅花的三个多小时的行程中，沿途村落的家家户户都会在门前烧香上供跪拜，然后跟着驾车一同前往梅花镇。因此，老人记忆中的梅花驾会拥挤异常，热闹非凡。①

由上文可知，朝山会以及驾会既是名词也是动词。作为名词，朝山会兼具两层含义：一是以苍岩山三皇姑信仰为联结的次生群体，是一个村落内的或跨村落的相对松散却又具有软控制力的组织，开放性与封闭性兼具，也可以用信仰圈来指陈；二是供奉有三皇姑銮驾或神马的茶棚，它也是为来往香会、香客提供服务，行善而张扬三皇姑美德、灵力的特出空间。作为动词，朝山会同样有着双重内蕴：一是（象征性）走出村落，朝向苍岩山搭建茶棚，供奉三皇姑銮驾或神马，或者径直到达苍岩山圣母殿，与三皇姑及其他神祇相会；二是迎来送往其他香会、香客、善人，即向善的凡夫俗子之间的聚首。

无论动词还是名词，作为三皇姑显圣物的驾或神马，都是朝山会的关键符号。也正因为驾，朝山会既外显也内敛，可大可小，从而使其在清末以来风云巨变的社会中的传承提供了基因、可能性与契机。这样，以敬拜为主色的圣山苍岩山庙会始终并未由于外因而完全断裂。

---

① 受访者：守庙的赵姓老人；访谈者：岳永逸、王学文；访谈时间：2003年7月27日上午；访谈地点：河北藁城马邱延庆寺。

从新中国成立到改革开放前，与整个大的社会背景相适应，属于"封建迷信"范畴的三皇姑敬拜和苍岩山庙会悄然无形，退回家户之中。"文化大革命"期间，山上的建筑、古碑也遭到不同程度的破坏。改革开放后，簇拥着三皇姑銮驾或神马，三皇姑信众纷纷走出家中、村中，苍岩山庙会再度外显出来。正是在此背景下，井陉矿区中围绕三皇姑信仰的青横庄杠会这一民间联村组织的社区公共仪式，尤其在时间层面体现出了苍岩山庙会复杂的社会形态学和人文地理学。

明代万历十六年（1588），许时雍《游苍岩记》（碑铭）中有"苍岩之颠，隋公主真容殿在焉。每年四月初八香火甚盛"语焉不详的记述。也即就苍岩山春香的时间，除频繁出现的阴历整三月这一占据主流的实践之外，还有阴历四月的异文。无独有偶，涉及井陉矿区横南、横北、青泉等12个行政村的杠会正好就是阴历四月苍岩山春香的时间。之所以1949年前杠会举办的时间是阴历四月初四，是因为相信这天是三皇姑的生日。

当地人将杠会的起源与《隋唐演义》中，程咬金劫持"靠山王"杨林进贡给隋炀帝的皇杠联系了起来。再加之起杠时，杠会可以随意拿用各家各户的木料，甚或可以在前往苍岩山进香途中砍伐中意的树木，青横庄杠会遂俗称"贼杠"。整个杠会围绕苍岩山三皇姑展开。杠会的队伍就是朝山进香的队列，仪式表演和杠箱中装的"金银财宝"都是青横庄民众献给三皇姑的供品。

1987年民间自发恢复起杠时，"杠委会"专程到苍岩山圣母殿向三奶奶烧香敬拜。求得三奶奶的同意后，会期改在了正月二十四。因为当年杠会的巨大成功，官民之间开始了良性互动，协办杠会。在乡民记忆中，传统的杠会是适应农耕生产，意在向三皇姑报喜的庆丰集会，三年两起。与此不同，1987重整的杠会是三年一起。因应"贼杠"俗称,标志杠会正式开始的起驾要在清晨五点左右进行。此时,必须要到奶奶庙中恭请三皇姑的行身。与1949年前专程到苍岩山圣母殿迎请三皇姑銮驾不同,当下的恭迎是就地在横南村的奶奶庙举行。这样,在青横庄一带,苍岩山圣母殿和横南村奶奶庙中的三皇姑分别有了"上三奶奶"和"下三奶奶"的别称。[①] 因为敬拜三皇姑的悠久传统,矿区一带的人还拥有了为三皇姑制作凤冠的精湛手艺。

显然,以流动的三皇姑銮驾—行身为核心的苍岩山春香这个巨大集合,并无闽台妈祖信仰中因分香/分灵而有的祖庙/根庙与分庙/支庙之类泾渭分明的阶序体系。而且,究竟有多少如元氏县王村、藁城县梅花镇这样的次中心和景庄神通会、青横庄杠会等独具特色的古今异文,则需要进一步的调查。惟其如此,我们才能相对完整、清晰地描绘出苍岩山春香流变的社会形态学和人文地理学的图景。

当下,便捷的交通、圣山苍岩山的景区化建设和管理,不仅更快速地加剧了诸多原本就存在于记忆中的次中心的消失、遗忘,多数朝山会、香客的向善积德、献驾敬拜的朝山进香也常浓缩在一天之内完成,还多少添加了郊游踏青的古意和休闲旅游的新意[②],从而赋予圣山庙会社会形态学和人文地理学新的时代内涵。

[①] 关于该会重整、操演的细节和之于生发社区的繁复意义,可参阅刘铁梁、赵丙祥,《联村组织社区仪式活动——河北井陉县之调查》,见王铭铭、王斯福主编,《乡土社会的秩序、公正与权威》,北京:中国政法大学出版社,1997,第205—257页。

[②] 在关注中国现代性进程的研究中,董玥强调,与郊游、踏青不同,当下盛行的旅游是清末以来认同了西方价值观念的精英建构现代文明中国而倡导的结果。参阅 Dong Yue, "Shanghai's *China Traveler,*" in Dong Y. and J. Goldstein (eds), *Everyday Modernity in China*, Seattle: University of Washington Press, 2006, pp.195—226。

（六）朝山进香的当下实践

如今，虽然三月初一才是苍岩山庙会正式开始的日子，但二月二十六就已经有外地香会、香客前来朝山进香了。从三月初一到十五这半个月的庙会期间，数年来的日均人流量都在万人上下。因为山门凌晨3点就开放，景区售票处和检票处的员工几乎是昼夜值班。如同正在妙峰山庙会发生的那样，朝山人流的现代峰点与传统峰点已经并驾齐驱，甚或后来居上。除初三是例行人多的日子之外，逢周六、周日也是人多的日子。2010年，三月初三、初六，朝山香客多达一万六七，而三月初四、十一和十二这三个正逢周末的日子，香客人数也在一万四上下。具体统计如下表所示：

2010年春香苍岩山庙会香客统计表

阴历 / 西历 / 星期	人数	阴历 / 西历 / 星期	人数
三月初一 / 4.14 / 三	8 028	三月初八 / 4.21 / 三	9 221
三月初二 / 4.15 / 四	12 261	三月初九 / 4.22 / 四	13 162
三月初三 / 4.16 / 五	16 367	三月初十 / 4.23 / 五	13 361
三月初四 / 4.17 / 六	13 646	三月十一 / 4.24 / 六	14 336
三月初五 / 4.18 / 七	9 545	三月十二 / 4.25 / 七	13 764
三月初六 / 4.19 / 一	17 102	三月十三 / 4.26 / 一	7 500
三月初七 / 4.20 / 二	10 357	三月十四 / 4.27 / 二	2 663

考虑到有人免票和寺峪与胡家滩村民不时与旅游局打游击式地从后山道偷运游客上山，庙会期间日均朝山人数只多不少。2011和2012两年，井陉县以及石家庄市政府官方网站公布的日均人流量在两万上下，大致可信。狭窄的山路，如此大的人流，又多在当天往

返，人们就尽可能赶早不赶晚。这样，常常是在清晨五点不到，山门处就喧闹开了，直到午后两点，苍岩山才渐渐安静下来。

因应三皇姑食素，早前香客朝山有很多禁忌，诸如上山前三天不能吃荤，戒吃生葱辣蒜，戒同房，上山前一晚须洗澡净身，一旦家中有人去世，当年不得朝山，等等。如今，这些讲究只有老人才会遵守。

整体而言，近百年来随着交通条件的改善，从徒步到牛车、拖拉机、货车、大巴以及私家车等交通工具的变化，人们朝山仪程和方式已经发生了根本变化。乘坐大巴当天往返成为新传统。这就使得过去前来苍岩山途中的茶棚也没有了恢复重整的契机和可能，滚砖、背鞍、披枷带锁、提灯挂炉等苦心志劳筋骨表诚心的"苦香"基本消失。午后，在苍岩山山门内的山道上，三步一叩首或五步一叩首的拜香，也就显得格外引人注目。

尽管发生了不少变化，但在圣母殿的烧头香依旧火热。虽然不像很多圣山公开以数十万的价格高价拍卖头香，能在三月初一零点这个正点在圣母殿烧到头香的人往往都是有身份有地位的人，甚至不乏级别不低的地方政府官员。对一般信众而言，抢烧头香只能在这个正点之前或之后。

朝山香客中，女性明显多于男性，中老年人多过年轻人。朝山者或者以香头（也称师傅）为核心，或者以所在村、街道或单位、公司为连结，集体包车前来。远近不同，当天往返的香客出发的时间也各不相同。邢台、邯郸等地的香客通常在进香当天的零点前后乘车出发，在清晨四五点抵达苍岩山山脚。

宁晋县贾家口村念佛会朝山时，会首在正月就告知会众朝山日期，然后根据人数预定车辆，收取车费与门票钱。出发当晚，香客们聚集在会头家，多在零点前后出发。发车前，会首带领会众焚香磕头祭拜路神，祈求一路平安。众人上车后，念"佛"——"上西山"，求皇姑保佑一路平安。行程中，除在宁晋县县城隍庙旧址停车祭拜外，众人还在行驶的车内时断时续地念佛。在车辆到达苍岩山时，人们会再次念佛。[①]到苍岩山后，会头负责购买与分发门票。因为担心被人流冲散，约定回程集合时间、地点后，人们再跟随手举会旗的会头进山门。

如有事需借助会中香头代为与神灵交流、沟通，再挤人们也会紧随香头而行。无论是朝山会还是个体香客，面对山道两侧的众多庙殿，人们都是根据自己的习惯和需要有选择性的进入。如今，为了减少安全隐患，旅游局严格规定了囊括所有主要庙殿的上山和下山行进的环形路线。

除了圣母殿是绝大多数香客都要前往敬拜之外，万仙堂、福庆寺、南阳公主庙、玉皇顶也是人流较多的地方。对于例行朝山的香客，进山就必须先到万仙堂"挂号"或"报号"，即只要向万仙堂供奉的众神求拜，就如同告知全山神灵自己上山了。出于安全考虑，山门售票处的指示牌上将万仙堂标记为最后的景点，意在减少庙会期间这里的人流，但基本没有香会、香客遵循这一出于善意的调整。

在这些必进的庙殿中，香客进门后，面对神像，多行九拜大礼，烧三刀纸，一把香，舍大额油钱。对于不进去烧香跪拜的殿宇，香客们会习惯性地遥望跪拜，或只是顺势在门边的功德箱撒放些小饼干之类的供品。通常，香客在哪个庙殿对哪个神灵许愿，就会在那里还愿。许愿还愿最多的依旧还是圣母殿，包括：磕头、上香、上

---

① 所念的"佛"的内容，可参阅岳永逸主编，《中国节日志·苍岩山庙会》，北京：光明日报出版社，2016，第389—432页。

供、烧纸烧香、挂红、换袍、献戏、舍钱、捐粮、献车、当差、住庙、守夜、陪宫、立碑、重塑金身和修庙，等等。其中，献车是指捐献自家的私家车作为香客、香会朝山的交通工具，或者为朝山会出钱包车。对于有特别要求的香客，哪怕人再多，同行的香头都会在三皇姑前，高声报供。报供有相对固定的套语。求平安顺当的报供套语如下：

叫一声姑姑您在上听，这是××县××村××（或××氏），给您老人家送香火，里边××把香来××刀纸，××块钱油钱您照明灯，保佑全家顺当没有事情，大人孩子没有灾星。

还愿时，在圣母殿给三皇姑献色彩鲜艳的驾，又称娘娘驾、奶奶驾。这些驾格外引人注目。其他香客也会主动为驾挪出必要的空隙。这两年庙会期间，香客献的驾是一顶用木头和布料搭成的轿子，约有一人高，轿顶饰有彩纸扎成的装饰以及黄、蓝、绿、红、紫各色流苏，两侧还缀有红纸灯笼，轿面贴有彩纸剪成的凤凰等吉祥图案。轿子内贴着写有"奶奶/娘娘之位"的条幅，摆有对应三位皇姑的纸做的三双莲鞋和"堆儿"。堆儿是单张纸叠制成的元宝，只能是单数。轿子一侧贴有写着制作人姓名、日期的纸质条幅。在圣母殿中，待香头请三位皇姑坐进娘娘驾之后，人们再将娘娘驾投入殿门外的吉祥炉，和香、纸一起焚毁。有时，香客或庙主会雇请肩舆将驾抬到圣母殿。

在进山门后的上行途中，不少香客也会往路边撒小米之类的杂粮或小饼干之类的食物，让山中鸟兽虫蚁有食；会在岩石之下撑上树枝或线香，为住在半山腰的皇姑撑住陡峭的悬崖——撑山；会给随行的孩子在桥楼殿等景致好的地方照相留念；会给乞丐施舍角币、小饼干等物；会在殿宇内外应江湖术士的招揽，顺势半信半疑地看相、算卦或抽签。因为空间的限制，现在圣母殿前少有人表演，准备有抬花杠、拉花、念佛、扇鼓、跑驴以及"老母叫街"等娱神表演的朝山会通常会在庭院相对宽敞的南阳公主庙、玉皇顶等地表演，或是在山脚残存的戏台遥对山腰的三皇姑表演。

"老母叫街"是苍岩山庙会中特有的，再现无生老母拖儿带女沿街乞讨时的表演，颇有耶稣替人承受苦难的原罪感，感染力非常强。通常，扮作无生老母的演者将白色毛巾包在头上，右手拄着拐棍，左手拿着残破口袋，步履蹒跚地边走边唱，两旁则有扮作无生老母儿女的一男一女两个小孩随行。2010年4月18日，农历三月初五上午九点半前后，来自宁晋的陆香头在玉皇顶院内表演"老母叫街"。虽然只是他一人独演，身边并无小孩，但置身这个"露天剧场"的观者——香客同样身不由己、情不自禁地成为演者，纷纷驻足捐钱，以求佛缘。数位男女香客热泪盈眶，泪流不止。①

朝山完之后，人们就从玉皇顶经东天门—老虎洞下山。出山门后，在约定的时间地点，尤其是在车内朝山会的会头清点人数后，发车回家。回程的路上基本没有什么活动。如果朝山前祈求过三皇姑保佑朝山平安顺利的话，那么在回到家的次日，朝山会还要在香头家中的或村庙内的三皇姑神马前念佛还愿。至此，朝山进香才算彻底结束。

---

① 亦可参阅岳永逸，《曲艺的现代进路》，《读书》，2015年第9期，第31—38页。

娱神娱人的扇鼓

感人泪下的"老母叫街"

（七）核心的边缘

如今庙会期间，收益至上的"庙主"角色是多元的：公家人身份——旅游局或文管所的职工、庙殿的管理经营者、文物的守护者、庙殿神祇的伺候者、香客的服务者、朝山秩序与安全的维护者，等等。在求神拜佛尚未完全与"封建迷信"脱钩、脱敏的模糊语境下，这些多元的角色常常使原本明显处于庙会核心位置的庙主同时也处于一种边缘状态。不仅如此，因为常年伺候神灵，已经有庙主向香头转换的事实，身不由己地更加虔诚地伺候神灵，肩负起人神之媒的角色。

同样，因为"反迷信"的大语境而处于边缘的人物还有在各庙殿当差、助善、催功与瞧香治病的香头，心安理得的乞丐，穿僧道装、各显神通的江湖术士，等等。

当差的香头

面对香客或者感觉到没有恶意的外人，无论男女，也无论年纪大小，圣母殿的香头常常会自豪地说自己是"为娘娘当差的"，又称"陪宫"。他们遵从了三皇姑的召唤，做着"姑姑安排的活儿"，积德行善。其他殿宇的香头也多有类似说法，如前来住庙当差是神灵"催"来的，又说"催功"或"给××（神）当差"。香头多有固定当差的庙殿与神祇，一般不会变动。对于当差的香头，各庙殿都是免费提供食宿。虽如此，不少香头都自带被褥与干粮，晚上困时就在殿内席地而卧。

在"当差""催功"这些耳熟能详的表述中，香头是被动与被支配的，而三皇姑等神祇则是主动的。香头在山上当差时间的长短，都要看神灵的旨意。有些香头本不想上山来，但神灵催得紧，只好来了，有的本来已在回家的路上，但是浑身不顺当或心里发慌，只好回来继续当差。

与其本质是服务于神祇不同，当差形而下的表现则是香头为庙殿和香客义务服务，如：为神像换袍加冠，清扫殿宇内外，为油灯添油，摆放供品，及时清理香炉中的残香；指导首次朝山香客磕头烧香上供，替香客报供；主持求子、求药、献驾等许愿还愿仪式，尤其是为求助的香客瞧香治病；稍微闲暇时的跑花、念佛、唱诵神灵，等等。凭借对各项仪式的熟稔、积德行善提升修为的虔诚以及在外的口碑，尤其是义务当差而不求回报，多数香头都较容易获得香客的信任。一个在香客口碑中灵验的香头，其所在的殿宇会云集更多的香客。而且，如同每天都在圣母殿发生的那样，对于香油钱较多、与庙主、雇员关系较好的香头、香会，其在进香报供时也会赢得更多的时间与空间。

香客们普遍相信，香头能更好更顺畅地而且是及时地将自己的心意、愿望传达给神灵。请求香头瞧香治病也是各个殿宇常见的情形。显然，灵验的香头会增加其所置身庙殿的知名度与灵验度。当然，也有香头将庙会当差作为宣传自己的机会，提前印制好写有地址和电话等联系方式的名片，散发给香客。最终，在香头、神灵、庙主、香客以及相关的行政职能部门之间，循环往复地形成了多重互利互惠的关系，进而成为当下被景区、文物、旅游、非遗、效益、发展等话语反复包裹、层层遮蔽的重要结构性因素。①

---

① 华北地区香头与神沟通的超自然能力的获得、仪式性功能及其操作的具体过程、与庙会的关系等，可参阅 Kang, Xiaofei, "In the Name of Buddha: The Cult of the Fox at A Sacred Site in Contemporary Northern Shaanxi,"《民俗曲艺》, 138（2002.12），第 67—107 页；Chau, A. Y. "'Superstition Specialist Households'? The Household Idiom

庙会期间的白天，尤其是下午两三点之前，香头都是繁忙的。虽然劳累一天，香头在夜晚也少有休息。根据神灵的旨意，他们按照各自的方式当差、修行，提升自己能力，如念佛、磕头、跪香、打扇鼓、跑花、与别的香头交流，等等。可是，对于陌生或者他们觉得不友善的他者，绝大多数香头与庙主一样，警觉而低调，甚至否认自己与神灵交流沟通的能力。再加之衣着等与常人无异，同样在苍岩山庙会中处于核心位置的香头不但自己将自己边缘化，也公然处于一种匿名和隐形的状态，混迹于圣山人流如注的香客的汪洋大海中，在广袤大地的千家万户中。

心安理得的乞丐

如前文所言，庙会期间，在神灵的统和下，以行好之名，富人舍钱舍物舍粥，穷人出力出工，或修路或提供茶水，等等。围绕神灵，社会呈现出一种均衡、和谐且是为所欲为、各得其所的反结构的江湖状态。在这种状态下，穷富、男女、上下的界限、禁忌模糊了。平时绝对不可以为之的事情在庙会现场都成为正常，诸如偷油、偷灯、偷食供品、抢香客的香烛纸炮等供品、撕裂女性的服饰、触摸双乳等等，甚至见血的斗殴等都被视为理所当然。用老人们自己的话来说，"庙会哪有不见红的？"①

关于民国期间上海城隍庙三巡会的文献研究，郁喆隽意在求证

---

in Chinese Religious Practices,"《民俗曲艺》，153（2006.9），第157—202页；姚慧弈，《仪式、社会与地方舆论：洪洞县"接姑姑迎娘娘"走亲习俗中的马子研究》，北京：北京大学硕士学位论文，2010；岳永逸，《行好：乡土的逻辑与庙会》，杭州：浙江大学出版社，2014，第107—171页。

① 岳永逸，《行好：乡土的逻辑与庙会》，杭州：浙江大学出版社，2014，第276页。

"公共领域"和"市民社会"这两个外来语词。[①] 不仅是他对昔日三巡会的"复原"表明,当年实地观察的奉宽、顾颉刚等人详细记述的妙峰山香会也表明:在乡土中国,以行善积德为主旨的大大小小庙会多少都担负了社会再分配,即救济与福利的职能。

尤为关键的是,在庙会这个时空,人们都会对乞丐进行施舍,并不会精心辨识乞丐的真假。这使得乞丐始终是中国传统庙会的基本角色,行乞在庙会现场也是习惯性行为之一。[②] 在老人的回忆中,昔日的苍岩山庙会也是如此。因为会期长,不仅是附近村子的人来坐地讨要,数百里外的乞丐都会纷纷来此。虽然人数大大减少,也主要是附近村民,但这一在庙会期间心安理得的行乞习俗保留至今。2010年,2011年两年庙会期间,每天都有大约30个行乞者分布在出通天洞后到玉皇顶沿途的山路两侧,成为当下苍岩山庙会特殊也显眼的积极参与者。

当下庙会期间前来讨要的人多数来自苍岩山背后的杜家庄。尽管更多地受益于庙会香火经济,但寺垴和胡家滩还是有习惯性来讨要的怡然自得的老者。多数行乞者身体并无残疾,体态安详,只有少数肢体残疾、衣衫褴褛,蓬头垢面。逢周六、日,也有学龄儿童前来讨要。这些孩子多数是奉父母之命前来讨要的。除了身体残疾者常发出凄婉的乞讨声,其他行乞者则少有发声。反而,出于老辈习惯,庙会期间例行讨要的年长者不时谈笑风生,知足常乐地晒太

---

① 郁喆隽,《神明与市民:民国时期上海地区迎神赛会研究》,上海:上海三联书店,2014,第164—167页。
② 至今为止,除前文已经提及的浙江永康方岩庙会相关记述之外,关于庙会中的乞丐记述的文字并不多,研究更付之阙如。难能可贵的是,关于20世纪20年代的妙峰山庙会中的乞丐,目前在美国杜克大学的图书馆数字中心还留存有一些甘博当年拍摄的视频资料。

行乞

阳,或审视来往香客。在人流量小时,讨要的学龄儿童也不时嬉戏打闹。相较于本地乞丐,外来乞丐往往装备齐全,配着话筒、耳机和扩音设备,并以耳熟能详亦不乏凄婉的流浪歌曲吸引香客的注意力,多了些江湖卖艺的味道。

尽管苍岩山管理处屡次发文禁止行乞，但山上乞丐并无明显减少。村民对庙会期间的乞丐早已习以为常，做生意之余还会和乞丐们打招呼，并询问收益如何。对于真正因残疾而无力自理的乞丐，村民们总是很有人情味地帮忙照顾。景区的管理人员常年居住在此，不少就来自附近村庄，碍于情面，也只是象征性地执法，睁一只眼闭一只眼。香客原本就是行善积德，在上山之前就习惯性地准备好了给山上乞丐施舍的毛票、硬币和小饼干。于是，在庙会行乞习惯的支配下，香客、管理人员、村民对乞丐不同程度的认同使得乞丐与行乞仍然是今天苍岩山庙会惹人注目的组成部分。

各显其能的江湖术士

尽管香客们手持高香，虔诚敬拜，但静默的神灵却无法即时有效地回应香客的求祈。于是，见多识广，善于察言观色，且能说会道的江湖术士自然就有了活动的空间与可能。因为与神祇以及香头天然的互补关系，这些江湖术士既是传统庙会重要的参与者，也是当下各地庙会禁而不绝的参与者。21世纪以来，江湖术士及其行为依旧笼罩在"非法""迷信"的阴影之中。但是，为满足不同香客的多样需求，各方繁荣香火经济的客观需要，苍岩山不少庙殿在庙会期间还专为这些江湖术士开辟了营业空间，提供桌椅板凳。术士们或发髻高挽，着青色道袍，或剃光脑袋、身穿袈裟、手持佛珠，或着便装；或言来自武当、恒山、五台山，或言一天只看十人、过时不候，不一而足。百余位江湖术士，四五十个摊位也就遍布在山上山下的庙殿内外，其"服务"也成为当下苍岩山庙会的重要风景。

以来源分，苍岩山庙会期间的术士大致可分为本地人和外地人两类。因为四处赶会做生意，外地术士常在庙会前就来到苍岩山，在附近村庄赁屋租住，找寻摊位，或在庙内租铺位，或在山顶租用路旁寺塬村民搭设的铁皮棚子。他们的摊位通常都置有桌椅签筒，张贴写有"看相算卦抽签"等字样的色彩鲜艳的幌子。穿袈裟者，还会贴有佛像；着道袍者，则常贴有太极图案。因为交通费、房租费、伙食费以及摊位费等日常花销不菲，外来术士做生意时要价偏高，也不难听到"佛祖只收大钱不收小钱，佛祖只收整钱不收零钱"之类讨钱的惯用语。由于时常面临景区管理人员驱赶的风险，虽然有板有眼也要价偏高，但生意并不一定可圈可点。这两年，常有因为数天生意不好并面临被驱赶，而不得不临时打道回府的术士。

相较之下，本地术士常着便装，多在路旁摆设小摊，有的连桌椅都没有，就蹲坐路旁。签筒就是他们常用的幌子，有的面前也有"看相算卦抽签"的白纸黑字招牌。或者因为早不见晚见的熟人太

麻衣神相

麻衣神相

多，本地术士大多坦言自己略懂皮毛，只是因应香客上山求好的心理，审时度势地说一些应时应景的话。因此，他们要价不高，几元十元均可。作为本地人，他们与景区管理人员早就脸熟。遇到执法检查，他们自觉收摊，等执法者一走再继续营业。虽如此，本地术士的低调与外来术士的高调，都传达着他们在当下苍岩山庙会中的边际身份。

（八）承包制下香火经济的红火

灵力经济与香火经济

如前文言，在世俗化和现代性两面大旗规训下的庙会经济学研究已经蓬蓬勃勃。在对近些年台湾乡土宗教的研究中，陈纬华虽然也引入了交换、生产和消费等术语，并且细致入微地辨析出了"灵力经济"的运作逻辑，但这个似乎是经济学视角的宗教研究却有着浓厚的社会心理学色彩，直击华人宗教的心相、五脏六腑。

陈纬华指出，因应台湾社会变迁，现代性已经改变了乡土宗教的某些面貌，诸如与宗教的私人化互生的市场化、与世界理性化互现的灵力似真性危机、因与选举政治的契合而出现的文化节庆化，等等。对陈纬华而言，台湾庙宇经营是一个交换的场域，乡土宗教中的"交换活动及其运作逻辑"就是"灵力经济"，而人生产出来的灵力是"一个社会关系运作下的资源动员活动"。灵力大小的标准是社会性与公共性的，其客观基础是金钱与人气的积累。因此，灵力的消费也就是灵力的生产。与一般商品的生产、消费不同，灵力的生产与消费会用言语对行为进行婉饰，名实有别，并淡化其俗世色彩。①

为此，陈纬华绘制了灵力经济的结构图，并结合婉饰解析说：

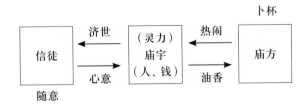

---

① 陈纬华，《灵力经济：一个分析民间信仰活动的新视角》，《台湾社会研究季刊》，69（2008.3），第 57—106 页。

> 灵力的消费逻辑是"心意",生产逻辑则是"热闹",中间则有"油香/随意""济世/卜杯"等婉饰,它介于"消费"与"生产"之间,使消费者与生产者之间能够顺利进行交换,"心意"因而得以顺利地转换为"热闹",其结果是消费者消费了灵力,生产者也生产了灵力。①

虽然文化同源,但因为特定的历史原因,改革开放后大陆出现的同样以庙宇经营为核心的香火经济看似与灵力经济相似,实则有着众多的差别。

在某个庙殿的具体操作——经营治理层面上,二者并无多少不同,都是灵力的生产与消费,灵力的生产也即灵力的消费。庙宇经营者的目的都是"提升神明的能力",而非维持现状。王加华就运用灵力经济这一视角,对发生在山东潍坊禹王台庙的实例进行了研究,并将其命名为被"'私有化'的信仰"。② 然而,如果说台湾的乡土宗教是完全市场化与私人化的,那么大陆的乡土宗教则明显是片面或局部的市场化与私人化。因为,在台湾,信众和庙殿经营管理者对宗教的处置及治理技术有着充分的自由;反之,在"迷信"雾霾长期的笼罩下,大陆乡土宗教的终决权事实上是在政府及其相关职能部门和官媒精英的言语评判中。

其次,明显的不同在于,在灵力生产和消费过程中,"心意的异化",即人、奉献与神祇之间"原本相互扣连"的三位一体关系的断裂、婉饰。如果说心意的异化在台湾是局部、片面的,尤其表现在

---

① 陈纬华,《灵力经济:一个分析民间信仰活动的新视角》,《台湾社会研究季刊》,69(2008.3),第 97—98 页。
② 王加华,《被"私有化"的信仰:庙宇承包及其对民间信仰的影响》,《文化遗产》,2013 年第 6 期,第 44—52 页。

为拉选票而投机的政治人物以及庙殿经营者这些积极、主动的行动主体身上①，那么这在大陆则是全面的。前文描述、分析的景区圣山化和圣山景区化都是心意的异化和婉饰的体现。

根据需要，虔信的香头香客会正用"佛教""道教""信仰""民俗""文化""遗产""非遗"等来婉饰，也会破罐子破摔式地反用"迷信"来婉饰其实践。不但学界对乡土宗教中的关键角色香头有"迷信专业户"②的正反命名，在山东昌邑，信奉"顶神的"信众们也真诚而自然地称自己是"信迷信的"。不仅如此，这种异化和婉饰还整体性地呈现在掌握话语权的官媒精英、吟诗作画题铭的名人雅士、庙主、乞丐、江湖术士等庙会现场积极或消极的出席者的言行中，甚至在不现身庙会现场的积极或消极的缺席者③身上也有着分明的表现，并有着"弄假成真"之逆转的可能。

更为关键的是，聚焦于"心意"与"婉饰"的灵力经济，并无法解释改革开放后在大陆追求经济发展的基本语境中，庙宇承包经营管理这一整体性的社会事实。如果说台湾乡土宗教的世俗化是在其现代性发展中自下而上的内发性发展的结果，那么大陆乡土宗教的改观、改制则确实与自上而下的松绑关联紧密。换言之，在大陆，看似是指向灵力的承包经营管理生产方式已经远远超出了宗教本身的范畴，它不仅是管理者、信众、庙主以及香头的事儿，更是包含诸多异质性群体的官、民两界共谋之果，承载、浓缩的是大政方针与地方社会的政治、经济和文化。正因为这样，本书的香火经济不

---

① 陈纬华，《灵力经济：一个分析民间信仰活动的新视角》，《台湾社会研究季刊》，69（2008.3），第76—77页。

② Chau, A. Y., "'Superstition Specialist Households?' The Household Idiom in Chinese Religious Practices,"《民俗曲艺》，153（2006.9），第157—202页。

③ 岳永逸，《行好：乡土的逻辑与庙会》，杭州：浙江大学出版社，2014，第282—291页。

仅囊括灵力经济，还包括地方政府和国家相关职能部门对庙殿、圣山、景区有条件的直接投入、建设与维护，和地方面对这种"管控"技术的应对之术——一种虚与委蛇、逃避统治的艺术。

毫无疑问，灵力生产模式的改变反应了社会变迁中社会关系形态的改变，但这并非是单向的反应关系。与其说乡土宗教在现代性影响下发生了种种变化、调适，不如说灵力生产与乡土宗教传衍的内在逻辑使大陆的现代性——经济大国、文化古国、文化强国、非遗保护和民族国家的运行轨迹与叙事诗学——发生了诸多变化，呈现出了多元性、丰富性与诸多的可能性和不确定性。这也正是同样以灵力为核心的香火经济与灵力经济根本不同之所在。

承包的绩效

从香客的求子、还娃娃和报死亡等人生仪礼、家庭义务两个层面，华智亚指出了现今苍岩山三皇姑香火红火的原因。[①] 因与生命观、价值观、伦理道德观捆绑一处，这其实是乡土庙会传衍千年的核心动力之一，也仅仅是当下苍岩山庙会红火的原因之一。事实上，苍岩山庙会的热闹同样与实施多年的承包制经营模式互为表里。香客的消费和承包经营者的生产合力促生了苍岩山的香火经济。在一定意义上，庙殿经营者的诱导性生产更加举足轻重。在诱导性的灵力生产中，承包制正好扮演了关键性的角色。

1992年，苍岩山全山实行了承包制，各庙殿经过公开招标，由成功的投标者——承包者管理经营，自负盈亏，通常三年为一个合同期。由此，"庙主"这一当下苍岩山特有的人群和香火、收入、效

---

① 华智亚，《人生仪礼、家庭义务与朝山进香：冀中南地区苍岩山进香习俗研究》，《民俗研究》，2016年第1期，第89—98页。

益连带一体，不但关涉香火的红火与否，也与景区经济效益、县政府的财政收入息息相关。

2011 年，在井陉县旅游局高调宣扬的力争突破苍岩山景区收入逾千万的"三张牌"中，"绩效考核牌"的目的就是充分调动各部门、各岗位的"创收积极性，明确收入目标"，而且还要签订军令状，对实现经济目标突破性增长的单位、个人重奖。① 在这张牌中，似乎处于末梢的大小殿宇的庙主既是行动主体，也是关键角色。想方设法地创收不但是经济任务，更是政治任务。包括桥楼殿、福庆寺和圣母殿等在内，从山腰的王灵官小庙到圣母殿这些核心景区的殿宇都归县旅游局所有，只面向旅游局的正式员工招标。虽然在山门内，但山脚部分的庙殿则可承包给非旅游局的人。在 2010 年这个合同期，香火最旺的圣母殿的承包费用是六十万元。

山顶的土地原本都属寺垴村所有，但南阳公主庙、菩萨顶、玉皇顶和卧佛寺归属、管理运营又各不相同。南阳公主庙和菩萨顶目前都是私人出资修缮经营，自负盈亏，30 或 40 年后，前者的庙产和管理经营权还归井陉县旅游局，后者则归寺垴村。受清末新政以来"庙产兴学"的影响，直至改革开放后玉皇顶都是寺垴村小学所在地。根据玉皇顶庙门外的《苍岩山玉皇顶重修碑记》，1991 年合村公议后，这里发生逆转——废校为庙，但是在扩修过程中，经费短缺。当时，精准对口扶贫寺垴村的井陉县城乡建设局"慨然集资三十万元"，使工程在 1993 年苍岩山庙会前完工，并投入运营。此后，玉皇顶一直由寺垴村村委管理，并由村委对外公开招标，由承包者管理经营。2010 年，玉皇顶的承包费用从上个合同期的六十万

---

① http://121.28.35.251/content.jsp?code=000270027/2011-01463&name=商贸、海关、旅游。查阅时间：2012 年 11 月 28 日。

元骤然涨到了九十五万元。巨额的承包费用成为寺垴村民收入的重要来源。

或者是受红火的玉皇顶香火的鼓励，亦或者确实是进一步繁荣寺垴村的经济，切实做好对口扶贫工作，距玉皇顶仅百米之遥的卧佛寺很快就修建了起来。根据卧佛寺门外《苍岩山卧佛寺碑记》，差不多在玉皇顶竣工的同时，出于"庄严国土净化人心，发展旅游业"的目的，"经中共井陉县委、井陉县人民政府批准"，对口扶贫寺垴村的井陉县城建局租赁寺垴村的土地，和苍岩山镇工作人员一道集资入股修建了该寺。1994 年竣工的卧佛寺日常经营由城建局负责，30 年后庙产及其管理权都还归寺垴村。截止到 2011 年，主体建筑包括天王殿和大雄宝殿的卧佛寺有僧一人，并挂有"井陉县佛教协会"的牌匾。

承包这一似乎出于调动员工等个人积极性，求效益最大化的管理模式使得以三皇姑为中心的圣地苍岩山的经营策略也发生了变化，

政府工作人员集资入股修建的卧佛寺

以差旅、门票、供品、功德、食宿等因香客朝山进香、积德行善而有的消费为核心的"香火经济"得以形成。如果说供品、功德、食宿是传统庙会香火经济旧有的组成部分，那么交通费、门票则是今天因应交通条件改善和景区化管理而在当代新增的部分。从三月初一到十五这半个月的庙会期间，景区门票票价虽然减半，但2010到2012三年分别还是有22、25、30元之多，仅70岁以上的老年人才能凭身份证或老年证免票。这使得赵县、宁晋等远道而来并当天往返的香客朝山过会的人均日消费最低不会少于百元。

按照石家庄市政府信息公开平台公布的信息，2011和2012两年长达半月的苍岩山庙会，分别有22万人和30万人，旅游收入分别是500余万和900余万元，而井陉县全县2011年的旅游综合收入也仅仅八千万元。[①] 换言之，苍岩山庙会香火经济不仅是苍岩山旅游经济的基本依托、核心，也是县政府网页所强调的井陉县旅游的"龙头""王牌"和"黄金月"。

悖谬的是，以敬拜为核心的香火经济能够在当代红火展开，又是以发展旅游产业带动地方经济发展为名的，而且行政管理部门的道路、宾馆、停车场等配套设施的强力建设为香火经济提供了坚实的硬件基础。在此，政治即经济，经济即政治。互现并互相强化的政治—经济，共同作用于以信众敬拜三皇姑、朝山进香的宗教实践为核心的苍岩山庙会。只不过以文物古迹等人文景观和天然的自然景观为名的（非物质）文化"旅游"婉饰了政治与宗教，因应了最大的名。这样，对苍岩山景区和苍岩山庙会而言，虽然名实有异，理念与符号有别，更非名至实归，但旅游经济与香火经济也就成为名与实互为依托的两位一体的关系。

---

① 参阅网页 http://121.28.35.251/dept.jsp?deptid=307。查阅时间：2012年11月28日。

在这种二律背反的矛盾关系中,无论是行政管理者、投资者、庙主,还是香头香客、村民、游客,无论是江湖术士、乞丐,还是商人、司机、厨师,所有直接间接参与其中的人群都获得自己或多或少的利或名。这种名实相异又相互依存、名利双收、皆大欢喜的关系普遍存在于大多数依靠圣山发展旅游的景区。或者正是因为这些原本就是圣山的景区的经济效益,很多新建景区也刻意添加大小庙宇或圣物,走向与圣山景区化背道而驰的景区圣化的逆向之旅。

为了依托杂技文化发展旅游和县域经济,1993年吴桥县政府与香港国旅合资兴建的吴桥杂技大世界就特意规划修建了吕祖庙、孙公祠、泰山行宫等庙宇和十八层地狱等人造景观。因为年逾千万的收益,2001年,吴桥杂技大世界也获得国家旅游局4A级景区的挂牌。为迎合新生代游客的心理,2015年,十八层地狱已经易名为"幽灵鬼屋",也有了普济寺、财神庙等醒目的牌坊。

苍岩山庙会期间,庙主及其雇工虽然打扫卫生、接待客人、安全防火,服务于人,但其本意是做生意、赚钱,争取上交了承包款后有更多的盈余。于是,在各庙主及其雇员的苦心经营下,新的庙殿要么表明自己所供神灵与三皇姑不同,要么尽可能与三皇姑信仰建立联系。在旧的庙殿中,根据香火兴旺与否,人们会对神灵进行更替、增补。各庙殿都宣称自己是"正殿",打上了有"××正殿"字样的红底黄字或红底白字的醒目横幅。此外,还出现了至少需给一元香油钱才会发给香客的有着"平安红""吉利红""福条"等多种名称的红布条。如今,这些在山上山下随处可见也是流动的红布条已经成为苍岩山庙会的又一标志性符号。

这些谋略、措施与技术在使庙会期间的苍岩山红火热闹的同时,当然也显得驳杂甚至凌乱。但因为主要是效益的考量,万变不离其宗——尽可能让香客心甘情愿地多上香上供,多舍香油钱,多捐献功德，所以从山下到山上，在灵力的生产过程中，各主要庙殿供奉的神祇出现以下基本特征：

首先，重复设置多。不仅三皇姑在很多殿宇中稳坐高堂，路神、观音、财神等也比比皆是，由此也引发了各庙殿之间的"偏—正""古—新""真—假"之争。在庙主和香客那里，"三皇姑正殿"已经基本取代了老旧牌匾上的"圣母殿"这一称谓。历史悠久的桥楼殿不得不自称为"佛祖正殿"，圆觉殿也打上了"福庆寺正殿"的横幅，就连新兴的红色纪念亦自称为"主席正殿"。

其次，神祇功能的多元。最典型的就是三皇姑，结婚生子、升官发财、事业功名、身体康健、出行平安等人一生从生到死的所有福祉、风调雨顺、五谷丰登、地域社会的和谐、国家的安康、天下的太平等等，全都保佑。路神、文昌、关公这些原本有着特定职责的神祇职能也多元化。

再次，神祇组合的随意性。财神庙中，不但关公、比干、赵公明、路财神等文武财神共处一室，因周仓曾效忠于关羽，周仓也入住其中，还有了"保平安""保学业"的专门职能。此外，为了吸引不同类型的香客，不少庙殿还将毛泽东等革命领袖及其夫人和传统神祇一并供奉。

与此同时，各个庙殿围绕神祇的业务也走向多元。香客对神祇的上供，功德箱的捐赠，虔信者—香头的修行、守夜、催功、瞧香治病，江湖术士的看相、算卦、抽签，福条、肚兜等开光饰物的兜售，对香客游客有着相当吸引力的带有赌运气色彩的在石碑上"粘字"，施舍粥茶等，都影响着一个庙殿生意兴隆的程度。

粘字是人们用硬币粘贴新、老石碑碑面上寓意吉祥、喜庆、好运、福禄寿的汉字，如"子""财""官""寿""高""孝""中"等。硬币能够粘贴在石碑表面相应的汉字上而不掉下来，就意味着祈愿者会心想事成,而掉下的硬币则归庙主所有。在相当长的时期,"粘字碑"专指山腰的"尚书古碣"——透龙碑——这块古旧石碑。在承包经营的背景下,许多庙主在自己的殿宇内外打造出新的粘字碑,以迎合、满足人们的需求,甚至将粘字碑专门化,如南阳公主庙内的财神殿外就出现了专门指向财运的"财运碑"。

除了这些共性,各庙殿还利用自己的资源优势,增设创收项目。南阳公主庙内隋唐风格的廊式建筑改成店铺出租,将传闻中的皇姑坟具化成既有三位皇姑神像又有棺材的地宫,并单收门票。在高峰时期,玉皇顶、卧佛寺同样单收低额门票。许愿树、鸿运树、摇钱树、好运桥、锁心台、爱情石、粘字碑等新的营销方式,也在不少庙殿落户生根,开花结果。其中,庙主极力推广的捐功德刻碑留名的功德碑,常态性地改变着景区化圣山苍岩山的外在景观。讨要供

财神庙中的一组各有分工的财神

香客争相粘字

品、油钱功德的"表个心意呗"的呼喊声此起彼伏、高高低低，从声音层面型塑庙会现场。

从 2000 年到 2011 年，苍岩山各庙殿共立功德碑近三百通，最多的是山顶场地开阔的南阳公主庙、菩萨顶。在 2000 年之后所立的功德碑中，所能见到的捐赠最低金额是 20 元人民币。从 2003 年开始，刻碑留名的最低金额是 30 元人民币。近两年，在圣母殿、南阳公主庙、菩萨顶、玉皇顶、卧佛寺的布施处，都立有刻碑留名的价位牌。诸如：布施 30 元以上者，刻碑留名；布施千元以上者，单独立碑留名；布施万元以上者，单独立双面雕龙大碑。

庙主鼓励刻碑留名的方式是立体型的：或者现场开收据，赠"荣誉证书"；或用扩音喇叭反复宣读布施广告："给儿孙后代留美

准备有证书的布施处

名,让你的美名万古长存。施主啊施主,你从明处舍,神明给你暗处送。天有情,地有灵,保你事事都顺心!"庙会期间,庙主雇请有专人现场刻写碑铭。在捐了一定数量的款项,拿到收据、荣誉证书后,人们可以现场看到自己的名字、村名和"功德"金额永久地镌刻在了石碑上。

与山脚、山腰鲜有人问津,常簇拥一处的古旧老碑相较,在当下只有人名、村名和钱数的新功德碑林似乎少了些旧时香客的虔诚。但是,在相当意义上,利益、虚名和虔诚夹杂的功德碑,还是指向了苍岩山的神圣与神明的灵力。作为灵验和景区繁荣发展的例证,这些林立的功德碑进而也成为施政者繁荣地方文化、发展地方经济、提高人们生活幸福指数的事状碑。

除仪式性的音声之外,标志性音响对庙会的参与已经引起重视。教堂钟声和村委会的大喇叭、人们记忆中的晨钟暮鼓的回响就生动

现场刻碑留名

地展现着当下中国乡土宗教的赛局图景。① 虽然没有教堂,但庙会期间充斥苍岩山的声音则是另外一种赛局。景区管理处通过高音喇叭不时播报的"游客注意事项"、以及《春江花月夜》、《班得瑞》等中西轻音乐,卧佛寺高音喇叭播放的《大悲咒》,红色纪念和凌霄阁天天放的《东方红》《大海航行靠舵手》等红色经典歌曲都高分贝地在山涧回响。各庙殿、景区商店、照相摊、饭摊、山货摊、抽签算卦等林立的摊位招揽生意的声音,香会会头不时呼喊会众跟上的声音,圣母殿内人们朗声给三皇姑报供的声音,庙殿内外说唱间杂的念佛声,敲击扇鼓的嘭嘭声,拉花的鼓乐伴奏声,吉祥炉噼噼啪啪焚化

---

① Huang, Jianbo and Fenggang Yang, "The Cross Faces the Loudspeakers: A Village Church Perseveres Under State Power," in Yang, Fenggang and Joseph B. Tamney (eds), *State, Market, and Religions in Chinese Societies*, Leiden: Brill, 2005, pp.41—62;岳永逸,《都市中国的乡土音声:民俗、曲艺与心性》,北京:中国人民大学出版社,2015,第213—226页。

香纸銮驾的声音、乞丐低声讨要的声音等,一道成为庙会交响乐的低声部。在这浑厚而深沉的低声部中,"表个心意呗"这一招揽"生意"的声音,气若游丝却又有穿透力,格外耐人寻味。

"表示个心意呗"是各庙殿经营者和雇工主动出击,要求途经的香客以及游客向本殿内的神灵捐献钱物(功德)的口头禅。这个坚强的声音几乎伴随了香客在苍岩山的所有行程。其言下之意是对香客手里的供品多少并无要求,多更好,无多有少,只要有就行,多少给点就是。对于苍岩山庙会巨大的人流而言,刻碑留名同样只能吸引少量香客。"表个心意"低姿态的讨要显然是与刻碑留名互为依托补充的庙主的逐利方略。这是旅游经济主导下的承包制经营的香火经济的必然产物。与此同时,这种主动的"讨要"也说明不仅仅是游客,香客不表心意或不愿表心意的人也大有人在。换言之,如同当下的妙峰山庙会一样,在苍岩山庙会期间,景区和圣地、踏青游玩和朝山敬拜的一体化程度越来越高,而"信则有"的香客和"不信则无"的游客之间的界限也渐趋模糊。

如今,因为体积小、易"出数"、价格便宜,随处都能买到的散装小饼干成为苍岩山庙会期间最常见的供品。在2011年庙会期间,苍岩山挂出了这样的公告牌:"温馨提示:在供奉钱物时,切勿离很远处投扔钱和食物,那样没有恭敬心,应双手供奉钱和食物。"这个公告当然有出于清洁的景区管理的考量,但也表明当下香客在捐献时大大咧咧、随随便便的随性心态的普遍性。多少并不重要,是否放进了指定位置,尤其是功德箱,也不是太重要。只要有了捐献、施舍的行为,"意思到了"就可以了。

有趣的是,与各个庙殿门口用纸箱等器物收受小饼干等供品不同,乞丐则是用麻袋盛装。同时,对大量撒在山道两侧供奉鸟兽的饼干和小米也有专人清扫回收,尤其是小饼干会被专人收购后转卖给周围村民或景区小贩。不少乞丐也常常将其当天收获的饼干以每麻袋几元不等的价格卖给山下的小贩。新来的香客上山时候又从小贩那里购买小饼干,继续上山给神灵献供,对乞丐施舍。这样,作为供品和施舍品的小饼干周而复始地在庙会期间的苍岩山循环流转,实现了其自身的辩证法。因此,从掺和者——物——的视角研究庙会就成为本书下一章的主旨。

这样,与红火的香火经济相应,苍岩山庙会中的信仰实践多了俗世中人际交往的喜庆、娱乐色彩,而包括在山上与仿真老虎合影等似乎休闲的娱乐活动又多了趋吉辟邪、求祥纳福的神圣意味。传统意义上的香客不仅是三皇姑等神祇的敬拜者,也真正成为苍岩山庙会这一大型综合市场的全面消费者。反之,在香烟缭绕的苍岩山,无论拜与否、信与否,游客也多少有了香客的气息。在香火经济中,"心意""功德"真假混融,以假乱真,弄假成真,亦真亦幻,其"异化""婉饰"也就始终是一种流变的过程,并存在反转等多种可能。

(九)千面皇姑:承包与被承包的辩证法

鸦片战争之后,随着时间的推移,不同时期拥有话语权处于强势的启蒙精英均发生了从初期对西方文明的膜拜,进而反思,终至寻求本土性、独立性的探索历程。这一交错复杂的博弈过程,伴随中国现代性发展——"现代化"跌宕起伏的整个历程。与此相类,随着改革开放以来经济全球化的愈演愈烈,彰显中国社会主义特色精神文明的文化的民族性、本土性和独立性的呼声也日渐高涨,并与经济发展、社会变迁、都市化进程和生活方式的转型之间产生巨大的张力。多少有些"国族中心主义"的影子,"国学""儒学"都成为众说纷纭、五味杂陈的词。

正是在这个每时每刻都在搏动、较劲的张力场中,优秀的传统文化、民族民间文化遗产、非遗、文化产业化、原生态旅游等不同语词及其变体的内涵、外延被官媒精英反复刷新、书写。伴随政府主导的大小规模的实践,这些语词已经成为社会各界共享并津津乐道的流行语。于是,在现代性历程中被进行不同配置的"庙会"自然卷入悖论的再造之途,并反向使中国的现代性历程出现更多的样态和可能性。这又尤其体现在原本就有宫、观、庙、庵、祠、坛、寺密布的名山大川——圣山抑或圣地——的庙会。

以发展和过上好日子为共识,在国家与地方、官方与民间、精英与信众、商人与官员、景观和庙宇等因素的掺和共谋下,不仅仅是以泰山为首的"五岳",金顶妙峰山等声名要小些的圣山、圣地在景区化后,进一步(非物质)文化遗产化,早已是社会事实。[①]2008年,大致延续了正祀—祭典和淫祀—庙会的分野,但又打破了这种分野,妙峰山庙会与武当山庙会、泰山东岳庙会等十个庙会终于突破只批伏羲女娲祭典的第一批国家级非遗名录的藩篱,荣登了第二批国家级非遗名录,成为与尧、舜等祭典并列的非遗。

正是在这一大的政治语境中,显然是在基层政府、文管所、旅游局的干部职工等多方参与下,早在2005年,明显指的是敬拜三皇姑的苍岩山庙会以"井陉苍岩山福庆寺庙会"之名荣登石家庄市首

[①] 两组数据可以说明圣山与当下旅游、政治、文化之间的紧密关系。在国务院公布的180处第一批重点文物保护单位中,宗教名胜有80处,第一批国家重点风景名胜区44处大多数都是圣山,分别参阅网页:http://www.sach.gov.cn/tabid/96/InfoID/16/frtid/134/Default.aspx;http://wenku.baidu.com/view/d4327f791711cc7931b71621.html。查阅时间:2012年11月30日。

批非遗代表作名录。虽然不知何故，苍岩山庙会没有再晋升更高级别的非遗名录，但国家级风景名胜区的光环，发展旅游带动地方经济的需要，已经使在主流话语中还没有完全摘除"迷信"帽子的敬拜行为本身具有了不言而喻、只做不说的合法性、合理性。

国家重点风景名胜区、非遗的命名不但与光绪年间地方士绅对三皇姑的包装、敬拜空间的营造、朝廷的赐封有着异曲同工之妙，而且直接承继了后者的底蕴和创下的基础，成为后者与时俱进的当代再现。尽管前者是因应经济、文化、发展的"名"，后者是因应阶级斗争、地方社会秩序的"义"，但却很难就将前者归为景区化圣山苍岩山庙会的经济学，而将后者视为苍岩山庙会的政治学。

近30年来，以三位皇姑、通天洞、缆车、地宫、老虎、旅游专线、停车场等为标志，人们对以圣母殿为中心的神圣空间和旅游空间进行了尽可能合理的硬性配置。圣山苍岩山的景区化管理和建设成效卓著。不但圣山苍岩山的旅游风景区色彩日渐浓厚，还拉近了远程香客与苍岩山的距离，使朝山进香的仪程发生了变化。香客们多在当天往返，上半天拥挤。与此同时，抬花杠、拉花、跑驴等地方色彩浓厚的娱神活动明显减少。

主要因应发展旅游经济从而带动地方发展的实际需求，责任到人、庙殿承包制的管理经营模式使得经济效益最大化成为庙主精心经营香火的外在动力。在庙主以及管理者的多元化经营方式面前，朝山进香的香客成为苍岩山庙会的全面消费者，从而使香火经济在事实层面成为当地旅游经济的依托、核心与龙头。其中，因为香客对三皇姑的虔诚，空间局促狭小的圣母殿始终是苍岩山香火最旺的殿宇，严格意义上的烧头香也只在这里进行。于是，位于山腰又是信仰核心的圣母殿既是香火经济的风向标，也是发动机。在此过程中，"靠山吃山"的寺垴和胡家滩的村民尝到了甜头，"小生意"和

"大买卖"在改变山顶山脚两村关系格局的同时，也继续固化着"三皇姑照远不照近"原初意义，并赋予其时代内涵。

百余年来，瞧香治病、看相算卦抽签以及行乞等这些衍生于乡土中国，尤其是在庙会期间集中呈现的群体性的社会行为通常都有着"迷信"或"陋习"的标签。这就使得香头、乞丐和江湖术士成为参与庙会的边际群体，是景区管理者、执法者不时都欲驱赶、清除的对象。朝山进香的庙会的景区化管理加深了这一矛盾。但是，庙殿承包管理模式潜在的利益最大化的旨趣，从根本上使得清除边际群体的禁令常常不可能彻底地执行。这不但使得景区化的苍岩山在庙会时期依旧显现出浓厚的传统色彩，也改写着由神通会、驾会、杠会、朝山会等子庙会谱写的苍岩山庙会传统的社会形态学与人文地理学，使苍岩山庙会成为严格意义上的苍岩山这座山的。进而，管理者的景区和信众的圣山也就在苍岩山形成既排斥又妥协的一体两面的孪生关系。在景区和圣山的博弈中，香火经济持续繁荣，并对好奇、充满想象和满脑异象的都市游客等他者散发着魅力。

没有任何公开的档案材料说明全国范围内，哪家景区化的圣山是将庙殿进行承包经营的始作俑者，也没有任何资料说明为何是在1992年而非别的年份苍岩山施行了承包制管理经营。然而，这一切都顺应时势，自然而然地发生了。在歌曲《春天的故事》中，1992年被音声化地表述为继1979年之后中国的又一个"春天"。只要联系到这个"春天"隐喻，我们就大致能明白景区化圣山苍岩山在最恰当的时机选择了推行承包制管理经营模式。那是一个提倡"思想要解放一点，胆子要大一点，步子要快一点"的年代，既是国有企业强力转型改制的年代，也是一个手术刀不如杀猪刀，教书匠不如剃头匠，纷纷以"下海"为勇气和时髦的年代。

与官方的"春天"表述不同，原意是指票友落难成为戏子的行话隐语"下海"成为阳光灿烂、魅力无限的民间流行语，并凝缩着至今都让人心动的那个时代的风险、大胆、刺激、求新、求变、前程似锦、日进斗金的快感。在这样的语境下，在景区化的圣山，推行个人承包经营庙殿显然是社会上下公认的可行、合理、有效并暗含亢奋与快感的管理模式，是全社会或积极主动或消极被动共同参与的结果。但是，如同本章所呈现的，承包与被承包并非单向度的包或被包关系，而是个体、地方社会和民族国家与庙殿及其神灵在承包与被承包之间的多向互动并相互叠加和涵盖的迷人的辩证关系。

首先，是个体层面的辩证关系。从明确收入目标并签订军令状的"科学"绩效考核这一管理制度层面而言，确实是庙主承包了庙殿，并顺势承包了殿内神祇，而不得不开动脑筋，生产灵力，弘扬香火，增产创收。但是，从乡土宗教"人凭神，神依人"的互惠性的结构关系而言，则是庙殿内的神祇承包了这个庙主，以及庙殿内外为自己服务的香头、江湖术士、敬拜自己的香客和猎奇的游客。

其次，是地方社会制度层面的辩证关系。庙殿及其神祇与景区管理处、旅游局（以及旅游公司）、后勤安保等职能部门同样存在类似的辩证法。通过为香会、香客提供舒服满意而安全的服务、狠抓落实的绩效考核对庙主的监管督促，这些地方政府的职能部门也间接地服务于神，被神灵承包。

再次，是重要的也需要厘清的民族国家层面的辩证关系，即国家重点文物保护单位、国家级风景名胜区、非遗代表作名录等彰显现代民族国家独特品味的命名、挂牌与庙殿及其神祇之间承包与被承包的辩证法。

当被视为第一生产力的科技在发展经济、改造社会的快捷、迅猛与弊端同时呈现也被意识到时，科技就不再是发展经济与改造社会的唯一目标和手段。包括宗教信仰、历史文化、文物古建、人文景观等文化范畴的"软实力"自然粉墨登场，成为社会和谐发展、民族国家良性健康运行的缓冲器。整体呈现政治、经济、文化、宗教、艺术以及物产，并体现过去与现在，官与民互构的景区化圣山必然成为重中之重，有了展示与再塑价值。因此，也就能理解文物保护、风景名胜区建设、民族民间文化遗产与非遗传承保护议题始终伴随整个改革开放历程，并愈来愈处于显性地位，也必然是所谓"政出多门"的多部门的齐抓共管。这其实是已经被人诟病的"文化搭台，经济唱戏""文化产业化"等指向经济发展的现代民族国家大政方针的内在逻辑。①

对于当地政府而言，没有人流、信众的文物、景区庙殿不但没有意义与价值，也与命名、挂牌本身的潜在欲求相违。于是，在景区化的圣山，以普通信众为主体、由专人承包经营庙殿而传统色彩浓厚的"民间"庙会没有受到限制。不仅如此，动辄耗资上亿，利用张艺谋等大导演的盛名，运用声光色电等高科技手段和当地村民等廉价的人力资源，诸如在泰山重现历代皇帝的"封禅大典"和在井冈山的"井冈山"等举办意在吸引游客积极参与的"大型实景演出"，明显是管理者、导演、演者、观者诸方同时带有忆旧怀古与敬拜色彩的"新庙戏"。事实上，这一时代特征鲜明的"新庙戏"已经是21世纪以来政府主导管控的景区化圣山发展的基本路径之一，有着当代"正祀"的硬气、霸气与豪奢之气。

与刘少奇故乡炭子冲的观光业仍然相对冷清不同，毛泽东故乡韶山冲的旅游业日渐兴旺红火。除春节、毛泽东的诞辰日、忌日等特殊日子，远近不同民众纷纷前往韶山冲的毛泽东广场献牲膜拜外，平时前往敬拜、瞻仰者也人流如注。更加惹人注目的是，这里的管理经

---

① 岳永逸，《"非遗"的雾霾》，《读书》，2016年第3期，第31—38页。

营者也顺应了当代中国景区化圣山的"大型实景演出——新庙戏"的洪流。2015年，在邻近韶山的高速公路旁边和包括滴水洞在内的不同景点，到处都能看到"全球最大实景演出'中国出了个毛泽东'"的巨幅精美广告宣传画。广告画上没有忘记强调：这个每周二到周日晚的"震撼上演"，是"国际一流策划团队打造民族史诗巨篇"的硕果。在参与诸方有意无意的策划下，"民族史诗"被活态化、数码化、科技化与艺术化，真切可感而又扑朔迷离，犹如远古神话。

在民族国家层面，依从科技却超越科技之外、松绑自己同时也自律、自立和舍我其谁的道义与理想，使承包与被承包的辩证法隐晦而微妙、动人，中国当代艺术"神话"的光晕也更加让人迷醉，晕眩[1]。正是在这个层面，这里所言的景区化圣山庙会的政治—经济学也可视为是宗教信仰、文化艺术、科学技术和信息传媒的政治—经济学。这也是本书跳出名不见经传的普通信众生活之流中的"家中过会"，兼顾社会之流，观察、考量区域中心型的圣山庙会的旨趣所在。在一定意义上，景区化的圣山庙会能更加有力地展示中国当代社会波澜壮阔的动态变迁图景。

在苍岩山，这一切基本都是围绕三皇姑展开的。不论是否信仰三皇姑，信仰的浓淡如何，也不论是否公开提及三皇姑，庙会现场的或积极或消极的大小参与者、缺席者都有着或明或暗的三皇姑的影子，成为千面三皇姑的一面。尽管将中国的宗教视为"帝国的隐喻"明显有着逻辑上的纰漏和意识形态的瑕疵[2]，但将千面三皇姑视为整个当代中国的缩影或隐喻则显然并非无稽之谈。

---

[1] 岳永逸，《忧郁的民俗学》，杭州：浙江大学出版社，2014，第147—181页。
[2] 岳永逸，《灵验·磕头·传说：民众信仰的阴面与阳面》，北京：生活·读书·新知三联书店，2010，第347—368页。

（十）余韵：再问"被承包的信仰"

无论是源于政治还是经济，参与进圣山苍岩山的景区化及其再圣化和红火的香火经济的动力，都是以三皇姑的信仰为起点和终点的。正是基于神灵信仰承包与被承包的辩证法，立足于信众实践的庙会研究的政治—经济学路径才得以成立。因为，在当代中国，对于区域中心型的景区化圣山庙会，政治、经济或宗教单向度的观察都将会失之偏颇。针对当下苍岩山庙会中宗教、政治、经济、历史等各种因素独立的同时又涵盖其他因素的事实，似乎求真、求实的"被承包的信仰"的新闻报道显然传递着片面的信息。

首先，这个大写的偏正短语忽视了宗教长久以来存在的基本事实。尽管马丁·路德宗教改革的诉求是个体可以直接面对上帝并与上帝交流沟通，但至今等级森严的教阶制度中的修士、修女、神父、牧师、主教等专业宗教人士与上帝仍然构成一种承包与被承包的关系。与此相类，在一定意义上，朱熹等儒生们承包了儒教，和尚、尼姑承包了佛教，道士、道姑承包了道教，而马子、香头等神媒则承包了乡土宗教。承包者的责任心越强，其义务也就越大，其修为就得越高。正如不少经验研究已经表明的那样，没有绝大多数不敛财的职业或半职业化的宗教专家的坚韧与虔诚经营，不仅当今红火的景区旅游、圣山庙会很可能是镜花水月，整个世界的宗教格局也都可能是另一番情景。从这个意义而言，无论是为了传教还是管理运营的方便，承包本身并无对错、好坏、是非之别。

其次，这个出现在权威新闻周刊封面醒目的标题忽视了中国历史文化长河中宗教信仰与政治的基本关系。如本书已经指出的那样，有别于西方宗教长期左右政治，以至于近世以来政治急于摆脱宗教的规训不同,中国的宗教基本上始终是从属于政治的,或者说是与政治合作的。这种迥然有别的关系格局才使得欧洲长时期都是基督教独大,而中国则是儒、释、道等多种宗教参差共存,混融互生,成就了渡边欣雄命名的"民俗宗教",即有着包容性、综合性、动态性和功利性的"汉民族生活里的宗教"。① 如同上文已经详细描述与分析的那样,被承包这一行为绝非仅仅是逐利动机所驱遣,而是关涉到当代中国的政治、经济、文化建设和现代民族国家构型等各个层面。

再次,承包天然与敛财纠结一处,并反过来成为不同时期的施政者、改革者、反对者质疑宗教的必然理由。中唐的释儒之争,并不是两种宗教之间的战斗,而是政治经济问题,因为寺庙占有了大量不交皇粮国税的土地与劳动力,使统治者难以为继,才遭致灭顶之灾。清末以来绵延20世纪大半个世纪的庙产兴学,固然关涉基于外来基督教"先进"宗教和本土固有的正祀传统一道不断再定义的"宗教""迷信",是要兴西学启民智、救亡图存、求发展的抉择,但其初衷同样是"合理"或者说有限度的使用庙产,本质上依旧是现代政治主导下的经济问题。无论是民国早期北京城对香头的"清洗"②,还是改革开放后不时还有的对乡村香头的整治规训,"敛财"是除跳神弄鬼、搞封建迷信之外的另一个重要理由。

要警醒的是,宗教人士或庙殿管理承包经营者借其社会角色、职务之便敛财绝非普遍现象。如同苍岩山庙会现场发生的那样,香头、庙主等绝大多数专职或业余的宗教从业者都是虔敬地替姑姑"当差",是以服务神祇和信众为基本旨趣。对这些虔信者而言,陈纬华

---

① [日] 渡边欣雄,《汉族的民俗宗教:社会人类学研究》,周星译,天津:天津人民出版社,1998,第232—239页。

② 杨念群,《再造"病人":中西医冲突下的空间政治(1832—1985)》,北京:中国人民大学出版社,2006,第203—242页。

定义的"婉饰"① 仍然服务于其宗教实践。在明知管理经营者求利的庙殿内，香客依旧争先恐后地表达自己的虔敬之心，高诵自己对神灵的心意——心愿和礼数。换言之，在苍岩山这个景区化圣山庙会现场，无论被视为高尚、儒雅还是低下、世俗，精神的需求和情感的满足仍然是第一要义。这是当下绝大多数圣地庙会现场的基本情形。②

因为个别极端现象，简单地就将"被承包的信仰"等同于"敛财"，不但是承继了乡土宗教与庙会"迷信""非法"的错误认知，还可能导致粗暴的行政执法的恶果，更为当下原本就信仰多元、自由，供需均衡的宗教生态蒙上不应有的阴影，以至于给中国宗教市场供需失衡、压制人权、中国需要基督化等论断以更多的口实。

---

① 陈纬华，《灵力经济：一个分析民间信仰活动的新视角》，《台湾社会研究季刊》，69（2008.3），第 91—95 页。
② 这从对泰山庙会的系列经验研究就可知一二，参阅赵宗福，《泰山王母池蟠桃会庙会调查》，132（2001.7），第 57—74 页；任双霞，《泰山王母池的神圣表达》，山东大学硕士学位论文，2007；张璐，《泰山红门宫民间信仰的调查与研究》，山东大学硕士学位论文，2009。

五

掺和、神圣与世俗

Spiritual
Mountain

（一）掺和者

正如上章已经提及的那样，在苍岩山庙会期间，馒头、小米、饼干、香、纸、娘娘驾、凤冠、旌旗牌匾、山泉、福条、灵签、开光物品、山货等物各显神通。在某种意义上，正是这一道道可知可感的"物流"，才使苍岩山庙会成为可能。事实上，这些"物流"是妙峰山庙会、泰山庙会等诸多圣山庙会传衍常见的景观。

在庙会现场，人与人的交往、人与神的交流都是在一系列物流——交换和流通——中叠加与互现的。物不仅是具象、抽象兼具的象征体，更是能动的掺和者。作为民俗学研究的基本对象，与"民"的身体引起诸多关注成为学科新的生长点不同[①]，"俗"的载体与呈现——物——仍少有人问津。即使关注这些"静"物，但在庙会、仪式、交往等的民俗学研究中，无论是位居核心还是边缘，物基本被剥夺了其主体性，仅仅是静态的布景，如同中国民俗学肇始之初对物的关注[②]那样，停留在其附属的功能层面。

一枝独秀的是周星关于物的研究。在其新著中，饺子、花馍、灯笼、农民画、汉服以及宇宙药等这些民众日常生活中的常见之物，都在他的视域之内。作为人类学视野下的民俗研究，周星注重对生活文化中熟视无睹但却富有深意的民俗事象的"理所当然"进行追

---

① 彭牧，《民俗与身体：美国民俗学的身体研究》，《民俗研究》，2010年第3期，第16—32页；《模仿、身体与感觉：民间手艺的传承与实践》，《中国科技史杂志》，2011年A01期，第75—89页；刘铁梁，《感受生活的民俗学》，《民俗研究》，2011年第2期，第21—27页。

② 若水，《鸡蛋的伟大：潮州民俗谈之二》，《民俗》，第27—28期合刊（1928.10），第13—18页。

问,以求"重新发现常识"。在其动态的细读中,这些物品不但蕴含着民众的宇宙观、伦理道德、幸福感、价值观与交际观,还是"民众用来生成意义的机制、舒展情怀的智慧和延伸生活的逻辑"①。这样,民众日常生活世界中的物是立体的、活态的,并带着生命的体温与热度。因为这些寻常之物,乡土中国原本相对枯寂的物质生活反而成为令他者艳羡、叫绝的一种微妙的艺术。

事实上,物在人类学中一直都有着重要地位。物作为关键角色的交换的探讨是早期人类学研究物的三种主要视点之一。② 以南太平洋的民族志材料和文献为据,莫斯雄辩地证明以礼物形式达成的交换与契约表面上虽是自愿的,实质上却是义务性的。③ 这种与礼物之"灵"相关的强制性互惠交换认知影响深远。在关于当代中国社会礼物交换的经验描述与阐释中,基本遵循莫斯认知模式的阎云翔反而忽视了在莫斯认知中原本有的人神交往,即物的非世俗的一面。④ 当然,莫斯交换理论并非完美无缺。古德利尔就发现有些物是不可让渡的,即无法交换,更强调礼物之"迷"。⑤ 换言之,交换的强制性虽然普遍,却并非适用于所有的物。物的流动也就有着单向、双向、多向和循环再生的环形等多种路径。

廖炳惠另辟一途,将作为供品的食品视为"前现代"文化的特

---

① 周星,《本土常识的意味:人类学视野中的民俗研究·自序》,北京:北京大学出版社,2016,第2页。

② 黄应贵,《导论:物与物质文化》,见黄应贵主编:《物与物质文化》,台北:"中央研究院"民族学研究所,2004,第2页。

③ [法]马塞尔·莫斯,《礼物:古式社会中交换的形式与理由》,汲喆译,上海:上海人民出版社,2005,第193页。

④ Yan, Yunxiang, *The Flow of Gifts: Reciprocity and Social Networks in A Chinese Village*. Stanford: Stanford University Press, 1996.

⑤ [法]莫里斯·古德利尔,《礼物之迷》,王毅译,上海:上海人民出版社,2007。

征之一，指出"食物具有象征的特殊意蕴，用来和鬼神互通，以达到象征性的交换"，献祭的食品"被置放到特殊的符号位置上，和政体与身体形成一种抽象而又对称的关系"。① 其实，生活现场的物不仅繁杂，其实践也往往有别于这些"通说"②。这些特殊性在华人社会的多种敬拜现场的香和纸扎（纸活儿）中都有着充分的体现。③

在去除人类中心视角，把物视为能动并有情感的生命体时，植物眼中的世界就会与人常规的认知大相径庭。④ 正是赋予作为供品的大猪、鳄鱼、槟榔等物以生命，视为敬拜现场能动的掺和者，周越对台湾客家人献祭仪式现场的观察描述显示出强劲的学术活力。⑤ "文化大革命"期间，举国上下的芒果崇拜在特殊性和一般性、真品和仿制品、集合与弥散、静与动、秘藏和展示、近距离和远距离的渴望、易腐和恒久之间有着奇妙的动态关系，即存在着"圣物

---

① 廖炳惠，《吃的后现代》，桂林：广西师范大学出版社，2005，第5页。
② [日]渡边欣雄，《汉族的民俗宗教——社会人类学的研究》，周星译，天津：天津人民出版社，1998，第39—91页。
③ Feuchtwang S., *The Imperial Metaphor: Popular Religion in China*, London: Routledge, 1992, pp.23—24,126—130; Liang, Ellen Johnson & Liu, Helen Hui-ling, *Up in Flames: The Ephemeral Art of Pasted-Paper Sculpture in Taiwan*. Stanford: Stanford University Press. 2004; Scott, J. L. *For Gods, Ghosts and Ancestors: The Chinese Tradition of Paper Offerings*. Seattle: University of Washington Press, 2007; Peng, Mu, Shared Practice, Esoteric Knowledge, and Bai: Envisioning the Yin World in Rural China. Ph.D. Dissertation, University of Pennsylvania, 2008, p.229—279.
④ Pollan, Michael, *The Botany of Desire: A Plant's-eye View of the World*. London: Bloomsbury, 2003.
⑤ Chau, A. Y., "Actants Amassing (AA): Beyond Collective Effervescence and the Social," in Long, Nicholas J. and Henrietta L. Moore (eds), *Sociality: New Directions*, Oxford: Berghahn Books, 2012, pp.133—156.

辩证法"。① 圣地庙会中物的流转不但存在上述辩证法，还在神圣与世俗之间交替轮回。神圣与世俗之间的辩证是掺和进庙会的物的最基本的辩证法。

　　基于近些年的田野调查，本章进一步对苍岩山庙会中，作为掺和者的物的参差流转的辩证法描述分析目的有二：首先，从物的视角观察和呈现当代中国乡土宗教和庙会实况，突破既往乡土宗教研究重心在人、神以及显圣物的不足；其次，掺和庙会的物的短暂与永恒、无形和有形、神圣与世俗、真与假之间的辩证法将拓展关于物、庙会与宗教的已有认知。

（二）从人到神的供品

　　在庙会现场的众多物品中，作为人奉献给神的物品，供品是经过选择的特殊物品，通常要在专门的场合经由特殊的仪礼转身换形。从人与神的角度而言，供品基本是由人发出、指向神的流转，尽管神灵的反馈有时也会体现在供品之中。如同华北众多的庙会，在苍岩山庙会现场，常见的供品是食物、香与纸。

　　长久以来，食品在岁时节令、人生仪礼和人际交往等特殊时空都有着特定的意涵，从而被"礼仪化"，由此食品在中国人的日常生活中也就有了祭品、礼品和艺术品等多种角色。② 同样，在庙会

---

① Chau, A. Y., "Mao's Travelling Magnoes: Food as Relic in Revolutionary China," *Past and Present supplement 5 "Relics and Remains*," 2010, pp. 256—275.
② 周星，《本土常识的意味：人类学视野中的民俗研究》，北京：北京大学出版社，2016，第 13—17，41—44 页。

中，食物是供品的主要组成部分。在太行山东西两侧，面食花样繁多。直至改革开放初期，一般人家平常难得吃到的白面馍馍（馒头）就成为上好的供品。香客给三皇姑上供的馍分为四类：小供，5个；中供，50个；大供，100个；全供，不少于150个。许愿可上小供，还愿一般上中供，求媳妇、求子以及为老人免灾等都须上大供。早年交通不便，朝山香客以徒步往返的老年妇女居多，便于存放、携带，既可作供品又可作干粮的馒头遂成为食物类供品的主体。此外，香客也常携带小米朝山，或途中借人家炊具熬米粥充饥，或在苍岩山四围交通要地的三皇姑驾会以及行棚歇息、食宿时捐献部分。在进苍岩山山门后，除向特定庙殿捐献外，小米也沿途撒散，使山中鸟兽有食，亦祈求丰年。

如今，在食物类供品中，馍馍和小米的数量大大缩减。价格便宜、随处可买的散装小饼干，尤其是形状如旺仔小馒头的饼干处于主导地位。一、二斤饼干带到苍岩山后，足够在每个神像以及讨要的乞丐前都放上几个。上供的馍馍多以5个为一组，或3组或5组，多为等大的机制圆馒头，手工蒸馒头已罕见。但是，下述现象也非孤例：2010年三月初九，在山腰的皇姑正殿，一位老年妇女在献了一个苹果和一个馒头后，看见同行的香客还在献供品时，又随手从口袋里掏出一块面包献上。此时，这些物品存在充当香客食品与神灵供品的双重可能。究竟属于哪种，完全取决于置身某种具体情境中的香客的心绪。

因为交通便捷，绝大多数香客都是当天往返，失去了朝山途中口粮功用的小米，连同大米、玉米、饼干和散香等被香客在山门以里继续沿途撒散。因应神灵名义的虔诚惯习，庙会期间众多香客撒的小米等积少成多，使得原本作为供品的小米、饼干等再次发生向食品抑或残羹剩渣转换的可能，常被苍岩山上下的村民扫去喂养家禽家畜。在此种转换中，同一物品也成为区分外地人和当地人的标志，衍生出如下复杂参差的二元关系：

  外地人：本地人；神：人／禽；供品：物品；禁忌：食物；神圣：世俗

  如前文已经提及的那样，作为乡土宗教不可或缺之物，香和纸已经有了诸多研究。所谓"烧香磕头"，只有将香、纸焚烧殆尽，使它们在此世的形体消亡，方能把信众欲传达给神祇的心愿带往他界。因此，在敬拜现场，写有愿望、祈福、承诺言语的纸张有"表""升文""具恳状""具保状"等多种地方性称谓。① 较之上供的食物，香和纸更显重要，人们普遍相信："佛争一口香，佛喜欢香，烧纸是给佛钱哩！"②

  苍岩山庙会现场燃烧的香和纸大部分是香客自带的。同无烟香、高香和闽粤沿海常见的大盘香相比，这些自带的香多是短小的"草香"，质劣价廉。纸是表面没有印任何图案的黄纸，俗称黄表纸，有别于印有图案、数字和银行字样、用来祭鬼的冥币。因为早已经跻身国家4A级景区，苍岩山景区商店、摊位和庙殿内出售的香、纸的价格比景区外要高出许多。庙殿里的高香销售常有合辙押韵的促销宣传词，将高香、大愿、灵验和福禄寿等捆绑一体。2010年庙会期间，南阳公主庙慈佑殿的宣传词云：

---

① Goodrich, A. S., *The Peking Temple of Eastern Peak*, Nagoya: Monumenta Serica, 1964, p.29；岳永逸，《灵验·磕头·传说：民众信仰的阴面与阳面》，北京：生活·读书·新知 三联书店，2010，第114—115、214—216页。

② 受访者：路小波；访谈者：王雅宏、张青仁；访谈时间：2011年3月6日；访谈地点：宁晋县贾家口村。

> 10 块钱的功德钱到大殿点三炷高香啊！舍高香，点明灯，点得辈辈出贵人啊！舍高香，许大愿，这里的菩萨真灵验！佛前三炷香，全家都安康！

一般情况下，香和黄表纸分开使用。香插在香炉里，黄表纸在地上或焚香炉里烧掉。出于景区安全的制度化管理，庙会期间苍岩山各庙殿都禁止在殿内烧香，香和纸一律在室外专门设置的焚香炉中焚毁。当然，香客若买殿里的高香或捐的油钱足够多，则可例外。山腰的三皇姑正殿和晚间的各庙殿也相对宽松，香客可以将香点燃插在殿内神像前的香炉内。无论哪种，一旦香客离去，庙殿的工作人员就会把香拔起熄灭，或者投进外面的焚香炉。无论是室内还是室外，白天还是黑夜，烧香纸时，香客都会小声报出家门和心愿。烟雾先是升腾，继而消散。在这一由下到上、由可见到不可见的过程中，兼具有形与无形特质的香烟向神灵传达倾诉着凡人心意。

除有"表"的公文性质外，黄表纸还衍生出一系列变体，元宝、金山银山和"摇钱树"等。其中，摇钱树要同时使用香、纸和元宝，方法是先将一刀黄表纸旋开作底，象征莲花，再把一把香拆散，使之互相支撑为 X 形，最后把适量奇数的元宝随机插在香上即成。

对于献祭之后的食物类供品，信众相信其具有辟邪的灵力，分食共享是常态。苍岩山庙会现场如此，同属三皇姑信仰圈的赵县常信水祠娘娘庙会和豆腐庄皇醮会现场[①]也是如此。总体而言，食物类供品在庙会现场的流转是双向度、循环的，即：人→神→人。与此

[①] 王学文、岳永逸，《嬗变的醮会：河北赵县豆腐庄皇醮会调查报告》，《民俗研究》，2009 年第 1 期，第 190—208 页。

香客在圣母殿外现场用香、纸和元宝做"摇钱树"上供

不同，香、纸及其各种组合变体的流转则是单向度、不可逆的，即由人到神。虽然在香纸燃烧期间也有可能显现来自神灵的信息——神媒的看香或香客的心灵感应与期许，但香、纸的燃烧本身是不可逆的，一次性的。

香客的信仰虔诚度不同，所带物品的种类和数量也会有很大差异。对于虔信者而言，献给三皇姑的供品，除上述种类之外，还有擦脸油、洗发水、牙刷牙缸，甚至胸罩、凉鞋，等等。但如上章言，对于现今绝大多数香客而言，供品不过是代表个人心意的符号，"意思到了"即可，不在数量种类的多少，以至于将饼干、零钱随手扔进各种形制的功德箱。在某种意义上，香客的随便与管理经营者的告诫牌从行为和言语两个方面意味着信仰强度与浓度的整体性下滑。

除香客外，有着旅游局职工、庙殿管理经营者、香客的服务者、神灵的伺候者等多重身份与角色的庙殿工作人员，也被和神祇有关的物所驱遣。庙会时，工作人员常会先花10元钱在山上现购全套香、纸、饼干上供。平时，工作人员早晨上班时先在香炉里点三炷香，并续香保证殿内燃香不断，直至下班。每逢初一、十五，工作人员还要烧香、纸、元宝等敬神。在三皇姑正殿，工作人员隔一段时间会把香客献给三皇姑的衣物清洗一番，擦拭神像。这些并不一定是出于虔诚，而是工作性质使然。"小心有事"这一含义丰富的俗语，不仅是这些庙殿的经营管理者在庙会期间向香客索要功德的法宝，也是约束他们自己的符咒。

（三）娘娘驾：人神互现的感觉结构

不管虔信度如何，对从众的朝山者而言，许愿是常见的习惯性行为。愿望可以是抽象而笼统的幸福安康，也可以是具体的祈求生活中某项失衡得以平复。这已经多有描述分析，但对愿的物化形式，尤其是其流转则少有关注。

一般而言，当愿望实现时，为报答神灵，香客必须还愿。"许愿（人向神求祈）→神的有效回应（愿望实现）→还愿（人向神兑现承诺）→许愿"这一循环既是乡土宗教中掺和者物实现自身的流程和人神交际的基本模式，也是乡土宗教的核心所在。在此流程中，具化的物——还愿的供品乃神祇灵验的事状碑。还愿的供品以许愿时的承诺为准，即俗语所说的"许什么就还什么"。因此，还愿的方式多样，可以是相应数量、种类的供品，也可以是行动。虽然20世纪前半叶大江南北庙会普遍有背鞍、滚砖、提灯吊炉等"苦香"，现今已经消失。但是，一步一叩首、三步一叩首或五步一叩首上山仍然不难看到。其他如上山三年、终身上山、为神祇塑像、重塑金身、修庙、唱戏，根据香客愿心的大小，不一而足。这里只关注以物品呈现的愿心。

与常规供品相比，还愿供品的数量、种类以及质地都不同程度地优于前者。诸如娘娘驾、凤冠、袍、红布与旌旗牌匾等物件多是香客还愿时才会出现的特制供品，且常搭配组合出现，从而将香客心目中的三皇姑以可感知的结构、形象呈现出来。娘娘驾是专门献给三皇姑的还愿供品，其外形为一顶用木头和布料搭成的轿子，约一人高，纯手工制成，轿顶饰有各色彩纸扎成的装饰以及黄、蓝、绿、红、紫各色流苏，两侧还缀有红纸灯笼，轿面贴有彩纸剪成的凤凰等吉祥图案。轿子内贴着写有"奶奶之位"的条幅，分别献给圣母殿的三位皇姑的纸扎的莲鞋和一层堆儿。轿子一侧贴有写着制作人姓名、日期的纸质条幅。如同婚庆现场脚不能沾地的上轿新娘，不论放置在何处，娘娘驾均不可直接接触地面，需放在铺有黄布的地面上。

近三四年来，用娘娘驾在三皇姑正殿还愿的程序如下：1.两名香客将驾抬至三皇姑正殿前，在空地上将叠好的堆儿现放入轿内。2.香客抬着娘娘驾进入殿内，在殿中央地上垫上黄布，把驾放在黄布上，驾前铺满黄表纸。3.在白色、黄色的纸中间将五把拆散的香包好后，交给香头，由香头举起香纸面向殿内皇姑塑像报供。4.在捐香油钱、挂袍后，师傅把三双莲鞋从轿中取出放在香案上，象征性地请三位皇姑坐进轿子后，再把莲鞋放回轿中，每双鞋上放1个堆儿。5.所有人依次跪在轿前的黄纸上磕头，先面向轿子磕三个头，再面向殿内皇姑塑像磕六个头。6.抬着轿子向东转三圈后到殿外的吉祥炉，将香、纸和

正在上山前往圣母殿还愿的娘娘驾

娘娘驾的内部

堆儿一并投入炉中焚化。

凤冠可以献给山上所有的女性神祇,但最精致的凤冠总是出现在三皇姑正殿。现今正月围绕三皇姑过杠会的井陉矿区人制作的凤冠尤为精致,价格在人民币 300 多元。不同的凤冠常悬挂在三皇姑正殿内的墙上,昭示着皇姑的灵验。如今农历十月的秋香虽然香火不旺,但却曾经是,现在也是各庙殿一年一度的"结算日"。在三皇姑正殿,新凤冠在墙上取代了旧凤冠的位置。上一年的旧凤冠则在吉祥炉中烧毁。

挂红献袍

还愿布匹的仪式称为"挂红",形式和献袍雷同,都是将布或袍披挂在殿内神灵塑像身上,只是布匹的颜色多样,红黄蓝绿均可。这些布匹和袍在献给神灵后,一部分送交吉祥炉焚化,一部分则回转到香客那里,尤其是红色的布匹常被撕剪成宽约寸许,长短不一的"福条"以一元或数元的价格售给香客,流布四方。

　　与娘娘驾、凤冠、凤袍等会被焚烧、置换、消费化为无形不同,如同殿外林立的功德碑,写有直白文字,直接传达、称颂神祇灵验的旌旗牌匾则永久性地滞留庙内,成为庙殿中流淌的神秘力量的可视具象。

　　在庙会期间,早晚会消散于无形的娘娘驾、凤冠、凤袍等献给三皇姑的特殊愿心在一年一度周期性地根据人们的感觉结构重构着三皇姑,短暂而永恒,有形又无形。书写着时间、地点、人物、事件,凝固瞬间却永久留存的旌旗牌匾、石碑唱诵着这些散于无形,回到原初的建构,无形又有形。在这种物的短暂与永恒、有形与无形的辩证法中,香客们例行性地重温原初时空与"世界的开端"[①],作为愿心的物也实现了其生命历程。

　　这种神圣秩序的建构,同样与世俗混杂一处。因利益最大化的承包制管理经营模式,原本随心的还愿供品的种类和数量也有庙殿对之进行规定。2010年4月14日,农历三月初一,在福庆寺内,因工作人员要求一位香客至少放上二百元的香油钱,双方起了不小的争执,几近大打出手。而同年的农历三月初七,在南阳公主庙送子殿内,主持完求子仪式的老年妇女对求祈的年轻夫妻强调说:如愿望实现,还愿时需一次交清460元钱和一丈二红布。

---

① [罗马尼亚]米尔恰·伊利亚德,《神圣与世俗》,王建光译,北京:华夏出版社,2002,第1—49页。

三皇姑精美的凤冠

(四) 显圣物

　　如前文言,在人神的交往中,灵力的生产即灵力的消费,灵力的消费也就是灵力的生产。无论生产还是消费,信众都将灵力视为神灵固有的,并会给予心诚者以馈赠。然而,可感的灵力又常常是无形的,有时只需要香客因其信念而践行即可获得。如同四川梓潼七曲山大庙、北京东岳庙等处都有的文昌坐骑白特、铜骡等神兽那样[①]，在苍岩山，香客们传闻摸一摸圆觉殿和南阳公主庙门前的石狮子即可治愈信者身体相应部位的病变或不适。即使没有不适，摸了石狮子也可保佑以后不生病。在山腰的透龙碑等古碑及山顶新碑上用硬币粘连上"子""福""禄""寿"等字就意味会求祈得这些字所指向的东西。这些类似于基于相似律和触染律的交感巫术[②]，但又不止于此，信众早已将在神山圣地的"摸"这个动作故事化、灵验化与意识形态化。

人们争相恐后地在新造的"财运碑"上粘字

---

① Goodrich, A. S., *The Peking Temple of Eastern Peak*, Nagoya: Monumenta Serica, 1964, pp.109—110.
② [英]弗雷泽,《金枝》, 徐育新等译, 北京: 大众文艺出版社, 1998, 第19—74页。

在苍岩山庙会这个特出时空，对香客而言，因三皇姑等神祇的灵力，山中之物皆非常物。香客通过接触这些与神祇互现的显圣物，山中流转的"灵气"得以转移至自身。至今，都有香客在朝山归途中收集山涧枯枝落叶和石块带回家，认为用枯枝落叶煮水洗浴能治皮肤病，而山石能够辟邪镇宅。枯枝落叶和石块都是自然的恩赐，无须用钱购买，用物交换。

与此不同，今天已经需要出钱购买才能带回家的山泉水依旧被视为"圣水""灵水"。在水帘洞泉眼现场，香客可以随意地免费饮用。对庙会期间的香客、对旅游旺季的游客，此处的经营者都在日复一日地向来人讲述山泉治好了三皇姑皮肤病的传说。近些年来，因应皇姑"跨虎登山"的传说，成为庙会期间苍岩山上下常见景观的仿真老虎也有了生命，成为显圣物。不但山脚有了内置皇姑跨虎塑像的小庙，东天门的经营者还在门洞内侧放置了一具仿真老虎模型供人触摸，山顶的多处数码摄影摊主也专门制作了与真虎等大的道具，供人坐骑照相。

无论是自然恩赐的山石、树叶、山泉还是石狮、仿真老虎以及功德碑上的表意文字，圣山的这些世俗之物都具有了神圣性，神圣性呈现的同时也被消费与肢解，并再次指向这些物的自然形态、外在形态，成为景观与实用之物。神圣与世俗、真与假的辩证法混融一处。在从神向人流转的物品中，人工制品占了绝大部分。这些凡俗之物经历上供、开光等特殊仪式与神祇发生关联后，成为有灵力的圣物。当然，有的物品在仪式结束后仅被视为俗物为人所用。在苍岩山，对同一类物品来说，这两种命运并不排斥，同样是共生互融的。

以食物类供品而言，其去向大致有以下几类：1. 被香客及工作人员吃掉或带回家；2. 被专人收购转卖给周围村民或景区小贩，这意味着这些供品（通常是饼干）有可能再一次开始在山上的循环之旅；3. 被丢弃。前文已经提及的第一类去向和灵力相关，即上过供，神神"囕哩"（吃）后"变味儿"的食物[①]已超越了食物这一范畴，成为拥有灵力的圣物。食物类供品的后两种流转则是回归为食品。质坏腐烂的成为废品垃圾，为鸟兽昆虫或禽畜所食。质好可食的成为"几毛钱一斤"的商品。后者使得这些平日在山区较稀缺的点心、零食在庙会期间以相对低廉的价格流入周围山村，一定程度上实现山里山外物产的再分配。与此相近的还有香灰和前文提及的福条。

对于苍岩山各殿宇而言，焚香炉中的香灰是庙会期间的一大副产品。每座殿宇都有专人负责清理香灰。清理工作通常在香客不多的下午进行。除随风而逝，也有将批量的香灰卖给周围村民做肥料的情形。对于个别虔信的香客而言，殿宇内神像前的香灰常常被当作神灵赐予的灵药请回家中。

求祈时，香客先点燃一攒香插在殿内香炉中，然后将用小块黄表纸叠成中空的三角形，围着燃香逆时针方向旋转三四圈后摆放在香周围。如此重复，直至六七个中空三角围成一圈，期间小声说出为何人何病等求药原委。最后，将自然盛有掉落香灰的三角拿起摆成一叠包好，香客面朝神像磕头三次。若病患香客自己不会这些仪礼，就要找香头或会求的香客代求。不论何种病症，通过该仪式神灵的灵力弥散在自然坠落三角内的这些香灰中。回到家后，患者将香灰冲水服下。

福条，又称平安红、吉祥红、吉利红等。如前文所述，多数殿宇的福条都是承包经营者用香客献的红布撕剪而成，个别殿宇的福

[①] 受访者：翟居士；访谈者：王雅宏、祝鹏程；访谈时间：2010 年 4 月 21 日；访谈地点：苍岩山卧佛寺。

缠满福条的"鸿运树"

缠满福条的石雕12生肖

条则是专门定制的，上印有"好人一生平安"等字样。红色这一象征吉祥、红火、兴旺、好运以及革命与权力的传统色彩，再次被经营者和香客合力创造性地使用。因整合、强化了所有的吉利因素，传达着生产者和消费者的希望，并与庙会期间苍岩山主色调绿色相互点染，星星点点的吉利红与娘娘驾的红色、凤冠凤袍的红色、横幅的红色和吉祥炉的熊熊火焰等一道成为苍岩山庙会醒目的主色调之一，进而与苍岩山上新生的"红色纪念"之"红色"形成一种换喻关系。由此，色彩的权力得以彰显，其创造性、象征性也远大于其装饰性，生产者和消费者也都合情合理地建构着自己的阐释。[①]

在福条有偿地从庙殿经营者手中流出后，有的缠绕在了香客的胳膊或背包、挎包上，有的缠绕在树枝或散布山道的石狮以及十二生肖石像上，这些都含有保佑平安的意味，祈求、希望、祝福、美观俱在。反之，在庙会之后的苍岩山上下，不少的福条则缠绕着太阳伞、房前屋后的瓜架、屋里墙角的扫帚……四处缠绕的红色福条宣示着平日里圣山苍岩山的世俗。

（五）买卖的灵签

庙会期间，散布苍岩山各殿宇内外的各色江湖术士是庙会的有机组成部分。香客朝山，固然是崇信以三皇姑为核心的大小神祇的

---

① 同样，敬拜中纸扎的红色等色彩有着丰富的象征性，参阅 Scott, J. L., *For Gods, Ghosts and Ancestors: The Chinese Tradition of Paper Offerings,* Seattle: University of Washington Press, 2007, pp.185—190。

灵验。然而，有时为寻求具体事象的指导、相关信息面对面的交流，刚刚磕头起身背对神灵的香客转身就会求助这些江湖术士。如前文言，庙会期间来此营业谋生的江湖术士分本地人和外来者两类。本地术士常年住在山上，并不以算命卜卦看相为职业，其衣着悉如常人，只有手边的签筒表征其当下的术士身份。外来者多数都在庙会期间赁屋居于山上，除签筒外，僧袍、道袍成为其醒目的幌子。

在这些江湖术士的所有道具中，签筒内的灵签乃重中之重。在陕北黑龙潭，灵签几乎全部呈现黑龙大王的灵力，乃红火的黑龙大王庙会可视的核心。黑龙大王庙会也因此红遍陕北，红遍学界，衍生出周越建构的研究中国宗教的"做宗教"范式。在苍岩山，江湖术士的流动性、非专业性和因景区行政管理者不时对之驱赶而生的非法性，使得庙会现场的灵签更多是能动地游走在解签和求签者之间的商品，与神祇的关联反而微小。

灵签是一头尖一头平的竹制或木制长条。尖的一头朝上，放置签筒中。一套签32、64或100根不等，分为上、中、下三大类，各类又有上、中、下之别。每根签上写有"因龙得水"之类的签名和"上上"之类的字样。通常，下签数量较少。2011年南阳公主庙外杜某的32根灵签中，上上签3、上中签2、上下签9，共计14根，下签总数8根，连抽三根都为下签的概率低至1.6%。不仅如此，有些术士还故意把下签削短，除非观察力和好奇心都强的香客，一般香客是不会有意抽取短签的。作为生意，因应术士招揽生意和能力的大小，每根签的价格数元至数十元不等。2010年庙会期间三皇姑正殿外的卦摊，每签起价10元。

与灵签类似买卖的还有苍岩山各景区商店和庙宇里法物流通处的挂坠（平安符）、佛珠和肚兜等"开光"物品。除声明是大师开过光的，为了生意更好，卖家也多会强调这些在各处景区都能见到的

灵签

机械产品是苍岩山上的特产。如宣称挂坠取材于山上的朱砂、佛珠取材自碧涧灵檀，等等。

为吸引更多香客前来朝拜、捐功德——消费与生产——三皇姑的灵力，苍岩山各庙殿经营者在说明牌与横幅上大做文章。玉皇顶外的宣传词上有"罕见神奇 奥妙无穷"的字样。圆觉殿外的横幅是"苍岩山正殿福庆寺欢迎您"、菩萨顶观音殿有"苍岩山观世音菩萨正殿"横幅。在此情形下，山腰三皇姑正殿外"苍岩山三皇姑正殿"的横幅完全遮住了刻写有"圣母殿"的古旧牌匾。此时，供有相同神祇的其他殿宇多少就有了"偏""小""伪"的意味了。相较之下，当地贩卖核桃、柿饼、黑枣、地瓜干等山货和销售炒饼、饸饹、面条以及烤肠的村民之间的竞争要良性得多，少有摊主贬斥他人的货不正、不好。这些杂然相陈的商品的掺和，使以敬拜三皇姑为核心的苍岩山庙会更显热闹、红火。

庙会期间，围绕灵签、开光物品、山货和正殿横幅的这些交易市场都是真假同在，有着真与假的辩证法。三皇姑的灵验、灵验的术士都印证着签的灵，但术士又要借道袍、袈裟这些职业服装渲染其灵，这就有了假的意味。灵签中下签少，甚或短，都表征着灵签不灵。声称开过光的商品同样是真假参半，并要借苍岩山的物材强调其灵。山民卖的山货本来是真的，但也有游商从石家庄的批发市场批发"山货"来此兜售。圣母殿本来是三皇姑的正殿，但当多数殿宇都悬挂"正殿"字样的横幅时，正殿也就有了假的意味。对香客—买主或者说消费者而言，所有这些物象的真假都在一念之间。

其实，掺和者还有很多，苍松翠柏、巨石、台阶、宝塔、大小喇叭、抗日烈士纪念碑、石棺、神像、圣像画、根雕、毛笔、铁錾、军大衣、口罩、门票、电脑、数码相机、摄像头、缆车、雪、雨、大巴、扇鼓、马鞭、荣誉证书、收据，等等。这些掺和者只有将来再叙了。

（六）作为物流的庙会

物并非仅仅是物。它不但是客体，也是主体，是能动的主体、瞎搅和的掺和者。在整体上而言，前工业文明的人常将物人化，工业文明的人常将人物化。[①] 但是，像夸父逐日、庄周梦蝶那样，心与物

---

① ［法］杜蒙，《阶序人：卡斯特体系及其衍生现象》，王志明译，台北：远流，1992，第39页。

游、物我两忘仍是生存的常态。结合社会拼图理论,周越对台湾北部客家地区水陆法会祭仪现场大猪、亡灵等掺和者的探讨欲突破社会学鼻祖涂尔干堆砌出的集体欢腾与社会性的理论铁笼,警醒研究者经验的丰富性和经典理论潜存的片面性。由此,周越所指的掺和者是一个特定场域的所有莅临出席者,即整体,包括动物、植物、微生物、人造物和空气、水等等。与之不同,本章仅仅描述了庙会现场长期被视为工具、道具的供品、娘娘驾、福条、灵签等部分物化掺和者,想说明从掺和进庙会现场的能动者——物而言,庙会仅仅是将人神裹挟其中的或细小或宏大、或明或暗的一道道"物流"。

一年一度,香客们带着诸多物品和愿心前来,又带着神的祝福离去。物成为苍岩山庙会现场人、神之外的又一能动者,掺和庙会的始终。因为物的掺和、间杂、间离,人和神才有了意义,并实现了自己。无论意识到与否,在这场围绕三皇姑的规模浩大、翻转的"物流"中,以三皇姑为核心的苍岩山神系、香头香客、管理经营者、术士、当地村民、游客、商贩等多种人流都被卷入其中。在一定意义上,借助庙会期间翻转的"物流",山里山外的不同参与者的财富、资本被再度分配。山里山外如同天平的两端,当物质财富从一端流向另一端时,精神灵力就沿相反方向流动,天平也循环往复地获得平衡。人与神分坐天平两端,各自收获属于自己的酬劳,其稳定性就隐藏在可见的物与不可见的灵力周而复始的双向参差流转中。

在相当意义上,流转、回环在苍岩山庙会这个场域的众多物饰也说明神圣仅仅是"中国民众信仰的一种感觉,而非全部"。[①] "人凭神,神依人"这种乡土宗教中互利互惠的人神关系是在香纸、娘娘

---

① 岳永逸,《灵验·磕头·传说:民众信仰的阴面与阳面》,北京:生活·读书·新知三联书店,2010,第237-238页。

驾、灵水、牌匾、福条、灵签、横幅和变了味却有灵力的可食供品等诸多物饰与红、黄、绿等诸多色彩，或神圣或世俗地掺和下实现的。在掺和的物实现自己的生命历程中，神圣与世俗、短暂与永恒、无形和有形、真与假、灵与不灵之间的辩证法涵盖冲淡了这里并未提及或详述的合法与非法、传统与现代、中心与边缘、旅游休闲与朝山进香、景区与圣山、宗教与迷信之间的辩证法，也使得原本虚拟的人神关系可观可感、可亲可叹，可量化，可考评，可例行性消散，也可年度性再生，以敬拜为核心的庙会也成为中国乡土宗教的亮丽风景和中国社会文化一条不绝如缕的绳索。

六

圣山人神敬拜的礼与俗

Spiritual
Mountain

（一）人神一体的辩证法

在相当意义上，抗战爆发后至新中国成立前，在北平坚守的辅仁大学和燕京大学两所教会学校成为中国民间文学、民俗学稳步发展的重镇。就乡土宗教的研究而言，出现了对一个地区的庙宇进行历史地理学的宏观调研和对某种敬拜微观细描的两种倾向。前文提及，贺登崧等持续对大同、张家口、宣化一带的乡村庙宇展开了地毯式的调查，使今人能够明了那个年代大同、宣化、万全等北中国乡村庙宇的大致分布、供奉的神灵及其渊源。而在杨堃的指导下、李慰祖和陈永龄则立足于信众、村庄，对北平郊区的信仰生活分别以"四大门"和"庙宇宗教"为核心展开了我观和他观有机结合的浓描。马树茂的研究则直接以一个乡村医生的生命史为重心，描画了巫医、西医、中医在那个年代北平郊区的升降沉浮、犬牙差互的生态学。[①]

这些可取的科学研究延续了禄是遒[②]、顾颉刚等中外学者合力开创的研究中国乡土宗教的传统，把以参与观察和访谈为基本方法的田野调查落到实处，将对乡土宗教的认知推向纵深。但是，他们却未探究乡土宗教何以成为可能？何以生生不息？而且，因为有进化论以及一神教，尤其是基督教的总体规训，这些乡土宗教要么被视为低端、落后与愚昧的，要么就是在相当意义上被视为早晚都要走向理性、科学而终究要衰亡的。

[①] 马树茂，《一个乡村医生》，北平：燕京大学法学院社会学系学士毕业论文，1949。

[②] ［法］禄是遒，《中国民间崇拜》（*Researches into Chinese Superstitions*），上海：上海科学技术出版社，2009。

作为乡土宗教的双核之一，神人一体的辩证法包括奉人为神和奉神为人的双向互动。奉神为人一方面指在观念世界中，神的习性如同人一样，有着喜怒哀乐、七情六欲，甚至要抽烟喝酒看粉戏听黄段子，要成双成对，还睚眦必报，另一方面指在敬拜实践层面，人们通过神话、传说等口头叙事，庙宇、雕塑、圣画像等视觉符号，烧香磕头、勒石刻碑、修庙塑像等体化实践和旌旗牌匾等可感可触的灵验符码"将神具化，亲情化为人"，从而在人与神之间形成一种相互之间存在权利与义务、并必须互惠的拟亲属关系，直至最终简洁地体现在缀之以"祖""爷""公""母""娘""奶"等亲属称谓的神灵名号上。奉人为神一方面指人皆有可能成神，不仅仅是帝王将相、先祖圣贤、大德高僧、异士奇人，只要有好的德行、心地善良，行好者皆有可能被人供奉而成神，另一方面指凡夫俗子基于"人皆成神"而对"自己也是神"的想象或者说幻觉。这些又与儒家的修身、佛教的修行、道教的修炼等混融一处，交互感染。[①]

无论是变迁之神、道与庶道、亦神亦祖[②]等学术命名，还是关于临水夫人[③]、叶法善[④]、南部太行山区的帝王/雨神/仙女/孝女/清官/神灵等祠神[⑤]和当下山西洪洞二郎神[⑥]等个案研究，人神一体的

---

① 岳永逸，《行好：乡土的逻辑与庙会》，杭州：浙江大学出版社，2014，第166—170页。
② 贺喜，《亦神亦祖：粤西南信仰构建的社会史》，北京：生活·读书·新知三联书店，2011。
③ Baptandier, Brigitte, "The Lady Linshui: How A Woman Became A Goddess", in Shahar, Meir and Robert P. Weller (eds), *Unruly Gods: Divinity and Society in China*, pp.105—149, Honolulu: University of Hawai'i Press, 1996.
④ 吴真，《为神性加注：唐宋叶法善崇拜的造成史》，北京：中国社会科学出版社，2012。
⑤ 宋燕鹏，《南部太行山区祠神信仰研究：618—1368》，北京：中国社会科学出版社，2015。
⑥ 王尧，《地方性神灵的生长机制：以山西洪洞地区的二郎传说与信仰为对象》，北京：北京大学博士学位论文，2014。

辩证法都有着鲜明的体现。在此要强调的是，人神一体这一层出不穷、万变不离其宗的造神、敬拜逻辑，也与变动不居的日常生活世界中的礼—俗有着对应关系，并有着多重互动。

（二）文物化祠堂的俗化

在漠河，因应发展地方经济而大力培植旅游业的需要，1887年奉旨到漠河胭脂沟（金沟）开办金矿的李金镛（1835—1890）再次重演着人神一体的辩证法。2005年，黑龙江省人民政府将曾经有的李金镛祠堂批准为省级文物保护单位，并于2010年在漠河胭脂沟这个打造中的旅游景点立碑明示。因为有了省级文物保护单位的名，2007年漠河县人民政府迅速扩建了李金镛祠堂。祠堂内，李金镛塑像上方有刻写着"兴利实边"四个醒目的大字的牌匾。在这个省级文物保护碑碑阴，铭刻着下述文字：

> 李金镛祠堂，位于漠河县金沟林场场址西侧北山坡上，占地一万五千平方米，重点保护区一万平方米。该祠始建于清宣统元年,(一九零九年)，架木为之，至民国末年被毁。为纪念这位漠河采金鼻祖，一九九七年漠河县人民政府在原址上重建祠堂，风格为明清仿古式，后又设立金圣碑和石狮。该祠堂铭记着百年前李金镛奉命，率众人穿密林，越高山，涉激流，历尽艰辛，创办了漠河金矿，乃至把自己神魂永远留在他的最后驿站——漠河。

在漠河县县政府扩建祠堂同时树立的"金圣"碑碑阴,刻写的碑文对祠堂的毁建有了更具体的考证、描述:

李金镛(公元一八三五~一八九零),字秋亭,号冀御,江苏无锡人,清二品衔吉林候补道,督理黑龙江等处矿务观察使,后诏赠内阁学士,国史馆立传,建专祠享祭。漠河李金镛专祠准立于光绪二十四年(公元一八九八),一九三五年颓毁,同年七月漠河村民集资重建,一九六六年文革时期被毁,一九九七年漠河县再建于胭脂沟,二零零七年扩建。

漠河地广人稀,金矿也早就荒废。1935 年 7 月,究竟是哪些漠河村民集资重修,并无实据可考。对祠堂的重修、扩建和当代官方

重新修复的李金镛祠堂

封赠的"文物""漠河采金鼻祖""金圣"等名号，李氏后裔表示了真诚的谢意，并愿意将他们自己的先祖"贡献"出来供远近游人烧香膜拜。为此，仍在当地生活的两位李氏后人于2008年题写了感谢地方政府的对联："颂名人北极伟业，励华夏后代千秋"。从祠堂、塑像、碑铭等可视物象而言，对李金镛这个人的纪念还大致停留在"礼"的层面。当这些可视物有序地陈列在同一空间——旅游点，并供游客展览参观从而为地方创收增收时，由相对客观的"漠河采金鼻祖"升华而来的"金圣"这一被碑刻固化的谥号、封号自然就有了旅游观光业的延伸产品——"金圣发财香"，云：

> 金圣发财香源于胭脂沟采金鼻祖——金圣李金镛。清光绪年间，李金镛奉命到漠河胭脂沟开办金矿，每次下矿前都要点香祭拜，祭拜后，黄金产量与日俱增，金圣发财香由此而来，并传至今日。金圣发财香代表财运、吉祥、平安，请发财香、祭拜金圣，可保财运亨通、平安富贵、运势如虹、飞黄腾达。

作为主持、筹办、督采金矿的重臣，李金镛当年是否亲自下矿？当年黄金产量的增长是否源自他的祭拜？"金圣"又祭拜的是何方神圣？在祠堂前树立的招引游客烧香上供、捐功德许愿的"金圣发财香"展示牌上，上引文字对这些问题都没有清楚地说明。

相反，就胭脂沟的得名，民间有两种解释。一种解释是渲染当时这里因开发金矿而熙熙攘攘的盛况。其大意是说，因为一时间云集了大量开矿的老爷们，于是不但东北本地的，俄罗斯的、朝鲜的、日本的姑娘们也纷纷聚首在这里讨生活。每天，大量女性卸妆时，河水被胭脂染红了，因此这里被叫做"胭脂沟"。另一种解释则直接与督办金矿的李金镛相关。传闻，虽然动用了大量的人力、物力，但是并未挖出多少金子。一年下来，到年关要给慈禧太后交账时，回到北京城的李金镛挖到的金子仅仅够给老佛爷买盒胭脂。于是，这里被戏称为"胭脂沟"。

通过这些俗说，我们很难找到将李金镛推崇为"金圣"的任何理由。然而，无论怎样，当代出于地方发展，地方政府对李金镛的"金圣"加封、追认却以金圣发财香的方式渗透开来。金圣发财香的模糊性、含混性增添了其神秘性，进而由真人李金镛而来的立体化的"金圣"官方叙事衍生成为可以信赖的神话，并落到实处：金圣发财香兼管福、禄、寿、运，正所谓"保财运亨通、平安富贵、运势如虹、飞黄腾达"。这样，在官民的合力共谋下，通过金圣发财香这一"传统—俗"的发明和游客、香客的敬拜实践，原本出于缅怀先贤的"祠堂—文物—礼"实现了向"庙宇—香火—俗"的华丽转身。

（三）历时性的礼俗回转

历时性观之，苍岩山主祀神三皇姑的敬拜始终在礼俗之间起伏回转。虽然一直有着质疑，但因为有儒、释、道的依托，被"愚夫愚妇"顶礼膜拜的由多种传说（俗）而来，并渐趋"标准化"的舍手眼救父亲隋炀帝的三皇姑——南阳公主也不同程度地得到历代文人的称颂。与此同步，如同上两章呈现的那样，这些言语叙事也具化为庙宇殿堂、塑像、凤冠霞帔、銮驾、"出土文物"和以许愿还愿为核心的大大小小的朝山会、杠会、驾会、神通会等敬拜庆典和"物流"。那个文人、士绅叫做南阳公主的三皇姑，太行山东、西两侧信众俗称娘娘、妞妞、姑姑的三皇姑，也有了慈佑菩萨、苍山圣母、苍山老母等不同系统的制度性命名——官名。"俗"中浸透着繁多的"礼"。

历史上，白莲教在井陉信众广布。同治九年（1870），白莲教徒黄老和李秀祯等起义声势颇盛。虽然"赖邑绅等办理团练，居民尚未骚动"，但起义者仍"占据銮驾山，推演教义，迷惑乡愚，敛财聚众，大兴土木"。① 到光绪元年（1875），此次起义才被平定。

因应此次起义，紧邻銮驾山的苍岩山三皇姑信仰受到很大冲击。现存于桥楼殿旁，光绪二年（1876）《为奉本县常公面谕，上宪札文，命毁拆北坡新庙，变价充公及驱逐邪僧之寺规，以振风化碑》和光绪三年（1877）《革弊碑》都记载了宁晋李"匪"修正来山削发，拜贪利的元妙为师，在苍岩山创修全归寺敛财、蛊惑人心、不服地方士绅管理，最终被缉拿和拆毁寺庙等事象。《革弊碑》有下述文字：

> 有外境人李修正等欲于此山之北，新建庙院。此时无奈李修正素行不轨者也，祸心未遂，削发为僧，以元妙为师长，以通祥、通庆为师兄，朋党舞弊种种。不□煽蛊四方，大兴工场。……设法敛钱，工程甚巨，所修正殿数十间，厢房数十座，各样神像名曰全归寺。即其金赀不下数千馀缗。……以乩书传世，以觋术惑人。……遇堂讯责审伊等留发还俗，递解原郡，不料伊强悍不服。不惟不遵官法□，且大触□怒。

---

① 王用舟修、傅汝凤纂，《井陉县志料》，台北：成文出版社有限公司影印本，1976，第498、962、935页。

李修正被缉拿后,福庆寺僧便着手重立福庆寺寺规,以重整苍岩山的日常秩序。光绪二年的"以振风化碑"有下述禁令:

> 如直面主可疑,行踪诡秘之人,腰缠丰富,不准隐藏在寺。住持僧人不准念恋鸦片、嫖娼、嗜酒、赌博。寺中地土不准典当。不准不告乡地密留外徒。年过十二,不准收为徒弟。

嘉庆年间大规模的白莲教起义,使得朝廷加大了对白莲教的打压力度。这深远地影响到了地方的宗教生态。为了清除白莲教的影响,固化地方,苍岩山地方士绅以及僧众一度将三皇姑等同于无生老母,并将山腰的圣母殿改造成为伏魔大帝殿,三皇姑被关帝取代。光绪年间《续修井陉县志》中的《苍岩山妙阳公主考》提及了这一特意为之的更替:"道光十四年,禁止朝山者,则以无生老母邪教祖师惑世诬民,通行禁止。世俗不察,改为关帝庙,遂滋讼端。不知无生老母有禁,妙阳公主固未尝禁也。"① 但是,代表礼的士绅等精英的人为改变并未得到民众(俗)的认可,三皇姑敬拜始终红火,以至于"遂滋讼端"。为了地方的安宁,平息民怨,在"李匪"之后重整地方社会,地方士绅一反以前的更替之举,群策群力地包装三皇姑,运用既有碑铭、传说以及《隋书》等正史的记载为三皇姑正名。

光绪二十二年(1896),时任井陉县知事言家驹撰写的《苍岩山神隋南阳公主奉敕封慈佑记》对地方精英的努力有详细记载:首先,将苍岩山祭祀与一般佛教观音道场相区分,指明苍岩山非世俗

---

① [清]常善修、赵文濂纂,《续修井陉县志》,台北:成文出版社有限公司影印本,1976,第14—15页。

所谓的"香山"。其次,通过历史考证,使三皇姑不再是传说中无从稽考的"妙阳公主",变身为《隋书》中确有其人的南阳公主。第三,强调南阳公主的节孝,以符合儒家伦理。第四,大书特书三皇姑护佑一方的灵迹,所谓"民有疾病疴痛、水旱灾祲,祈祷灵应",并列举光绪四年、十四年、十七年的灵应降雨止旱和光绪十六年夏应居民禳求立晴而止淫雨的事例佐证。第五,选定八大名医和赵元楷妻崔氏、裴伦妻柳氏、裴女裴妇等隋代节烈妇女为从祀。

地方士绅的努力得到了朝廷的肯定和嘉许。光绪十九年(1893),朝廷认可了地方士绅包装出来的三皇姑,敕封其为"慈佑菩萨"。至此,"俗"正式荣升为有着皇家、朝廷威严的"官礼",跻身官祭、正祀。如同文昌帝君、关圣帝君和妈祖一样,三皇姑也经历了从"民间之神—官方之鬼"晋升为"官方之神"的历程。但是,随着西学的兴起,科学观念的传入和因应民族国家建构而生的强势话语对乡土宗教的"迷信"污名化,20世纪以来的三皇姑敬拜实践再次陷入礼—俗的博弈之中。在反"迷信"、反封建的语境下,苍岩山三皇姑信仰很快有了落后、愚昧等负面、贬义的标签,再度成为非法也低下的"俗"而藏匿民间。这一基本状况一直延续到改革开放前后。

改革开放以来,因为十套民间文艺集成的文化工程、保护民族民间文化遗产的呐喊,尤其是非遗运动,再加之以文化发展地方经济、文化产业化的催化,三皇姑敬拜又日渐成为不同群体要彰显的"礼",至少再次表现出了向"礼"提升的努力。不但山腰圣母殿外的妙法莲华经宝塔是文物,殿内右侧墙壁上明代工匠绘制的"礼仪、落难、削发、修道、显灵、敕封、佑民、行雨"三皇姑修行得道壁画,和左侧墙壁上于光绪十九年绘制的"奏讨敕封"等壁画也都成为文物,严厉禁止香客游客拍照。

苍岩山圣母殿内墙上的壁画与人们的娱神

正如在苍岩山能廉价买到的《苍岩山的传说》[①]小册子那样,原本在民间口耳相传的活态的三皇姑系列传说被文本化、书面化、标准化,一再印制、传播,及至成为当下苍岩山旅游解说词、地方政府网站文化宣传的脚本。同样是关于三皇姑的文字,与意在辨真假、明是非的《井陉县志料》(1934)的彷徨、纠结不同,1986年新编的《井陉县志》明显多了认同与自豪。在文管所、旅游局等地方政府职能部门干部职工等多方参与下,敬拜三皇姑的苍岩山庙会以"井陉苍岩山福庆寺庙会"之名在2005年名列石家庄市首批非遗代表作名录。

---

① 石家庄市文联编,《苍岩山的传说》,(内部资料),1985。

解禁之后，以三皇姑为核心的苍岩山旅游和庙会为井陉县带来了巨大的收益。苍岩山、苍岩山庙会，尤其是三皇姑，成为张扬井陉地方历史文化一个重要的"象征符号"。不仅井陉县县旅游局、文物管理所管辖的苍岩山核心景区的建设以三皇姑为核心，山脚、山顶民间新修的庙院也同样以三皇姑为魂魄。山门外的龙岩寺内有三皇姑骑虎殿、三皇姑殿和三皇姑修行宫。山顶有了南阳公主庙、公主坟、三皇姑修行宫，菩萨顶内也有了与山腰圣母殿同名的庙殿。在这些庙殿内，三皇姑的塑像、三皇姑修行得道的基本情节被一再复制、具化、活化。

2001年树立在南阳公主庙庙门外的《南阳公主庙重修碑》碑阳有下述文字：

> 南阳公主庙是苍岩山景区的主要景点，原址始建于隋唐，是隋炀帝之女南阳公主出家修行之地。清光绪元年（一八七五年）《续修井陉县志》和《隋书·南阳公主传》中记载，南阳公主出生皇宫，自睹父皇暴敛横征，看破红尘，愤极出家，削发为尼，修行六十二载，静禅林，扶危济贫，德在四方。光绪十九年（一八九三年）九月二十五日，敕封南阳公主为"慈佑菩萨"。公主圆寂后，葬于南阳公主庙后的公主墓内。南阳公主庙历经风雨，殿宇倾圮，为保护文物古迹，对南阳公主庙进行重修。

在游客香客可以免费入内的山顶三皇姑修行宫中，修建管理者将三皇姑修行得道的经典情节以泥塑彩绘的方式，动态地呈现在殿内玻璃柜中，依次为：宫中生活、撒綦撑船、苦劝父王、三难公主、火烧百草寺、跨虎登山、智占苍山、造桥修殿、众尼降灾、修成正果、舍献黎民、普度众生。如同南阳公主庙前的碑铭落脚于文物，这些泥塑的说明文字不容置疑地将三皇姑这个神灵南阳公主化。如：

> 一千四百年前，隋炀帝杨广在位，荒淫残暴……居然想出了撒黍撑船的招数。他让美女们赤身裸体，在撒满黍米的地上拉着他乘坐龙舟……炀帝的三女儿南阳公主自幼深居宫廷，知书达理。她看到父王整日不理朝政，沉于酒色，到内宫劝说父王，应勤政爱民，安邦治国。然炀帝却勃然大怒，一意孤行，公主苦劝无望，看破红尘，决意出家……

在这些当代的反复书写和图像叙事学中，三皇姑这个传统意味浓厚的"俗"成为地方可以展示、馈赠给他者的"礼"——历史文物和地方文化。如同第二章提到的妙峰山香会由"皇会"向非遗变脸、转化那样，在苍岩山，传统敕封的"礼"也实现了向文物、非遗等现代之"礼"的让渡，乡土宗教也有了观与被观的文化展示性和"休闲"色彩。

（四）革"弊"的悖论

这里无意追溯、定义"礼"与"俗"。因为在将二者并置时，优劣、是非、对错、真假、美丑等二元对立的价值评判已经悄然地成为认知的前提。自古以来，除"礼失求诸野"的眼光向下、到民间去的亲民姿态之外，每每被讴歌的"采风问俗"本意是"厚人伦、美教化、移风俗"，即"革弊"！究竟哪些风俗是要被革掉的"弊"，则几乎是成者王或想成为"王"的强势集团的命名。他们想要倡导、弘扬的就是"礼"，想要阻隔、禁绝的就是"俗"。于是，"礼上俗下"或者"上礼下俗"也就成为千百年来维护精英集团利益基本的体位学、语言学和文化生态学。

胭脂沟的金圣发财香之俗是文物化祠堂这一礼的主动下沉——"媚"俗，当然还有着旅游业的驱动。如果考虑到这里地处祖国北疆，不时有的边境之危，那么对李金镛这个真实历史人物如"人祖""始祖"般地率众"穿密林，越高山，涉激流，历尽艰辛，创办了漠河金矿"的伟业以文物方式的缅怀与祠祭，就明显有着宣誓民族国家主权的政治意涵。事实上，各级政府当下对李金镛这个历史人物的基本定位和称颂都是其主导下的所作所为暗合了现代民族国家的边界意识，即祠堂内李金镛塑像上方牌匾刻写的"兴利实边"四个醒目的大字。"兴利"只是引子，有无实效并不重要，其占位充实边疆的"实边"才是重中之重。在官方主导、引导而民众—游客践行的焚香叩首，求福、禄、寿的"俗"之中，金圣发财香将民族国家边疆这一意识附带熔铸到了每个到此一游的人众心中。"俗"反而成为"礼"，至少具有了礼的意味与政治文化的合法性。

主要因应地方社会的稳定和经济发展，百多年来的苍岩山三皇姑敬拜在礼俗之间历时性地回转，时而为俗，时而为礼。如今，因应文物保护、非遗运动和旅游经济，三皇姑这一"俗"——光绪皇帝敕封之礼加速演化的"俗"——终至成为代表地方优美的自然景观、悠久的历史文化和经济繁荣的关键的象征符号，成为地方政府乃至国家要大张旗鼓宣扬与馈赠的"礼"。

从这些天南地北、古今互文、男女互现、交错并存的经验事实可知，在中国文化的长河中、在日常生活世界中，在官以及民眼中可能泾渭分明的礼俗之间并无楚河汉界，二者之间始终是一种变化通融让渡的辩证关系。如果将优秀的传统文化简单地与官方、精英、雅文化关联更紧密的"礼"对等，那显然对优秀传统文化是一种极大的误读，践行了数千年的"礼失求诸野"也就成为一个巨大的悖论与反讽！

七

精神性存在的让渡

Spiritual Mountain

（一）基本理念

乡土庙会是民众日常生活世界中活态的、间发的、周期性的民俗事象，是在特定地域，尤其是在可让渡、转换的家与庙等共享空间中生发、传承，由特定人群组织，以敬拜神灵为核心，和个体成长、人生仪礼高度关联，私密性与开放性兼具，有着节庆色彩的群体性活动和心灵图景，是底层信众在家庙让渡的空间中践行的人神一体的乡土宗教的集中呈现，是日常生活的延续，而非断裂。

随着鸦片战争后，西学的强力东进，在各色精英主导的意识形态中，庙会要么被视为"淫祀""迷信""愚昧"的代名词，要么被视为社会的"另一种生命力"，争论始终不休。这既导致了对庙会与乡土宗教调研的俯视、蔑视和平视等不同的体位学与学界心性，也导致了近一个多世纪以来与现代民族国家建构相应的庙会的庙市化历程，即因应革命、发展、教育、经济和文化等名而生的对庙会的工具化、功利主义化与物化。

在清末以来求发展的语境中，庙产之于教育有着重要意义，而庙市之于经济则重要莫名。由于乡土庙会与施坚雅（G. William Skinner）研究中国社会结构所看重的市集（市场）①之间重合、相交、相切、相离的多种关系，清末以来的主流意识形态始终竭力把有以底层信众为主体的敬拜活动的庙会改造成为集市以及物资交流大会、博览会、展览会等，并以"庙会"称之。庙市不但是不同时期官方认可与力挺的庙会发展的主导取向，也始终是学界研究中国庙会的

---

① ［美］施坚雅，《中国农村的市场和社会结构》，史建云、徐秀丽译，北京：中国社会科学出版社，1998。

学术取向之一。

改革开放以来，不少人对庙会的界定以及公众关于庙会的常识在纠结于"迷信"抑或"文化/民俗"的同时，依旧止步于其宗教功能引发的商贸、娱乐与对社区的整合等世俗功能，进而片面强调庙会的狂欢属性。事实上，正如赵世瑜对明清以来的庙会研究所指出的那样，似乎与日常相对的狂欢实则表达的是"我们"一静一动、一平常一非常的生活韵律。然而，因为与主流意识形态并不形成对立关系，当代"民间"庙会已经不再具有颠覆性、嘲弄性和狂欢性，反而是"中国当下现代性话语的一个有机组成部分"。[①]

在非遗运动的语境下，这更进一步衍生成为对能带来观赏价值并产生经济效益的旅游景观的生产以及附属的（传统抑或民间）文化的展示功能的强化，进而促生了本书呈现的圣地景区化和景区圣地化的逆向互动。自然，庙会、集市和庙市三者之间的差别被忽视。在庙会与集市之间，通过庙市画了等号，从而把在社会发展过程中受不同文明形态和意识形态支配的也有着一定关联的不同事项等同起来。这些认知论的不足正是本章要再次明确定义庙会的原因所在，也是后文结合发生在旧京的社会事实与史实，对庙会和庙市进行甄别的原因所在。

简言之，虽然都指向绝大多数人的日常生活，但庙会是精神性的存在，而庙市则是物化性的存在，它衍生并附属于庙会，却又有反向含括庙会的潜力和强劲势头。然而，本章却无意详细描述旧京的任何一座庙宇或一个庙会的细部知识。

同样，作为本章的另一个关键词，庙宇指以信众为行动主体的与超自然力——天地日月、神佛、仙道、鬼怪——之间沟通、交际

---

① 刘晓春，《非狂欢的庙会》，《民俗研究》，2003年第1期，第17—23页。

的仪式性活动的展演空间。即，庙宇是以自主的底层信众的日常实践为根本，以神人一体、家庙让渡两个互相涵盖的辩证法为核心的乡土宗教的展演场所。它可以寄托生死，与个体生命的价值和意义息息相关。作为具有象征意义的关键符号，庙宇中的僧侣等职业宗教人士（如果有的话）在庙会期间的引领性会被信众的自主性行为冲淡，更多的沦为一种装饰性符号。

作为一个时空一体的范畴和自流体，"旧京"指的是19世纪40年代至20世纪80年代初期始终处于巨变状态下的那个伟大而沧桑的北京。作为帝都和一个政治试验场，集中呈现中国近现代化演进的旧京并未因为大相径庭的精英意识形态、政权组织形式的更替而改变其前行的轨迹。相反，它显现出具有内在延续性的"超稳定结构"和行为模式，与重伦理、讲道德的由价值理性主导的传统社会一脉相承[①]。因为其地母般的博大，流体旧京充分延续和实践了难以抹除的儒家文化奋发图强、自我革新的进化意识和多少有些素朴的乌托邦式的革命理想。

（二）可游的"空的空间"

建筑是"一个时代可取的生活方式的诠释"[②]。旧京俗语"天棚/凉棚鱼缸石榴树，先生/老爷肥狗胖丫头"很好地诠释了这一经典命题，道出了今天被世人称颂的北京四合院的文化意蕴。即，四合院

---

① 甘阳，《古今中西之争》，北京：生活·读书·新知三联书店，2006，第125—130页。
② [美]卡斯腾·哈里斯，《建筑的伦理功能》，申嘉、陈朝晖译，北京：华夏出版社，2001，第11页。

绝非仅仅是几进几出、格局分明的院落，其关键点正好是分明格局间的"空的空间"①的那份空灵、惬意，甚至蕴涵、浸透着中国古典诗词反复演绎的"美好的意境"②。在这个空的空间，生活和出入其中的各色人等，完全没有交流的障碍，互构并共享着同一世界，且有着精神上的共鸣、愉悦。

院内，有象征着多子多福的石榴树。窗台内外，玻璃缸内五颜六色的金鱼悄然游弋。每年四月到十月，在院内天井用崭新苇席搭建的天棚"底下一片夏荫"③。因此，天棚又有凉棚之称。棚下，可乘凉、品茗、闲聊、观鱼、听曲、唱曲抑或打鼾。而随时遵从吩咐，在空的空间往来穿梭的门房、账房、使唤丫头和如影随形、上蹿下跳的肥狗都言说着"主子"的优越、情趣与情意。

正如萧默指出的，四合院这种空的空间"不是人围绕建筑而是建筑围绕人"，不是静态的"可望"而是动态的"可游"。其对外封闭，对内开敞，乐在其中的格局，一方面是自给自足的"家庭需要保持与外部世界的某种隔绝，以避免自然和社会的不测，常保生活的宁静与私密"，另一方面则是农业生产方式的深刻心态使得人们"特别乐于亲近自然，愿意在家中时时看到天、地、花草和树木"。④

因为"岁管钱粮月管银"的衣食无忧，提笼架鸟、听曲唱曲、遛狗斗蛐、信步街头成为旧京，尤其是内城城墙以里的生活常态。由于"游手好闲，斗鸡走狗者日多"，渐浸润于汉文化的八旗子弟创

---

① Brook, Peter, *The Empty Space*. Harmondsworth: Penguin, 1972.
② 叶嘉莹口述，张候萍整理，《红蕖留梦：叶嘉莹谈诗忆往》，北京：生活·读书·新知三联书店，2013，第5—10页。
③ 张爱玲，《少帅》，北京：北京十月文艺出版社，2015，第5、92页。
④ 萧默，《建筑的意境》，北京：中华书局，2014，第69、79页。

改革开放后坚持了二十年的新街口集贤承韵票房中习唱八角鼓的票友们

作的子弟书成就"颇不少"。①院门与院门之间,是不计功利得失的"大爷高乐,耗材买脸,车马自备,茶饭不扰"的唱曲玩票儿。这不仅在民间刊物《八角鼓讯》的诸多篇章中有着鲜明的体现,从今天相声名家对"清门儿"的深情回忆与强调②,也可窥见其端倪。城墙内外,是兴师动众地"分文不取,毫厘不要"的"抢洋斗胜,耗材买脸",是乐此不疲地"为老娘娘当差"的朝山进香、行香走会。

这些都鲜明地体现出旧京,尤其是旗人生活整体性地不牵涉目的要素、不计功利得失与酬劳的"自由"本质。换言之,作为一个时代可取的生活方式的具化,在建筑学家那里所看重的四合院言传

---

① 郑振铎,《郑振铎全集》第七卷《中国俗文学史》,石家庄:花山文艺出版社,1998,第601页。

② 陈清泉,《清门后人:相声名家陈清泉艺术自传》,北京:文物出版社,2011。

的是一种闲暇、优雅的生活姿态,一种厚重的文明形态——农耕文明所孕育的慢节奏的旧京的乡土性。

直到20世纪三四十年代,京城满人婚姻都没有媒人之说,并将赔上时间、金钱、精力,义务地为亲戚邻里撮合姻缘的人称为"喝冬瓜汤的"。[1] 清末民初,不少出身高贵但已经破败的旗人也尽可能坚持着自己的矜持与兴致,甚至将这种矜持与兴致延续到被迫移居外城的大杂院或杂合院的日常生活之中[2],从而呈现出传统"乐感文化的漫画形态"[3]。对此,孟起的描述堪称经典:

> 他们不做工,不谋职业,除非等到肚皮挨了饿;把整个的时间和精力都寄托在花,鸟,虫,鱼上。一盆花,一只鸟,这便是他们的生命,甚至比自己的生命还爱惜,还珍重。自己宁可吃"杂合面",而画眉的食不能不讲究,小米里头还要拌鸡蛋。自己虽然每天要睡到正午才起床,不过因为"遛画眉",不能不鸡鸣而起。此外,吃馆子,听名角戏,也是他们特殊的嗜好,如口味的高低,唱工的好坏,一经品题,便成定论,这你不能不说他们是批评家,鉴赏家。不过他们只知留恋过去,留恋昔日那种豪贵的生活,不思进取,不知奋斗,这是北平典型的人物,独具的特性。北平的风俗习惯,受到他们很大的影响。[4]

---

[1] 周恩慈,《北平婚姻礼俗》,北平:燕京大学法学院社会学系学士毕业论文,1940,第28页。

[2] 岳永逸,《老北京杂吧地:天桥的记忆与诠释》,北京:生活·读书·新知三联书店,2011,第251—252页。

[3] 赵园,《北京:城与人》,上海:上海人民出版社,1991,第216页。

[4] 孟起,《蹓跶》,收入陶亢德编,《北平一顾》,上海:宇宙风社,1939,第131页。

四合院这种毫无阻隔的空的空间的共享属性，既是旧京庙会这种空间的息壤、温室，也是旧京庙会空间的基本特质。各色人等在城墙内外大小庙宇内的神像面前的磕头跪拜，言传的是异质性群体共享的精神世界、思维方式和日常生活——对天地日月的敬畏，对福禄寿、美好姻缘、子孙香火和国泰民安、风调雨顺、五谷丰登的渴望与维护①，表达的是一种在神灵面前的人人平等和人神平等的基本关系，即"磕头的平等"②。庙墙、庙门的区隔形同虚设。在这些律动性也是间歇、周期性频发的空的空间，人们重回精神世界的"原初"形态，共享也践行着素朴的"乌托邦"梦想。

（三）旧京的神圣性与乡土性

　　在某种意义上，神圣建构了世界，规定了世界的疆界和秩序，"在一块土地上定居，也就是对它的圣化"。③在海德格尔看来，人是"诗意地安居"，其"黑森林农舍"是天、地、神、人的合一。④在乡土中国，家居空间既是家又是庙，是人、神、祖先、鬼共享的空间。⑤

---

① Hsu, L.K., *Science and Human Crises: A Study of China in Transition Its Implications for the West*, London: Routledge & Kegan Paul，1952，pp.119—120.
② 岳永逸，《灵验·磕头·传说：民众信仰的阴面与阳面》，北京：生活·读书·新知三联书店，2010，第302—346页。
③ ［罗马尼亚］米尔恰·伊利亚德，《神圣与世俗》，王建光译，北京：华夏出版社，2002，第7—19页。
④ Heidegger, Martin. *Poetry, Language, Thought*, New York: Harper & Row, 1971, pp.146—153.
⑤ Wang, Sung-hsing, "Taiwanese Architecture and the Supernatural," in Wolf, Arthur (ed), *Religion and Ritual in Chinese Society*, Stanford: Stanford University Press, 1974, pp.183—192.

而且，家居的扩展是在供奉着祖先和神灵的堂屋的左右两翼，与寺庙、道观、宗祠以及中国古代城市的布局有着同构性，只不过一般人家的堂屋具有敬拜、就餐、睡觉、娱乐、待人接物等多种功能。①

或者是因为受到木质梁柱结构的限制，从北京现在遗存的都采取了院落式组合方法的紫禁城、东岳庙和四合院的大致格局，依稀可见人神、官民起居空间共享的同质建筑美学：中心（我）—四方（他者）和文野之别的天下观；尽可能高大宏伟的牌坊、院/山门、外墙、影壁；前院后院几进几出的格局；正殿/房、偏殿/房、两厢和抄手游廊强化的尊卑秩序；井然有序地行走在其间的男女各色人等，诸如紫禁城中的君臣、妃嫔、宦官、宫女，四合院中的主人、门房、账房、胖丫头，东岳庙中阶序分明的道士、善人与香客等。

作为一座神圣之城，旧京的神圣性正好与农耕文明的乡土性是一体的。高大的城墙和依偎城墙边的护城河并未阻隔城门内外世界的一体性。从文化特质方面，费孝通曾力证传统中国的乡土性，并将那个缚着在土地上的中国命名为"乡土中国"。②其实，千百年来传衍的曲艺的实际生态也从另外一个角度说明了传统中国有形城墙间隔的虚无性。③

按照"左祖右社""前朝后市"古制的基本建筑格局，在北京，历时数百年日益完备的天、地、日、月、农、山川、社稷诸坛及其官方祭典从制度性层面强化着上述两个层面的一体性，并深远地影响着国人"家天下"的世界观与行动准则。日常交往中，利他的内

---

① Paper, Jordan D., *The Spirits Are Drunk: Comparative Approaches to Chinese Religion*, Albany: State University of New York Press, 1995, p.42.
② 费孝通，《乡土中国》，北京：北京大学出版社，2012。
③ 岳永逸，《都市中国的乡土音声：民俗、曲艺与心性》，北京：中国人民大学出版社，2015，第78—83页。

敛、含蓄，吃得起亏被视为德行，被奉为楷模、神圣。国家层面，天朝"朝贡"体系实则是来朝来贺的尊敬、孝敬的心意与千百倍的回敬——赏赐与馈赠——之间的不对等交换。长期奉行的这种自己吃亏，对方却未必真心臣服、喜悦的"乡下人"交往原则——朝贡体系①——使得旧京在惟利是图的资本主义殖民体系面前手足无措、不堪一击。

对于旧京这座圣城，民间也有着一套与之互为表里的解释体系。这在分别指向城、街区和家户的"三山五顶""九龙二虎""四大门"等俗说中有着分明的体现。

"三山"指北京郊区三座建有老娘娘庙殿的山峰，即现门头沟妙峰山、平谷丫髻山和石景山天台山。丫髻山又称东（大）山，距北京城九十余公里。其山峰突起，宛若少女的发髻，遂有"丫髻山"之名。天台山又称为西山，位于石景山区磨石口，旧时每年农历三月十八开庙。由于比四月初一丫髻山、妙峰山庙会先期开庙，因此香客多是先去天台山进香，再去丫髻山或妙峰山朝顶。民间流传"西山香罢又东山，桥上娘娘也一般"即是此意。"三山五顶供娘娘，只有天台供魔王"则说的是这里与皇室更紧密的关联。民间传闻，"魔王"就是在此落发为僧并"玩失踪"的顺治皇帝。②

"五顶"指位于北京城四方的供奉碧霞元君的五座寺庙。北京城大致呈方形，左右对称，因此人们常根据碧霞元君庙宇所在区位对

---

① 参阅葛兆光，《想象异域：读李朝朝鲜汉文燕行文献札记》，北京：中华书局，2014，尤其是第225—249页。
② 获舟，《魔王老爷的传说》，《民俗·妙峰山进香调查专号》第69—70期合刊（1929.7），第126—131页；中国民间文学集成全国编辑委员会、《中国民间故事集成·北京卷》编辑委员会，《中国民间故事集成·北京卷》，北京：中国ISBN中心，1998，第82—85页。

之简称。又因碧霞元君祠原本在泰山之巅,人们习惯将北京城中供奉碧霞元君的祠庙称之为"顶"。五顶这种民间信仰对北京城形成一种拱卫之势,并与东岳庙这一国家正祀之间形成互动。① 民间对于五顶的说法各不相同。明代,"而祠在北京者,称泰山顶上天仙圣母。麦庄桥北,曰西顶;草桥,曰中顶;东直门外,曰东顶;安定门外,曰北顶。盛则莫弘仁桥若,岂其地气耶!"② 清代,《帝京岁时纪胜》记述更详:

> 京师香会之盛,以碧霞元君为最。庙祀极多,而著名者七:一在西直门外高梁桥,曰天仙庙,俗传四月八日神降,倾城妇女往乞灵佑;一在左安门外弘仁桥;一在东直门外,曰东顶;一在长春闸西,曰西顶;一在永定门外,曰南顶;一在安定门外,曰北顶;一在右安门外草桥,曰中顶……每岁之四月朔至十八日,为元君诞辰。男女奔趋,香会络绎,素称最盛,惟南顶于五月朔始开庙,至十八日,都人献戏进供,悬灯赛愿,朝拜恐后。③

根据上述史料及其田野调查,在韩书瑞研究的基础之上④,吴效群对五顶再次进行了梳理,他坚信,旧京五顶是中央—四方和五行等

---

① 赵世瑜,《狂欢与日常:明清以来的庙会与民间社会》,北京:生活·读书·新知三联书店,2002,第352—378页。
② [明]刘侗、于奕正,《帝京景物略》,北京:北京古籍出版社,2002,第132页。
③ [清]潘荣陛,《帝京岁时纪胜》,北京:北京出版社,1961,第17页。
④ Naquin, Susan, "The Peking Pilgrimage to Miao-feng Shan: Religious Organizations and Sacred Site," in Naquin, Susan and Chǔn-fang Yǔ (eds), *Pilgrimage and Sacred Sites in China,* Berkeley: University of California Press, 1992, pp.334—338; *Peking Temples and City Life, 1400—1900,* Berkeley: University of California Press, 2000, pp.243—245, 517—528.

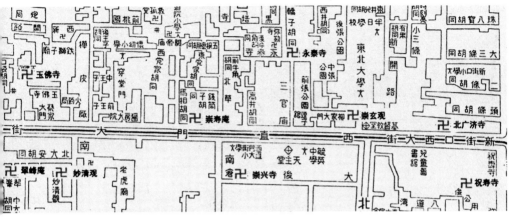

西直门大街曾经有的大庙（鞠熙绘制）

"哲学观念的表达",是"封建帝国出于护卫京城的需要而设置的"。[①]

除了官祭的大小宫观庙庵,北京城还密布着与农耕文明形态、城市行业生态、会馆等相关的大小庙宇。1928 年,北京市政当局首次对寺庙进行了登记,共登记了寺庙 1631 座。实际上,旧京的寺庙远多于此。在访谈中,我常听到老人们说:"过去,那庙多了去了。你站在北京城的任何一个地方,以你为圆心,50 米开外的圆周上一定有庙。没大庙,就有小庙!"仅在西直门内大街,老街坊就有"九龙二虎一统碑"的俗说。

根据鞠熙的考证,"九龙"分别是这条大街南北两侧的供奉有龙王的诸多庙庵,包括:北顺城街 11 号的龙泉庵、前桃园 1 号左近的赦孤堂观音庵龙王庙、新街口南大街 4 号的新街口龙王庙、现新街口电影院门前的北广济寺龙王庙、高境胡同南口东侧的龙王庙、北草场胡同口外的龙王庙、今冠英园 27 号左近的龙泉禅林、新街口南

[①] 吴效群,《妙峰山:北京民间社会的历史变迁》,北京:人民出版社,2006,第 37、39 页。

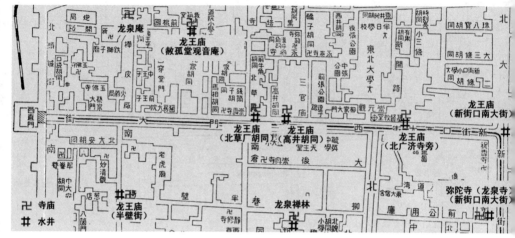

西直门内大街附近的九座龙王庙（鞠熙绘制）

大街51号的弥陀寺、前半壁街和南小街十字路口东北角的龙王庙。"二虎"是有着"神虎"的后半壁街五圣神祠和位于现玉桃园一区16号楼左近（原铁狮子胡同）的铁狮子庙（亦曾名真武庙、玄帝庙）。

作为神灵的栖身之所、群体的记忆之场，这些密布的具有公共性的小庙与皇室、高僧大德无关，声名也明显有着局限性，但却与左近街巷的底层市民的吃喝拉撒睡等日常生活密切相关。它们不仅福佑个体的健康平安、济弱扶贫，还是合理配置使用"水窝子"的神圣象征，是包括被赶出宫廷的年迈宫女在内的鳏寡孤独等弱势、失势群体有所依托的伦理社会的补充。[①] 正因为深远地影响并建构了底层小民的空间感和日常生活，在当今老街坊的口头叙事中，面目全非的西直门内大街依旧有着"九龙二虎大街"的别称。

---

① Ju, Xi, "Legend of Nine Dragons and Two Tigers: An Example of City Temples and Blocks in Beijing," *Cambridge Journal of China Studies*, vol.11, no. 1 (2016.3), pp.48－67.

七 精神性存在的让渡

"离地三尺有神灵"。乡土中国的绝大多数人都生活在一个充满敬畏的世界中,并按照内心的敬畏来建构自己的生活世界。三山五顶拱卫的京城如此,庙宇密布的街区如此,处处有神的家户也如此,可谓"道道有门,门门有神"。神与人之间也始终是一种相互依持的互惠关系,即"神凭人,人依神",甚或神人一体。这在旧京又典型地体现在"胡黄白柳"四大门信仰中,体现在曾经密布旧京城墙内外的人神之媒——香头身上。

旧京郊区多数人家院门内都有供奉四大门的财神楼子,城墙以里的大户人家的下人也多供奉财神楼子。① 在旧京,财神楼子中的财神更主要指的是白爷,即刺猬,而非比干等文财神,或关公等武财神。神灵密布的家居实则是人神共处,同居。四大门信仰的核心是香头。通常,这些香头的家有着"仙家坛"的俗称,或称"XX坛"。因为络绎不绝的求助者,香头家的神案前也就香烟缭绕。正是以香头为核心形成的大小香会组织,才汇成了数百年来朝山进香的洪流。② 因此,庙在旧京不仅是以宫、观、庙、庵、祠、寺、坛,甚至以家居等固化的形式存在。如同华北乡野庙会那样③,旧京的庙及其会也是一种具有变形和伸缩能力的动态存在。

在民国之前,前往妙峰山朝山进香的有十三档会,俗称"鼓幡齐动十三档",即开路会、五虎棍会、高跷会、中幡会、狮子会、双石会、掷子石锁会、杠子会、花坛会、吵子会、杠箱会、天平会、神胆会。民国之后,增加了自行车会、小车会、旱船会三档,成为十六档,当时有如下歌谣描述这些会档:

---

① 李慰祖,《四大门》,北平:燕京大学法学院社会学系学士学位论文,1941,第134—139页。
② 同上书,第102—108页。
③ 岳永逸,《行好:乡土的逻辑与庙会》,杭州:浙江大学出版社,2014。

> 金顶御驾在居中，黑虎玄坛背后拥。清音童子紧守驾，四值公曹引大铜。杠子是门掷子是锁，一对圣兽把门封。花钹吵子带拷鼓，开路打路是先锋。双石杠箱钱粮柜，圣水常在花坛中。秧歌天平齐歌唱，五色神幡在前行。前有前行来引路，后有七星纛旗飘空中。真武带领龟蛇将，执掌大纛在后行。门外旱船把驾等，踏车云车紧跟行。

这些会档组合起来就是一副在庙宇的敬拜，行香走会图："狮子"即庙门前的石狮，有守驾之责。行香时，狮子守驾，各会从狮子前经过，狮子殿后而行；"中幡"乃庙前旗竿，所以先行；"自行车"会像五路催讨钱粮使者，"开路"像神驾前的开路先锋，"打路""五虎棍""少林棍"都是引路使者；"天平"（什不闲）像称神钱者；"拷鼓"像神乐，"杠箱"像贮神钱粮者，所以有杠箱官；"秧歌"（高跷会）和"小车"像逛庙游人；"双石""杠子""花坛"等既像神前执事，又像赶庙的玩意档子。①

（四）生死依托与生命之常

庙会现场是动静一体的空间。动即当下媒介写作以及少数学术写作片面强调的狂欢特征，诸如乡音浓浓的庙戏、五花八门的杂耍娱乐、熙熙攘攘的市集。静则主要指庙会的宗教属性，个体人与神灵之间的精神连接、交流；除肃穆而虔诚的上香上供、磕头跪拜、

---

① 金受申，《北京通》，北京：大众文艺出版社，1999，第155页。

许愿还愿之外，还有默祷、静观、聆听、冥想，以及神灵上身附体后身不由己的呓语、迷狂，等等。在动、静混融并相互涵盖的层面上，庙会并非是日常生活的断裂，而是日常生活的延续与集中呈现。它不但赋予因不同原因"生活失衡"[①]的个体以期许，还彰显个体的价值，诠释着"人从哪里来？到哪里去？怎样来？如何去？"等基本的每个个体都会面对并思考的哲学命题。

正如"九龙二虎"这些名不见经传的小庙之于西直门内大街民众日常生活的重要性那样，旧京的很多庙宇都扮演了社会矛盾缓冲器、平衡器和个体身心调适器的角色。不仅通过宗教信仰活动缓解个体的焦虑，在不同层面和程度上满足个体的愿望、渴求，还在物质层面履行着现代社会福利机构的职责，赈济穷苦大众。旧京的不少庙宇在舍衣饭、济穷人的同时，也有如善果寺那样与时俱进，办免费的贫民小学的义举。

尤其重要的是，庙宇也是个体生死依托的场域。以民众可以感知和理解的方式，作为神圣空间的庙宇演绎并诠释着生命的本源、意义与归宿。在旧京，求子是众多供奉老娘娘庙宇的庙会的基本职能之一。至今，在妙峰山，无论是庙会期间还是平时，求子仍是主要的敬拜活动之一。此外，对于体弱难养的孩子，旧京的人们常常会将其寄名甚或寄养在庙里。这些称之为"寄名和尚"或"寄名道士"的孩子，在年满十二岁或结婚前都要专门在庙里举行"跳墙"仪式，因此又有了"跳墙和尚"或"跳墙道士"的专称。[②]男孩子多许与关帝庙、老爷庙、吕祖庙、娘娘庙等，女孩则多寄名在太平庵、三圣庵等尼姑庵。

---

① 岳永逸，《行好：乡土的逻辑与庙会》，杭州：浙江大学出版社，2014，第134—146页。
② 常人春，《老北京的风俗》，北京：北京燕山出版社，1990，第251—253页。

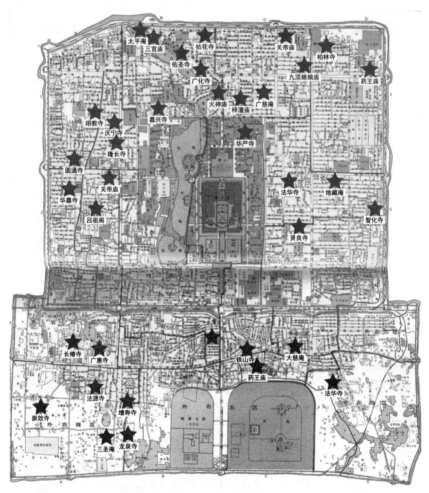

民国时期北京主要停灵寺庙分布示意图（鞠熙绘制）

夏仁虎《旧京琐记》卷一"俗尚"有载，清代旗人子弟往往拜僧道为师，求其保护。还有担心子弟难养，遂购买一贫家儿令其为僧，谓之"替身"。日后，被替的人长成，替身与之就如同弟兄一样,全家都要礼待替身。① 对于体弱多病,担心小孩可能夭亡的普通人家也有给小孩"烧替身"的习俗,即"还童儿"。② 此时,替身就是裱糊铺用纸糊的三尺来高的小人。正月十五,将这个替身和写有小孩生辰八字的纸在庙中焚烧。如同人们相信,孩子是(可以)从神前求来一样,来自神祇的孩子——"童子",随时都有被神收回去的可能。所以,用个纸人——替身——来销账,自己的孩子就会免于被神灵召回去的危险。

旧京同样是流动性不小的"移民"城市。旧京,尤其是宣南,长期林立的会馆就是明证。③ 对于那些死后暂时还未找好墓地的或者要运回老家安葬的死者,众多的庙宇也成为其临时的栖身之处。这在旧京有专门的说法,"停厝"或"停灵"。这里引用的"民国时期北京主要停灵寺庙分布示意图"仅仅显示了那时北京的内城与外城部分有着停厝职能的庙宇。当年,"帝师"陈宝琛(1848—1935)、朱益藩(1861—1937)都曾停厝在广安门法源寺。梁启超(1873—1929)逝后在法源寺附近的广惠寺停厝三年。吴佩孚(1874—1939)逝后在大石桥胡同拈花寺停厝七年。李大钊(1889—1927)逝后先后停厝于长椿寺、浙寺。浙寺与长椿寺相连,地处现宣武医院北部。1941年,叶嘉莹母亲因病在医院逝世后,遵循传统习俗,遗体没有运回家中,而是直接停灵在地安门外西黄城根五福里南口外的嘉兴寺。④

---

① [明]史玄,《旧京遗事》,[清]夏仁虎,《旧京琐记》,[清]阙名,《燕京杂记》,北京:北京古籍出版社,1986,第41页。
② 常人春,《老北京风俗》,北京:北京燕山出版社,1990,第248页。
③ 北京市档案馆编,《北京会馆档案史料》,北京:北京出版社,1997;白继增,《北京宣南会馆拾遗》,北京:中国档案出版社,2011。
④ 叶嘉莹口述,张候萍整理,《红蕖留梦:叶嘉莹谈诗忆往》,北京:生活·读书·新知三联书店,2013,第22页。

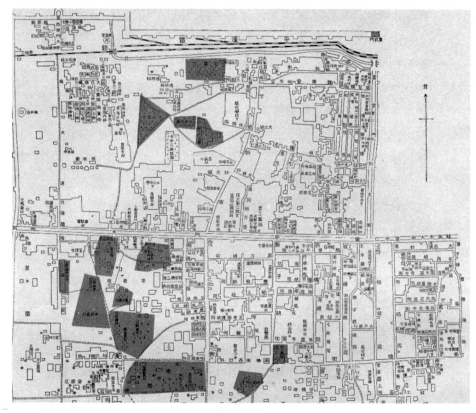

1931年北平外四区的主要义地分布图（鞠熙绘制）

因为有着停厝的基本职能，诸如宝应寺那样，旧京的一些寺庙也就成为与义园的联合体。宝应寺在善果寺的西南，善果寺在浙寺正西。山东登莱胶义园公所在宝应寺里办公。义园承办丧葬事宜，停厝灵柩。庙的前院归义园使用，第一层大殿供奉关公，突出义园的"义"。庙的西院，有大车门，便于棺材进出。屋门居中的小单间排房专供停放灵柩，便于祭奠。庙前土路南侧，虎皮石院墙围起一座大院，是义园坟圈子。墙上嵌砌石碑，凿刻"寄骨所"三个大字，里面都是"丘子坟"。山东人引以为荣的同乡，甲骨文的发现者王懿荣（1845—1900）、同盟会山东主盟人徐镜心（1874—1914）都曾在此停厝。

与出生、成人、姻缘、死亡等人生仪礼，即个体生命的来去的紧密关联，是旧京庙会生生不息，对广大信众具有吸附力的原因之一。换言之，虽然大、小庙宇在日常起居、行走的四合院、大杂院、胡同之外，却是绝大多数人绕不开也必然与之发生关联的地方，且指向生命的本源、本质与意义。无论穷富，人们可以心安理得地把自己的生死、姻缘、香火子嗣、健康平安、福禄寿等，统统交托在庙里，交托在庙会这个场域。然而，进入民国以来，作为近现代化与文明的标志与奋斗目标，人们努力将死亡从日常生活空间区隔。如今，在北京城核心区，除极个别的特例，庙宇、庙会与个体信众生命历程之间的关联早已被强制性斩断。但是，如前文提及的那样，或者因为是在远郊区，作为国家级非遗而存在的妙峰山庙会，其吸附信众朝山进香的核心动力依旧是在灵感宫内的老娘娘前求子、求姻缘的灵验。事实上，即使在当下广袤的乡野，诸如苍岩山庙会那样，人生仪礼、家庭义务与庙会之间的联动性仍然是普遍性的存在。

（五）趋同的庙市与庙产的文物化

农耕文明左右下的旧京是一种精神性的存在，是一个天、地、人、神同在也阶序分明的熟人社会。鸦片战争之后，奋发图强的洋务运动基本主旨尽管是"师夷制夷、中体西用"，但本土文化的根基明显出现了裂缝。戊戌变法、辛亥革命，尤其是五四运动，本土的雅俗文化及其所承载的精神遭遇到前所未有的否定。因为急欲破除帝制，根除皇权，重塑国民、社会和国家，当时的智识阶层同时从时间制度和空间制度两个面向进行了努力，以此重构国民的时空观、宇宙观与生命观。

如"教育的义"一节梳理的那样，在时间制度上，重构的重中之重就是废除旧历，推行新历。为推行新历，明确将旧历定义为"阴阳五行的类书，迷信日程的令典""迷信的参谋本部"。在空间制度上，改造庙宇、革命庙会、去除其精神指向成为必然。城乡大小庙宇处在了时代的风口浪尖，其中供奉的神像以及对其的敬拜行为成为"迷信"的代名词与具象。戊戌变法已降，因应教育的名、革命的义、经济的力，庙宇整体性地在20世纪前半叶经历了向学堂、学校的转型，还出现了蔚为大观并体现正义、进步和革命姿态的"庙产兴学"运动。当然，也有些庙宇被改造成为工厂。在1950年代，北京鼓楼旁边的太监庙宏恩观就成为北京标准件二厂的所在地。①

在此运动中，庙墙内的殿宇被意在开启民智的科学、教育所征用或占用，成为塑造新人的学校所在；庙墙外的市集、娱乐也被凸显出来，成为不折不扣的庙市。

在旧京，转型前的旧京庙会各有各的特色，具有不可替代的独一无二性。这典型地体现在至今广为盛传的俗语、歌谣中。诸如：

    八月八，走白塔。②

---

① 关于宏恩观具体的演化史，可参阅朱起鹏、谢婧昕，《古庙、工厂，Shopping Mall：城市历史遗产的"宏恩观现象"》，《住区》，2016年第3期，第31—37页。
② "走"可能是"转"或"绕"。作为旧京藏传佛教的圣地之一，敬奉佛祖、祈福消灾、积累功德的转塔，应在农历六月初四和十月二十五最为盛大。俗说中的"八月八"何来尚未可知。关于白塔寺的历史演变和20世纪前半叶白塔寺庙会情形，可

财神庙里借元宝，觉生寺（大钟寺）里撞大钟，东岳庙里拴娃娃，白云观里摸猴精，城隍庙里看火判，崇元观里看花灯，火神庙里晾宝会，厂甸庙会甲帝京／庙会最盛是帝京。

如同东岳庙里的铜骡一样，白云观的猴精声名远扬，"摸"者趋之若鹜，络绎不绝。不仅如此，旧京的"燕九节"同样是围绕白云观庙会形成的，并有"燕九会神仙"的俗说。即正月十九这天，在白云观，虔诚的信众有可能遇到重回人间的丘处机。此外，白云观庙会还有秧歌、百戏、宴饮游乐、男女相悦、走桥摸钉、打金钱眼等多种活动。这在孔尚任等人撰写的《燕九竹枝词》多有描述。[①] 柴萼（1893—1936）曾记录了城隍庙火判的情形。在其《梵天庐丛录》中的"火判"条有云："京师旧俗，上元夜以泥涂鬼判，尽空其窍，燃火其中，光芒四射，谓之火判。"与宏恩观一样，崇元观也是座太监庙。它修建于明代，亦名崇玄观，俗称曹老公观、曹公观、曹老虎观，在现西直门大街丁字路口北的新开胡同内。[②] 直到民国初年，崇玄观在正月十一到十五都有庙会，尤以正月十五的花灯为盛，人们争往观之。

转型后，原本有着各自敬拜特色的各大庙会成为相对均质化的市集，即，"逢三土地庙，逢四花市集，五六白塔寺，七八护国寺，

分别参阅黄春和，《白塔寺》，北京：华文出版社，2002，第1—100页；姜尚礼，《老北京的庙会 雍和宫庙会白塔寺庙会》，北京：文物出版社，2004，第99—153页，其中，第126—129页是民国时期白塔寺庙会中敬塔的照片。

① 王颖超，《〈燕九竹枝词〉中的"燕九节"习俗》，见张妙弟主编，《北京学研究2012：北京文化与北京学研究》，北京：同心出版社，2012，第173—182页。

② 至于修庙的曹老公，朱一新的《京师坊巷志稿》中记载是明末的太监曹化淳（1589—1662）。与之不同，马芷庠则认为是明英宗时的太监曹吉祥（？—1461）。参阅马芷庠，《北平旅行指南》，北京：北京燕山出版社，1997，第154页。

九十隆福寺"。因为每旬的一、二两天是公休日，以内、外城的五大传统庙会为依托，五大庙市也就成为绝大多数市民交易、娱乐的主要场所。

庙会整体性的庙市化转型也体现在20世纪前半叶学界对厂甸庙会和五大庙市等旧京"庙会"的调查书写中。如同八九十年前顾颉刚、李景汉、魏建功、甘博等对妙峰山香会的调查和叶郭立诚对朝阳门外东岳庙庙会的调查那样，即使触及到庙会的信仰仪式等行为，调研者都是以"中国改良社会学家"自居，并郑重声明自己调研并非是要宣扬迷信，反而是为了更好的教化民众。

基于当年主要对五大庙市经济方面的调查，下述感性的认知早已经演化成事实：

> 民国18年以后，土地庙、花市集、白塔寺、护国寺、隆福寺等五大庙会，其会期概改用国历日期。其他庙会，仍沿用旧历。国历观念日深，旧历观念日减，则将来香火、香会等庙会，将渐次被人忘却了。……就北平都市发展而论，东安市场、西单商场，及正阳门外大街以至天桥，此三角地带，已成为都市中心之大商业区。五大庙会则成为四围之小市场。随都市之扩大，此等市场亦将扩大。则改建为市街，或辟为新式商场，一变旧观，亦正可待。①

旧京的现代化历程既是以西方近现代城市为标杆，也是从乡土性的农耕文明城市这个"历史基体"艰难而努力地向现代化的工业

---

① 民国学院编，《北平庙会调查报告：侧重其经济方面》，见李文海主编，《民国时期社会调查丛编·宗教民俗卷》，福州：福建教育出版社，2004，第367、381页。

文明城市"固有的展开"①和"内发性发展"②。在这个至今多少有些不适和不良反应的蜕变历程中，被定格为革命、发展、进步、文明、现代的"去圣化"抑或"去神化"是其基本特征。天、地、日、月、社稷等皇家祭坛以及颐和园等皇家园林先后都成为普通市民可以进出的公园。③ 诸如崇元观等大型庙宇和恭王府等规模大些的府邸纷纷被改造成不同层次、级别、规模的学校以及工厂、楼堂馆所。立体的精神空间被泾渭分明地扁平化、单一化、专门化、职能化。被定性为"巫医"的四大门等信仰被追剿，赶出城区和家户。人与神的连接、交会、沟通交流日渐没有了立锥之地。在相当意义上，"人与人"的关系整体转型为"人与物"的关系，直到最终发展成为今天"物与物"的关系。

这里要再次提及，国民政府1914年颁布的《寺庙管理条例》。该条例规定：各寺庙得自立学校；仅有建筑属于艺术，为名人之遗迹、为历史上之纪念、与名胜古迹有关的寺庙可由主持负责保存；凡寺庙久经荒废，无僧道主持者，其财产由地方官详请长官核处之。这一条例使得一部分庙宇及塑像有了今天大行其道的"文物"的名。这一基本理念延伸到1949年后就是众多的不同级别的文物保护单位。因为庙会所依托的庙宇及其神像被"文物化"以及因文物化而

---

① ［日］沟口雄三，《作为方法的中国》，孙军悦译，北京：生活·读书·新知三联书店，2011，第55、111页。
② ［日］三石善吉，《传统中国的内发性发展》，余项科译，北京：中央编译出版社，1999，尤其是第1—4页。
③ 史明正，"From Imperial Gardens to Public Parks: The Transformation of Urban Space in Early Twentieth-Century Beijing," *Modern China*, vol. 24, no.3 (1998.7), pp.219—254；《清末民初北京城市空间演变之解读》，见刘海岩主编，《城市史研究·第21—22辑》，天津：天津社会科学院出版社，2002，第434—441页。

不可触碰的禁忌,其神圣性和之于个体生命的价值与意义也就荡然无存。原本因庙会和对个体生命终极关怀而生机盎然的庙宇不再是芸芸众生共构、共享、共谋的"空的空间",而仅是具有展示与远观价值的落寞的"空壳空间"。

当然,改革开放后,正如已经发生和正在发生的那样,文物化的庙宇要么如旧京白塔寺的白塔这样继续被文物化、博物馆化,成为可远观而不可亵玩焉的城市地标与旅游景观,要么就如妙峰山那样成为门票昂贵的旅游、休闲目的地。不仅如此,在金钱至上也万能的市场经济与电视等现代传媒的合围下,文物还出现了被明码实价拍卖的"宝物化"的势头,沦为有钱阶级炫富的玩物和名片,在失去其指向历史、文化之本意的同时也更远离了市井小民。[①]

(六)非遗庙会的窘境

改革开放以来,随着主流意识形态先后对民间文化、传统文化的遗产学与考古学诠释和民族文化瑰宝、活化石的重新定位,力挺庙会之于地方重要者,首先看重的依旧是庙会的工具理性。先是在"文化搭台,经济唱戏"的框架下,宣扬庙会的经济功能,将庙会办成以商品交易为主色的物资交流会、商贸洽谈会、招商引资会,暧昧其庙会敬拜神祇的内核。继而,在非遗的申报、评审、保护运动中,庙会的教育、娱乐以及宗教、艺术等文化功能也粉墨登场。这才使得妙峰山庙会等原本以敬拜为核心的庙会——"淫祀"得以与

---

① 蒋原伦,《观念的艺术与技术的艺术》,北京:新星出版社,2014,第18—24页。

日本神社祭祀巡游时,小孩子组成的"子供会"通常也会抬着自己的神舆沿着大人的行走路线巡游

天坛祭天、炎帝黄帝祭典等官祭——"正祀"比肩而立,晋身国家级非遗名录。在凸显这些非遗文化特色的同时,庙会中信众的敬拜实践也有了部分不言自明的合理性。无论是偏重于其经济功能还是文化功能,各地试图以有特色且历史悠久的庙会开发旅游、发展经济,顺势进行文化建设始终是精英俯就庙会的核心目的。

在日本,虽然明治初期"显示出了禁止阻碍文明进程的民间信仰救助礼仪存在的姿态",但对衍生于本土的宗教信仰整体上并未因为明治维新而经历釜底抽薪式的被彻底否定的历程,反而是"在复古神道的意识形态"支配下,将之纳入到了国家管理的层面并以

"神道教"之名推广，视之为民族的象征。①因此，在当代日本高密度的都市空间中，依托于日本本土宗教信仰而五彩缤纷、千姿百态的"娱神"庙会不仅是他者旅游观光的目的地，更是不同传承者主动投入的乐事，再现的是一种让人起敬也羡慕的"日本精神"。每个庙会在其传承的社区，几乎都是全民参与，显示出极强的与时俱进的自我调适能力。②

与近邻传统庙会的如此盛况不同，因为始终在"迷信"阴影的笼罩下，有庙宇和神灵的妙峰山庙会、丫髻山庙会、东岳庙庙会这些在当下京城有着"传统"意味和"民俗"特色的庙会只能是有限度的精神性回归。与精神存在相通的宗教实践或半遮半掩，或只做不说，或采用"民俗""传统文化"与"非遗"的修辞美学。正如发生在金顶妙峰山的那样，原本单向的"朝顶进香"——上山——已经演化成为代表金顶老娘娘的山上的管理者、经营者与山下的会万儿、把儿头之间的互动和"礼尚往来"，即"下山"和"上山"的相向而行。人们要努力地把它办得像庙会。非遗之山、学科之山、花会之山、泰斗之山等"小金箭"婉饰、层累的金顶妙峰山这个"箭垛"在绚烂夺目的同时，也多少有了老北京"杂吧地儿"③五味杂陈的味儿。

然而，改革开放后，已经举办过多年的无庙更无神的厂甸庙会、龙潭湖庙会、地坛庙会则仅仅是市民抱怨、感慨的无趣的逗乐与懊丧

---

① [日]官家准，《日本的民俗宗教》，赵仲明译，南京：南京大学出版社，2008，第57—58页。
② 王冲，《日本庙会活动及其在高密度都市空间的适应性策略》，《住区》，2016年第3期，第43—49页。
③ 岳永逸，《老北京杂吧地：天桥的记忆与诠释》，北京：生活·读书·新知三联书店，2011，尤其是第306—355页。

的消费，口腹之欲都只能有限度的满足。① 因 2008 年北京奥运会之契机，被修复并款款情深地依偎在水立方和鸟巢边的北顶娘娘庙则徒具庙的外形，至今都未能与普通市民、小区居民的日常生活、生老病死——个体的价值与意义——形成任何关联，甚至"不得入内"。

内在神韵去乡土化而唯物主义化和科学主义化的国际大都市北京，已经不再是一个闲暇的生活空间，不再是个体展现其生命历程、生与死的暖意空间、神圣空间，而是一个钢筋、水泥与玻璃架构的拥挤、喧嚣、忙碌的生产车间。它庞大无比，金光璀璨，却难以放进一颗满怀敬畏的心。作为小民百姓群体性庆典和心灵图景——精神性存在——的庙会或者只能是穷途末路，不合时宜。

当然，如果瞩目于 1949 年后北京城市空间的改造，尤其是被视为社会主义建设伟大成就的北京城"十大建筑"，也即基于带有一定意识形态色彩的政治学研究，那么北京显然再次经历了无可厚非也是不容置疑的再度"神圣化"的历程。② 事实上，从偏重于实践的做宗教和乡土宗教的视角而言，"新北京"作为"圣城""圣地"的本质也格外醒目。

数十年来，国人对人民英雄纪念碑、对毛主席纪念堂则是持之以恒地瞻仰，对天安门广场已经定格的升旗仪式也表现出风起云涌地向往，对《我爱北京天安门》《北京的金山上》等"红歌"是津津

---

① 李松、李熙，《北京庙会惟利是图变鸡肋》，《新华每日电讯》，2004 年 2 月 6 日第 8 版；舒乙，《现在的庙会太无趣》，《中国消费者》，2010 年第 3 期，第 62 页。
② Meyer, Jeffrey F., *The Dragons of Tiananmen: Beijing as A Sacred City*, Columbia, S. C.: University of South Carolina Press, 1991; Hung, Chang-tai（洪长泰），*Mao's New World: Political Culture in the Early People's Republic*, Ithaca, N.Y.: Cornell University Press, 2011, pp.25—72, 213—255.《地标：北京的空间政治》，香港：牛津大学出版社，2011.

有味地反复传唱、演绎，直至对北京城的趋之若鹜和试图成为"北京人"之梦想的尝试，等等。另一方面，因为庙宇与市井小民日常生活之间的连带性、一体性的断裂，在改革开放后，北京城内外存在式的家庭教会也在反向建构、言说着北京城的神圣性。

但是，内化为个体自觉甚至成为梦想的政治意识形态、家庭教会显然与本书所言的"庙会"有着本质的不同。换言之，去乡土化、唯物主义化、科学主义化而世俗化的当代北京主要是针对"庙会"的演进与变迁而言的，主要是针对生活在这座伟大而多艰、光鲜亮丽同时也空壳化的北京城的绝大多数的市井小民而言的。

（七）庙会的城愁

1937年3月，在王宜昌主持下，北平民国学院三年级学生对北平庙会进行的侧重于经济方面的调查，是体系化地说明庙会在北京城市发展史中的地位和作用的拓荒性尝试。因此，虽是侧重那个年代北平庙会，尤其是庙市的分布、场所和商业等经济方面，但报告依旧率先简析了庙会的语义，起源和在北京的历史演进。报告指出，在旧京口语中，起源于宗教或商业原因的"庙会"实际上包含香火、香会或香市、春场、庙市和市集等多种含义，并描绘了元、明、清数代及至民国时期北京这多种形态庙会的概况。①

---

① 民国学院编，《北平庙会调查报告：侧重其经济方面》，见李文海主编，《民国时期社会调查丛编·宗教民俗卷》，福州：福建教育出版社，2004，第354—367页。

显然，作为日常生活集中呈现的庙会之生发绝非仅仅源自于宗教或商业，它还与特定的宇宙观、生命观、文明形态、生活方式、生活品位和情趣互为表里、因果。所以，在对庙会的定义中，本书反复用了"心灵图景"一词。悖谬的是，虽然不乏精辟的论断与预见，当年的这些先行者却并未意识到他们的调查和书写本身就是旧京庙会向庙市整体性转型的界碑与催化剂。

借在巨变中旧京所发生的整体性的社会事实，本章试图在观念层面说明，汉语中已经被故意混淆并习以为常的"庙会"和"庙市"两个语词的异质性。在整体上，和民众践行了千百年的"朝山进香"一样，与农耕文明互生、互现、互文的旧京庙会是一种精神性存在，而庙市则始终是一种物化性的存在。换言之，在后农耕文明主导下的北京，尤其是唯物论作为支配性意识形态的北京，作为精神性存在的庙会只能是明日黄花，而消费者怨声载道的庙市必然被强势群体倡导并大行其道。

虽然外观上有城墙环绕，但是旧京仍然是一座与农耕文明互文的乡土性城市。这种乡土性既体现在官民对天地自然敬拜的神圣性之中，也体现在家、街、城同构性的空间美学。正如前文所述，宫、观、庙、庵、坛、祠、寺等以不同的阶序密布旧京。不仅如此，在民众乌托邦式的想象性世界中，供奉老娘娘的"三山五顶"还拱卫京师，护着皇城的龙脉，保佑着国泰民安、天下太平、风调雨顺、五谷丰登和子孙昌盛。诸如西直门内大街这样，普通街巷名不见经传的"九龙二虎"之类的众多小庙在型构着底层小民空间感、宇宙观的同时，也与芸芸众生的吃喝拉撒睡密切相关，还是弱势、失势等生活失衡的个体或群体的寄身之所。曾经普遍存在的四大门信仰使得旧京不少的家居空间，尤其是昔日密布旧京的香头的家，多少具有"庙"的性质。

旧京四合院的意义不在于泾渭分明的布局，而是数百年来旗人典雅闲适生活所型构的将有形空间化为"空的空间"之"空灵"，是所有往来穿梭、进出人等对之的全面共构、共享与共谋。以此为基石、息壤，围绕旧京大小庙宇内外的庙会正是一种与旗人有着乐感形态和情趣的日常生活的集中呈现。在动静有序的混融中，频发的旧京庙会既展现个体以及群体价值，也通过扶弱济贫、"寄名""停厝"等直指生死的仪式、实践，赋予个体生命以意义，从而使得旧京庙会成为各色人等主动参与并乐在其中的精神性存在。

在以西方为标杆同时也是"内发性发展"促进的近现代化历程中，旧京必然性地经历了从时间制度和空间制度双重的去神化历程。在"迷信"阴影的裹挟下，围绕大小庙宇及其神祇敬拜为核心的庙会被污名化，从而整体性地衰减为彰显人力与物欲的庙市。与部分庙宇及少量的神祇塑像被文物化、博物馆化而不可触碰沦为空壳空间一道，重在市集交易和感官娱乐的庙市成为物化性的存在。随着21世纪以来的非遗运动，京城的庙市向庙会进行了回归。然而，在以唯物、无神和科学、发展为核心的主流语境下，这种回归只能是工具理性支配下的有限度的局部回归。

要补充说明的是，针对庙会、庙市和作为非遗庙会的上述这些结论主要是针对作为首善之区的北京而言的。对于近现代化历程中的其他大都市，本结论也具有一定的实用性。但是，对于如今乡土性仍然浓厚并远离大都市的乡野而言，该结论的局限性不言而喻。相反，如同本书已经再现的苍岩山庙会那样，当代陕北榆林黑龙大王庙会、河北范庄龙牌会和福建村庙①的研究所示，乡野庙会的质变是缓慢的、迟钝的，甚或说仅仅是传统碎片的"循环再生"、有机

---

① 甘满堂，《村庙与社区公共生活》，北京：社会科学文献出版社，2007。

再造 ①。在不同年代的政治、经济、文化等巨大外力面前，在裹挟着"横暴权力"的革命、发展、科学、文明、非遗等强势话语面前，乡野庙会都表现出超强的生存智慧和自我调适能力，游刃有余地变形、伸缩使得乡野庙会至今在整体上依旧是一种精神性的存在。

正因为如此，如同本书展示的这样，虽然有着非遗、民俗、文化、旅游休闲等诸多共享的语词和各自心领神会、心照不宣的婉饰，围绕日渐一体化的"景区—圣山"，与时俱进的"朝山"依旧此起彼伏，红红火火，热闹非凡！

---

① Siu, Helen, "Recycling Rituals: Political and Popular Culture in Contemporary Rural China", in Madsen, Richard, Perry Link & Paul Pickowicz (eds), *Unofficial China: Essays in Popular Culture and Thought in the People's Republic*, Boulder, Colorado: Westiview Press, 1989, pp. 121—137; "Recycling Tradition: Culture, History and Political Economy in the Chrysanthemum Festivals of South China," *Comparative Studies in Society and History*, vol.32, no.4 (1990.10), pp.765—794.

附 录

Spiritual
Mountain

庙 会[①]

在侧重于经济方面的《北平庙会调查报告》(1937)中，研究者指出，旧京口语中的"庙会"，或起源于宗教，或源自商业，它实际上包含香火、香会或香市、春场、庙市和市集等多种含义。事实上，这不仅仅是北京，也是乡土中国庙会一直有的实际生态，而庙市与市集仅仅是庙会的一种衍生形态。但是，庙会的起源绝非仅仅因为宗教或商业。从行动主体而言，庙会更与特定的宇宙观、生命观、文明形态、生活方式、生活品味和情趣互为表里、因果，是一种精神性的存在。因此，我们可以对庙会进行如下定义：

> 庙会是民众日常生活世界中活态的、间发的、周期性的民俗事象，是在特定地域，尤其是在可让渡、转换的家与庙等共享空间中生发、传承，由特定人群组织，以敬拜神灵为核心，私密性与开放性兼具，有着节庆色彩的群体性活动和心灵图景，是底层信众在家庙相互让渡的空间践行的人神一体的宗教——乡土宗教——的集中呈现，是日常生活的延续，而非断裂。

作为与农耕文明、乡土中国相匹配的精神性存在，每一个具体

---

① 本文原载《民间文化论坛》，2015 年第 6 期。

的庙会在其生发、传承的地域有着浓厚的节庆色彩,并有着强大的惯性和与时俱进的自我调适能力。至今,一个地方的人们通常会将自己的庙会与过年相提并论,并会自豪地说:"热闹,比过年都热闹!"

庙会通常都有主祀的神灵,如北京西郊妙峰山庙会的老娘娘(碧霞元君)、河北井陉苍岩山庙会的三皇姑、福建莆田妈祖庙会的妈祖,四川梓潼七曲山大庙庙会的文昌帝君,等等。庙会会期也与这些主祀神灵紧密相关,或在其诞辰纪念日,或在其升天成仙(佛)日,或者两个日子都举行。这些日子,也就常常成为庙会的正日子。围绕正日子,一个庙会的会期前后持续三五天,半月,甚至一月、数月不等。顺应农耕文明春耕秋收的自然循环和春祈秋报的人文仪礼,许多名山大川的庙会常常又有春香、秋香之别。因地域之异,或春香盛,或秋香浓,不一而足。

庙会的举办地通常是围绕宫、观、庙、庵、祠、坛、寺等有固定建筑的神圣空间,也有直接在人们观念世界中的神山、圣水、灵石、奇树等地方举行,并不一定有庙宇等实体建筑。庙会多数是在庙董或庙首等地方精英的张罗下,民众的自发行为,有钱的出钱,有力的出力,各司其职,井然有序。不少庙会都有以能通神的神媒(俗称"香头"等)为核心的相对固定的香会等组织。围绕神灵与地方社会的关系,人们或单向度地朝山进香,行香走会,或抬着神灵绕境巡游,四处扫荡。当然,也有由各级政府或其职能部门组织,并位列不同级别非遗名录的庙会。这就多少有了传统中国"正祀"的意味。

无论由谁组织,也无论举办地在城墙以里,名山大川还是乡野小庙,庙会敬拜的主旨都是在家国一体、天人合一的世界观下,求祈国泰民安、风调雨顺、五谷丰登。对"生活失衡"的个体而言,姻缘、子孙香火、福禄寿、官运、财运、工作事业、身体健康、家人平安等生活万象，无不包罗其中。这些在北方方言中被称之为"病和事儿"的种种失衡、失序，近一个多世纪以来并无不同。对此，《行好：乡土的逻辑与庙会》（2014）一书有详细地梳理和比较。

按照一个庙会波及范围的大小，人们对庙会有不同的分类。在《村落庙会的传统及其调整》（2000）一文中，民俗学家刘铁梁根据村民的"地界""份"等观念，将庙会分为村落内部型、聚落组合型、邻村互助型、联村合作型、地区中心型等五种类型。事实上，因应不同的环境，这些不同范围内生发传衍的庙会相互之间还存在相互转化的可能。尤其是，当不允许在庙宇等公共空间大规模敬拜时，这些以敬拜为核心的庙会就可能退回到家户之中，在家户中传衍，形成或私密或公开的"家中过会"的局面。

在乡土中国，以敬拜为核心，并与个体、家庭、社区日常生活水乳交融的庙会表现出了极大的适应性和变形能力。对个体而言，庙会现场的求子、扫堂、跳墙等许愿还愿仪式，不但助力个体完成其一生，将家庭的伦理道德、责任义务郑重地赋予个体，还形象生动地诠释着生命来去之本质。因此，在传统中国，对于受到更多束缚的女性，庙会更是意义非凡。对游走在宗族社会之外的江湖艺人、术士和无家可归的乞丐等边缘群体而言，庙会同样重要莫名。在相当意义上，持续时间长短不一的庙会扮演了现代社会所谓的福利组织或慈善组织的角色。对庙会的组织者而言，施舍粥茶是分内之事；对过会的信众而言，过会就是行好，行善。他们不仅虔诚地向神灵烧香上供，跪拜求祈，许愿还愿，还直接求助于庙门内外的江湖术士，对江湖艺人和乞丐也尽自己所能施舍。对乞丐众多的庙会，老人记忆中的浙江永康的方岩庙会如此，当下的苍岩山庙会同样如此。而且，在民国初年，北京的善果寺顺应潮流，兴办学校，只免费招收贫民子弟。

诸如奉宽的《妙峰山琐记》（1929）那样，民间对庙会时有记述，但是将庙会作为一个学术问题进行调研的历史并不长。1925年，北京大学研究所国学门风俗调查会的顾颉刚（1893—1980）等一行五人"假充了朝山的香客"，到妙峰山进行了为期三天的进香风俗调查。在反迷信、启民智的大语境下，这一多少有些逆流而动的开创之举，引发了蝴蝶效应。出于"社会改良"的需要和发展经济的基本目的，随后十余年出现了大量关于庙会的调查。如：谢云声的《厦门醉仙岩仙诞的调查》（1929）、山东省立民众教育馆编的《山东庙会调查》（1933）、郑合成编的《安国药市调查》（1932）和《陈州太昊陵庙会调查概况》（1934）、卫惠林的《鄷都宗教习俗调查》（1935）、林用中、章松寿的《老东岳庙会调查报告》（1936）、北平民国学院编的《北平庙会调查报告》（1937）、叶郭立诚的《北平东岳庙调查》（1939）。

同期，学界等精英对"庙会"的界定也就自然或明或暗地否定其宗教功能，而是强调由宗教功能衍生的商贸、娱乐与对社区的整合等世俗性功能。这自然形成了将精神性存在的庙会简单地等同于物化存在的庙市的认知，并导致了百余年将庙会去神化、去圣化，从而向市集化的庙市的整体转型。

1934年2月，日后成为著名中国经济史研究专家的全汉昇（1912—2001）在《食货》半月刊上发表了《中国庙市之史的考察》。以欧洲中古时代围绕教堂形成的公认的定期大市（fair）为基准，该文考察了中国历史上相应的庙市，详述了其起源，宋、明、清以及近代城乡庙市的概况，从而证明中国与西方一样，也有庙市（temple fair），并在相当意义上将庙市等同于了庙会。

《辞海》（1979年版）基本上沿用了全汉昇对庙市的界定，忽视了庙会、集市和庙市三者之间的差别，在庙会与集市之间，通过庙市画了等号。其对"庙会"的释文如下：

> 亦称"庙市"。中国的市集形式之一。唐代已经存在。在寺庙节日或规定日期举行，一般设在寺庙内或其附近，故称庙会。《北平风俗类征·市肆》引《妙香室丛话》："京师隆福寺，每月九日，百货云集，谓之庙会。"这一历史上遗留下来的市集形式，解放后在有些地区仍被利用，对交流城乡物资，满足人民需要，有一定的作用。

改革开放后，虽然将庙会与庙市混同起来，进行简单的功能描述分析不少，但对庙会的研究则日趋多元，并逐步走向深入。赵世瑜的《狂欢与日常：明清以来的庙会与民间社会》(2002)，是从动与静，常与非常的民众生活韵律来考察庙会。吴效群的《妙峰山：北京民间社会的历史变迁》(2006)则是在国家与社会的二元语境下，用狂欢化理论来解读中国庙会的有益尝试。与此不同，周越(Adam Chau Yuet)的 *Miraculous Response: Doing Popular Religion in Contemporary China* (2006)、华智亚的《龙牌会：一个冀中村落的民间宗教》(2013)和岳永逸的《灵验、磕头、传说：民众信仰的阴面与阳面》(2010)与《行好：乡土的逻辑与庙会》(2014)等著作纷纷关注当下正在实践的过程中的庙会，并将灵验、红火、热闹、行好、磕头等本土语汇提升到学理层面，有效地对当代中国庙会的传衍变迁进行了解读。

基于上述这些研究和当下民众的实践，或者可以从结构层面来定义庙会：

> 庙会指一种以祭祀神灵为核心的群体组织和周期性的

活动方式，也是行动者的完美直觉与心灵图景的基本组分，并反向支配实践。其仪式结构大致可分为具象和抽象两部分：具象部分是感官可观察和可感知的部分，如空间、时间、物体、言语、参与者和行动等；抽象部分是由信众贯穿于一体的这些可视可感部分之间的互动关系及关系配置，是具象中诸多因素组合配置的惯例和规则。在此意义上，庙会可以说是庙宇建筑、神灵、庙首、神媒、信众、香烛纸炮、请神送神、烧香念佛、磕头跪拜、许愿还愿、抽签算卦、鼓声、香烟、庙戏、庙市和各自相应的传说故事等基本质素的综合叙事。不同因素的不同组合、配置就呈现出规模大小不同，形态各异的庙会。

源自大地、泥土和民众的主体性，是以农耕文明为主导的乡土中国庙会的共性，并没有在城和在乡的差别。改革开放后，地方经济发展的需要、主流意识形态对传统民间文化的重新定位和非遗运动，使得作为精神性存在的庙会有了有限度存在的可能，有了官民之间只做不说的共谋、共构和共享。这使得当下都市和名山大川的庙会发生了或多或少的质变。在景区圣山化和圣山景区化的逆向互动中，处于中心地的大都市和名山大川的庙会与休闲、旅游、文化（遗产）展示以及物资交易、商品博览关联更紧。与此同时，也衍生出了门票价格颇高的现代"新庙戏"，即投入重金，由大导演执导，依靠现代声光色电等高科技手段，当地民众也不同程度参与的诸如"泰山封禅"等"大型实景演出"。

毫无疑问，当下在京、沪、广等现代化大都市，物化的庙市——媒介写作中的庙会——是主流。然而，不仅是在广袤的乡野，就是在这些大都市周边，精神性存在的、独一无二的和不可替代的庙会仍然香烟袅袅，处处开花。正在由光明日报出版社出版的大型丛书《中国节日志》中关于庙会、祭会类的诸多卷本，将会呈现出当代中国已经有别的城、乡庙会的丰富面相。

总之，精神性存在的庙会的兴衰不仅在一定程度上地反应了特定地域社会的经济状况、民众的生活水准和精神世界，也反应了国家与社会，官方与民间，主流与边缘，传统与现代，不同宗教之间，宗教与文化、政治、经济之间，尤其是神人之间、家与庙之间交流、交际的技艺和统治与逃避统治之间的政治诗学。

妙峰山的光：朝山进香与行香走会[①]

一

因为顾颉刚编纂的《妙峰山》（1928），尤其是他本人的长文《妙峰山的香会》的巨大影响，妙峰山在学界早已经是一个响当当的名字。近百年来，对妙峰山的关注、记述、阐释也成为学界持之以恒的事情。研究著述，即使不能说汗牛充栋，也蔚为大观。

虽然在顾颉刚等人1925年调查之前，已经有金勋、奉宽等不露声色的记述，但却是顾颉刚一行的考察、书写使妙峰山成为智识界的一个话题，并在相当程度上引起受五四思潮影响的知识分子的关注与思考。在顾颉刚调查、书写妙峰山的1920年代，其基本语境是

---

① 本文是为张青仁博士专著《行香走会：北京香会的谱系与生态》（中央民族大学出版社，2016）写的序言，亦刊载于《民族艺术》，2017年第1期。

与启蒙、图强相伴相生的反迷信语境。冒天下之大不韪，作为北京大学研究所国学门风俗调查会的考察团队，顾颉刚一行五人亲临妙峰山庙会现场，试图发现这一"迷信"事象背后的正向价值。这也就是在抄录了百余张"会报子"后，顾颉刚总结出的也被后人反复征引的观点：从妙峰山的香会可以看出国家的雏形来，即民间社会的自组织能力与风范。

因为顾颉刚本人在学术界的身份地位和他因拓荒而有的垂范性，与之同时代的其他人关于妙峰山的写作常常被有意无意地忽视。这既包括奉宽的《妙峰山琐记》（1929），也包括魏建功等人于1929年再次有序地对妙峰山的调查和记述。前者的详实让顾颉刚"汗颜"。在力促其出版而写的"序"中，顾颉刚由衷地赞许道：

> 把我们出版的《妙峰山》和它一比，显见得我们的质料太单薄了。我惊奇世上竟有这样一本正式研究妙峰山的著作；我又欣喜世上竟有这样一个注意民众信仰问题的学者！

然而，《妙峰山琐记》始终笼罩在顾颉刚1925年发表在《京报副刊》上的《妙峰山的香会》一文和随后结集出版的《妙峰山》一书的阴影之下，少有人查阅参考。魏建功等人1929年对妙峰山的调查和书写是在顾颉刚直接呼召、号令下展开的。客观而言，罗香林、周振鹤、佩弦等人的调查书写将顾颉刚一行四年前的调查推进了一大步。遗憾的是，这些调查成果仅仅是作为《民俗》69—70期合刊"妙峰山进香调查专号"（1929）的形式刊行的，并未以专书的形式出版，流传范围同样相当有限。

整体而言，在反迷信的大语境中，有开创之功的顾颉刚等老一辈学者因惊叹民众的执着，直面事实，展开了对妙峰山尽可能全面而详实地记录,力图将生活本相说清楚,少有固守象牙塔而强调理论的"知识的生产"以及理论的借用、套用。

一个时代有一个时代的学术。时隔七十余年之后,在20世纪晚期,当中国学界再次将其目光投向妙峰山时,人们已经不满足于说清楚事象,而是要进行学术建构。作为其中的佼佼者,吴效群就是在国家与社会的二元语境中,运用巴赫金的狂欢化理论,来审视、细读妙峰山。其专著《妙峰山:北京民间社会的历史变迁》(2006)也是继顾颉刚编著的《妙峰山》之后,又一本关于妙峰山研究征引度颇高的著作。借助他捕捉到的历时性经验事实的建构,吴效群所描画、阐释的妙峰山是民间社会有意营造的"紫禁城"亦自成一家之言。

与八九十年前的情况雷同,或者是因为出版传播的关系,近十多年来关于妙峰山研究的本土新著并未引起足够的重视。2002年,王晓莉完成的博士学位论文《碧霞元君信仰与妙峰山香客村落活动研究——以北京地区与涧沟村的香客活动为例》,就尝试在村落的日常生活世界中观照、审视妙峰山与老娘娘。稍晚,在孙庆忠的指导下,中国农业大学的数届本科生、研究生不遗余力、前赴后继地对妙峰山进行了持续十年的调查,先后结集出版了《妙峰山:民间文化的记忆与传承》(2011)、《妙峰山:香会组织的传承与处境》(2011)、《妙峰山:香会志与人生史》(2013)。在保护、传承非遗的大语境中,这些大多数来自外省的青年后学观察、叙写着自己眼中的妙峰山、香会与信众的生命史。

作为学术界关注的常青藤,美国学者甘博(Sidney David Gamble)、韩书瑞(Susan Naquin)、日本学者樱井龙彦以及法国学者范华(Patrice Fava)等,都对妙峰山基于自己的学科立场、兴致和视野展开过研究、记述。此外,作为被他者研究的妙峰山庙会的实践者、传承者，如今已经在妙峰山金顶被勒石立碑称颂的"香会泰斗"隋少甫，其本人在生前也曾出版了《京都香会话春秋》（2004）等专书。

面对前述这些丰碑，后学再要去写妙峰山显然是一种大胆的行为。在一个老娘娘不再是唯一，云山雾罩又弘扬、凸显个体能力与舒适的原子化时代，没有质疑和冒险的精神，没有人见人爱的交际能力，没有脚踏实地的望、闻、问、行，没有凝神静气的沉思和学术敏感，要坚持下去并写出一座"新"与"真"的妙峰山来是困难重重，可望而不可即。显然，张青仁博士的专著《行香走会：北京香会的谱系与生态》，不但大胆，还可以说是胆大妄为。因为它首先质疑的就是以顾颉刚和吴效群为标杆的研究。那么，该书批评的底气和基点究竟在哪里？是否成立？推进了妙峰山和北京香会的研究吗？

二

承蒙青仁不弃，我有幸先睹书稿。掩卷长思，在妙峰山、香会以及中国乡土宗教和北京日常生活的研究史上，本书应该占有一席之地。这绝不仅仅是因为本书开篇旗帜鲜明地对前贤的大胆质疑。其精细的观察、严谨的梳理和得体的分析，纵然不能说本书给读者呈现了"另一个"妙峰山，但说给读者呈现了当代北京香会真实的日常赛局图景、生态则毫不为过。而且，本书没有继续片面地将香会神圣化，而是将其还归到日常生活，更加注重香会在家户内外的"行香走会"和行香走会时以个体人为中心的艰辛、喜乐，当然还有权谋与小心思。学者惯常关注和建构的"朝山进香"不再是主体，仅仅是本书研究的一个部分，甚或说背景。

虽然不乏浪漫主义的温情和理性主义的执着，顾颉刚关注妙峰山，却是因为他希望藉自己的创举，引起同道对民间社会、民间文化、民众生活与精神世界的正视,而非以先入为主的偏见和居高临下的傲慢对民众、民间、对庙会不屑一顾,甚或一棒子打死。就这个层面而言,智识阶层随后的反响与回应,说明顾颉刚对于首先被命名为"迷信"的庙会的意识形态再建构是成功的。吴效群关于妙峰山的写作似乎不是刻意修正或引导某种意识形态,但他却是在既定的国家与社会这一二元对立的认知框架下,进行自己的学术生产,同样是另一种自上而下的俯视。他竭力勾画妙峰山香会的全景,但并未深入到组成香会的寻常个体的日常生活之中,展现别有洞天也大相径庭的行动主体的个性与心性。反而,因为过分对隋少甫的倚重,作为妙峰山庙会的参与主体和显像的香会被典型化、抽象化、片面化,有了整齐如一的行为与心智。这或者也是其专著竭力强调"抢洋斗胜,耗材买脸"的香会朝山进香规矩、讲究的原因之一。

与上述二位方家不同,直接用强调动作的"行香走会"这句俗语而非"妙峰山"作为书之正题,表明了青仁的立场和站位的不同。在相当意义上,他抛弃了自上而下的意识形态建构与俯视,也未再和诸多前人一样去装饰、层累、堆砌妙峰山,从而追加这座圣山早已高耸的"箭垛"。对现实世界中妙峰山这座圣山和这座在学科史中散发着光晕的学术圣山朝拜心性的背离,使得该书从头到尾都表现出了一种反其道而行之的离散的叛逆心态。因此,多次跟着不同香会、香客、游客前往金顶朝山进香的青仁未将自己留守、困守在妙峰山"山上",而是更在意在妙峰山"山下"的香会为什么"聚",如何"聚",聚起来之后干什么,怎样干,更在意把儿头、会众及其家人在人前人后的言与行。于是,在直面昔日首先被他者神圣化、标准化的行动者本身琐屑的日常生活之后,青仁看到了香会之间的差异性,看到了一个香会内部或急或缓的胎动、心跳以及痉挛。自然而然,书的副题也就成为饱含焦灼情感的"香会的谱系与生态"。

青仁是万建中教授的高足。他直面日常生活中的香会，以此为题完成博士学位论文，再修订成专书却与我有些关联。2010年4月下旬，当我们一道从苍岩山调查回来时，我分派给了当时还在攻读硕士学位的青仁一个新的任务：前往参加妙峰山庙会，写出一篇当年香会朝山进香的实录。交给他这个任务原因有二：一是在近半个月的苍岩山调查中，来自湖南乡村的他表现出了对田野调查浓厚的兴趣，并有着快速进入田野的能力；二是这篇关于妙峰山香会朝山进香的实录是我要结项的课题"中国节日志·妙峰山庙会"所必需的。也正是因为该课题，我注意到了香会、香客山下的活动与山上的活动同等重要，山上与山下相向而行的互动，香客的个体差异和香会的异质多元等多个问题。这些基本的理念熔铸到了后来成书的《中国节日志·妙峰山庙会》（2014）之中。

　　当年，在我的推介下，青仁很快联系上朝阳区的太平同乐秧歌圣会，并与之随行，参加了当年的妙峰山庙会。在妙峰山庙会结束后不到一月，青仁就写出了一篇平铺直叙却是可圈可点的近两万字的调查报告，《行香走会：2010年太平同乐秧歌圣会朝顶实况》。在出发调查之前，我叮嘱青仁，睁大眼睛看，竖起耳朵听，将所见到的、听到和感受到的"裸写"出来就行。换言之，青仁是没有思想包袱而"赤条条"地进入香会世界的，去做一件他自己愿意也喜欢的事情。他的进入，首先并不是为了要建构或使用某种理论，更非为某种意识形态建构服务，而是直观地敞开心扉的感受。在此意义上，青仁进入妙峰山、进入香会明显有别于前辈顾颉刚和吴效群，反而是类似于奉宽，首先是"行"与"走"。比奉宽更进一步的是，走进香会的青仁又不时将自己置身事外，走出来，而且是反反复复地进进出出。在香会内外，青仁自如地进行着局内人与局外人的角色转型，移步换形，又叠加一处。

当他因撰写博士学位论文而展开长期的田野调查时，在2011和2012年，作为师友，我有幸先后随他前往朝阳和丰台，参加了两个把儿头家中的白事和红事。在这些红白局的现场，与主家的亲友一样，尚在读书的青仁自然地随份子送礼，与每一个前来走局的把儿头亲热地打招呼，聊家常。在丰台的红局，我看到了在前来走局的亲友同乐清茶圣会茶棚内显眼的位置悬挂着青仁捐赠的旌旗。无论老少，相互扶持抑或暗箱拆台，把儿头们都将青仁视为知己。这让我很是钦佩！做田野调查的人都知道，一旦某一部分合作者将自己视为他们的"自己人"，再要想进入与之对立或有着隔阂的群体就很是困难，甚或不可能。然而，这些障碍、阻隔对青仁似乎都不存在。因此，直接征引当事人相互之间面对面与背靠背的是非评说，青仁巧妙地再现了一个香会内部和不同香会之间的复杂关系。

2015年夏日，在青仁于中央民族大学西门外举办的婚宴上，除了亲人、师长、学友、同事，他在京城的香会界朋友还来了十多人。大家把酒言欢，其乐融融。虽然我毫不意外，但香会界朋友的盛情出席却让刘铁梁、张海洋、包智明、万建中、杨利慧等师长感慨了好一阵儿。这些都是对青仁成功田野调查极大的肯定与嘉奖。

三

如今，在乡土宗教这一研究领域，凝视行动主体的"行"与"走"（即学界惯常使用的实践或者说实践理性），并参与其中，已经衍生出了自下而上的"做宗教"（doing/making religion）等进行时态的研究范式。原本就是身体力行的青仁在本书开篇亲近这一范式也就自然而然。如果说书中学术史的书写、关键词和基本立论的陈说稍显枯涩，也有未介绍他进入田野的心路历程和逸闻趣事的遗憾，那么当进入青仁烂熟于胸的香会故事的叙说、演绎时，我们就仿佛在顺着他的导览，在香会这座迷宫中峰回路转、柳暗花明式地畅游，时而惊喜，时而感伤。

在对京城香会谱系学和类型学的描述分析中，虽然立足当下的现实，关注群体心性，但青仁始终有着历时性比较的自觉。因此，他既没有一厢情愿地将香会均质化，也没有我行我素地将香会过度神圣化或过度世俗化，而是将香会还归到参与香会的个体的生活世界，香会所置身的街区、村落的日常生活之中、之外，听其言，观其行，品其性，会其心，叙写他们的喜与忧、争与斗、分与合、圣与俗、新与旧。在他的笔下，当代的北京香会已经不再是单向度地一门心思地"为老娘娘当差"，朝顶进香，还有着走红、白局，参加金顶妙峰山之外的仪式庆典，参加花会竞赛、非遗展演等繁忙的"俗世之举"。

而长期被香会自己建构言说和被学者旗帜鲜明书写的行香走会、朝顶进香的规矩也不再是铁板一块，不可亵渎。在"挑眼盘道"一章，青仁明确指出，在当下仪式空间的香会交往服从于把儿头，尤其是总头把子的"利益需求"。同时，他也客观公正地指明，这种个体身上表现出的利益需求又是被社会变迁、社会转型、都市化生活方式的渗透和人们生活观念的变迁所激发、推进的。正是因为进入了香会的内部，成为他们中的一员，"走出来"后的青仁振聋发聩地道出了被"他者"客位定义的规矩禁忌人为操持或者说世俗性的一面。这样，"泛滥的个人主义""人情运作""利益交换"也就常常见之于本书的字里行间。

通过对原本较为均质的"人神一体"关系到分叉为人与神和人与人之间关系的解读，青仁指出，妙峰山管理者、庙会的组织者不得不主动加入到山下把儿头们的交际圈中，礼尚往来，以维持妙峰山庙会的"传统"特色。反之，成为国家级非遗之后的妙峰山庙会对山下香会再次有了反哺的优势。在申报非遗时，很多香会都反复强调与妙峰山庙会的关系，朝山进香的频度和历史。因应传统或非遗之名，山下的香会与山上的庙会形成了一种复杂的交互性关系。正是在这种不经意的解读间，青仁勾画出了有着历史承传的香会的当下生态学，并将我们的视野实实在在地拓展到了"山下"，从而给予了我们一副更加宏阔和深邃的妙峰山庙会的纵深场景。显然，这对学界关于圣山庙会的研究有诸多启迪。

新近，在《民族国家、承包制与香火经济：景观化圣山庙会的政治—经济学》（2016）等研究中，我指出：对圣山庙会的研究，人们习惯性地关注的是"聚"和"山上"，而非"散"与"山下"；在朝圣范式的驱遣下，学界习惯于将圣山庙会直接做成单向度的、狭隘的与神圣的。然而，青仁的志向并不在于重新定义妙峰山庙会或者说圣山庙会。他有所为，有所不为，明确地将自己的精力专注于勾画清楚当下京城香会的谱系学与类型学，并尝试辨析出呈现这种生态的内在逻辑。这也是青仁突破以神圣与世俗、狂欢与日常为轴心的朝圣范式，而转向日常生活之径"做宗教"的学术自觉。

在当代北京香会谱系的描述中，青仁辨析出了基于地缘（街区或村落）、血缘（拟亲属）、利益和信仰而共时性存在的四种类型。但是，他并未局限于分类学"简约"思维的陷阱。在历时性地指明这四种主色鲜明的香会调适、演化的同时，青仁没有忘记强调其共有的老娘娘之信仰根基和由个人主义支配的人情运作与利益交换的普遍性，以及相互之间转化演进的可能。换言之，从当下的每一类甚至每一个特色鲜明的香会，我们都可以看到别的香会的影子，看到别的香会的过去抑或未来。

已经成为国家级非遗的太平同乐秧歌圣会经历了从村落共同体的消解到进校园传承的两种迥然有别的境遇。青仁没有偏执一端的赞颂前者或后者，而是鞭辟入里地分析出与时俱进的两种传衍境遇各自的优劣与隐忧。学界一度惊恐的村落共同体的消解并不值得忧，而被媒介津津乐道的校园传承同样不值得喜，因为两者都有着明显的功利性、工具性与局限性。对于因为隋少甫而"根正苗红"的众友同心中幡圣会，青仁并未止步于该会九弯八拐、起起伏伏的传承故事，而是辨析出了其松散的地缘结社的特征和为了维系，众人不得不依赖收徒仪式、收干儿子仪式以求建立拟亲属关系。如是，该会表面的热闹、庄严并无法掩饰骨子里的重重矛盾和四伏危机。与之不同，对以公司化运作经营的聚义同善天缘狮会这种如鱼得水、日渐走红的香会，青仁不但率先"发现"，还对之报以了殷切的希望，认为这或许是未来香会传承发展的整体路径。正是对社会变迁和正在发生的现实的正视，作为本书主要结论之一，"民间信仰依存于既有的社会结构，并自我调适"也就显得可信。

毫无疑问，书中描绘的香会复杂的生态对一味试图在有着信仰色彩的群体中发现"公民社会"因子与可能性的同仁是一种警醒。回到生活现场，书尾总结性提出的"个体的香会"也就意义非凡。

四

尽管有诺伯特·埃利亚斯（Norbert Alias）"个体的社会"及其过程社会学的痕迹，青仁之"个体的香会"不折不扣地给我们展示了有着主动性、自觉性和调适能力的香会的赛局图景。按照我的理解，所谓个体的香会，一方面是针对香会之间的关系而言。从历时性、共时性以及群体心性的层面，青仁强调着香会一直有的多样性、多元性与流变性。另一方面，个体的香会则是针对一个香会内部的参与者个体的主动性、自主性而言。对参加香会的个体而言，"良禽择木而栖"之古语有着新意。行动主体自我意识的增强加速了香会的裂变、整合与流转,最终导致当代北京香会呈现出叠合而多变的群像。

因此,作为关键词,书中的"个人主义"是无所谓好坏、善恶的。虽然经常在个人主义之前或之后加上"泛滥"二字,但青仁并不像不少社会学者那样,片面地将正在发生中的中国的个人主义等同于自私自利,视为道德沦丧、村将不村抑或人将不人的洪水猛兽,也未将个人主义提升到塑造"新民"的高度,甚至视为改进社会的良药。全书对个人主义不偏不倚、不卑不亢的倚重,背后实则有着青仁对"弱者""自由"的尊重和敬畏。

青仁出生于湖南乡下一个普通的农家。与80后的同龄人相较,从父辈生活到他自己依靠步履维艰的奋斗而进入城市,青仁有着典型的处处受窘、时时碰壁的弱者体验。时时感恩的青仁之于生存的危机感、紧张感、紧迫感甚至无奈和无力感,几乎贯穿于我俩认识近十年来的日常交流之中。这使得他在从事田野调查时,很难将自己放在一个制高点而鸟瞰合作者,反而更多的是惺惺相惜或心心相印的感同身受。这或者是他勤敏的田野调查较一般人进入快,少障碍的根本原因。

2013年博士毕业后,在工作的间歇,青仁立即投入到西班牙语的学习,并数次前往墨西哥进行了为期近一年的田野调查,观察、研究那里持续被边缘化的印第安人的生存状况。无论是行文写作还是日常交流,他常常深情地称那些远在太平洋彼岸一直处于抗争状态的印第安人为"我的朋友""我的兄弟"。这种真情在他近两年在国内刊发的一系列田野随笔中频频再现。2016年3月,当他的重要合作者胡安(Juan)被害时,青仁很快写出了《我的印第安兄弟》一文,深切地表达了对这位带领自己同胞谋求最基本生存权利的杰出的异国兄弟的缅怀之情。

个体的感受和国际视野，使得哪怕是对个人主义的微词都显示出了青仁的真诚与善意。如果说书中提到了某个人的不足，那并非是青仁处心积虑地要揭这个人的"短"，而是超越这个特定的个体，以求说清一个整体性的社会事实。他知道，人非圣贤，孰能无过？事实上，"有过"的生活才是人生的常态与真相。也正因为这种敬畏、善意和平等的心态，从字里行间作为读者的我们都能够感受到一个前文已经指明的事实：把儿头们都愿意掏心窝子与青仁交流，并不担心他说出来或者是写出来。

其实，本书所展示的不仅仅是北京香会纵横交错、剪不断理还乱的生态谱系，展示的不仅仅是妙峰山庙会的另一面，它同时也道出了因为快速都市化的都市生活的乡土性与滞涨感，并且道出了当下中国冠之以民间文化、非遗等诸多头衔的文化事象的共性：个体的自主意识、文化自觉意识和自我抉择意识越来越强；可能有这样那样、或明或暗的不足，在使"我"的小日子过得有滋有味的同时，"小我"成为"大我"的欲求也使中国的基层社会充满了活力，蕴藏着无尽的希望和多种可能。

长江后浪推前浪。在大胆的批评与质疑中，青仁以自己的真诚、真心和真性向顾颉刚等前辈学者表达了他崇高的敬意！在青仁笔下，香会不再仅仅是一个纯粹以敬拜老娘娘为核心的社会组织，也不仅仅是与妙峰山庙会抱团取暖、交相辉映，香会更是个体人的，是有着感应、呼吸与应变力的生命体。在以质疑的方式向学界前辈致敬的同时，他也为生活世界中卑微的个体谱写了一曲发自肺腑的赞歌，没有隔岸观火式的哀其不幸，也没有高高在上的怒其不争。

青仁隐秘地告诉人们：香会、妙峰山不是飞来峰，也不在他之外，而是在他并不伟岸的身躯之内。而之于他自己，青仁同样是入乎其内，出乎其外。这使得在他的字里行间，研究者、把儿头、香会参与者、香会和妙峰山之间存在着多向度的交互主体性。原本多数人作为客体和对象书写的行动主体、香会与妙峰山也就丰富、饱满、鲜活起来，变得灵动、曼妙，风姿绰约。

或者，所有的这一切，都是京西圣山妙峰山的光，无论明亮抑或昏暗，也无论恒久还是短暂。

2016 年 8 月 31 日黄昏定稿

后 记

本书的部分内容曾分别刊载于下列刊物：《云南师范大学学报（哲学社会科学版）》2015 年第 2 期，《世界宗教文化》2015 年第 3 期，《民俗研究》2015 第 4 期、2016 年第 4 期、2017 年第 1 期，《中国乡村研究》2016 第 13 辑，《比较民俗研究》(Folklore Studies of ASIA) 第 29 (2015.3) 辑，Rural China: An International Journal of History and Social Science, vol.13 (2016), Cambridge Journal of China Studies, vol.11, no.1 (2016.3)。

感谢这些杂志的匿名评审、编辑和日文版翻译付出的辛劳！在此，在感谢恩师刘铁梁教授一如既往关心的同时，还要感谢赵世瑜、高丙中、佐野贤治、黄宗智、周越、张士闪、刘宗迪、赵彦民、李向平、王晓葵、刘晓春、吴效群、梁永佳、陈进国、彭牧、黄龙光、华智亚、鞠熙、赵倩、李扬、张青仁、杨蓓蓓和倪秀丽等诸位师友在本书写作的不同阶段所给予的启迪、肯定与帮助！

感谢文化部民族民间文艺发展中心让我承担主持了国家哲学社会科学基金特别委托项目"中国节日志"的两个子项目：妙峰山庙

会与苍岩山庙会。正是近十年来在带领青年后学完成这两个项目的过程中,我接触到了更多的经验事实,从而对"朝山"形成了自己相对明确的思考。

要特别说明的是,数年前在读的两位硕士研究生王耀凤和王雅宏分别参与了"层累的金顶""掺和、神圣与世俗"两章中部分文字初稿的撰写,在此一并致谢。感谢同事鞠熙博士慷慨地允许我使用她精心绘制的"西直门大街曾经有的大庙""西直门内大街附近的九座龙王庙""民国时期北京主要停灵寺庙分布示意图"和"1931年北平外四区的主要义地分布图"四幅地图。

关于研究庙会、朝山的田野经历和心路历程,拙著《举头三尺有神明:漫步乡野庙会》(2017)多有记述。而关于妙峰山和苍岩山这两座处于流变过程中的圣山庙会的详细民俗志记述,可分别参阅我主编的《中国节日志·妙峰山庙会》(2014)和《中国节日志·苍岩山庙会》(2016)。

本书能够顺利面世,则要衷心地感谢北京大学出版社王立刚兄前前后后付出的辛劳。正是他的仗义担当、一丝不苟,这本小书才有了今天的面貌。显然,离开了家人的理解、支持,要完成这本并不厚重的小书同样是无法想象的。感谢远在四川的家父、兄弟姐妹常年对病中老母的照顾。感谢妻子武向荣博士无声地分担家务。而原来期望我陪他玩的刚过十岁的儿子,每当看见我对着电脑时,就悄无声息地走开。

最后,请允许我回到本书"前言"开篇的话题。惟愿在"一带一路"的语境下,千千万万老百姓践行的"灵验""行好"和本书描绘、诠释的作为记忆之场的庙宇、作为精神性存在的庙会和在聚散之间睿智的让渡、摆渡的"朝山"不再沦为一种难以言说的痛,不再是犹抱琵琶半遮面的粉面含羞!惟愿人们不再以"去粗取精""去伪存真"等自然科学的实验术语，一本正经地对精神性存在的心灵图景和实践纠偏，证伪！惟愿中国乡土宗教与庙会的合法性、重要性不再需要洋人时不时高调地代为鼓与呼！

或者，只有摆脱了这种被单线进化论支配的科学至上主义的思维，摆脱了科学与宗教/迷信的二元语境，摆脱了一神教等所谓"制度性宗教"的魔咒，以行好、灵验为内驱力的聚散两依依的朝山、庙会及其存身的大小庙宇，在当代中国才能真正地成为一种能激发并凝聚民族心性的精神性存在！

2017 年 1 月 18 日于铁狮子坟

图书在版编目(CIP)数据

朝山 / 岳永逸著 . 一北京: 北京大学出版社, 2017.5
ISBN 978-7-301-28201-4

Ⅰ. ①朝… Ⅱ. ①岳… Ⅲ. 庙会 – 风俗习惯 – 研究 – 北京 Ⅳ. ① K892.1

中国版本图书馆 CIP 数据核字 (2017) 第 059948 号

书 名	朝山
	Chao Shan
著作责任者	岳永逸 著
责任编辑	王立刚
标准书号	ISBN 978-7-301-28201-4
出版发行	北京大学出版社
地 址	北京市海淀区成府路 205 号　100871
网 址	http://www.pup.cn　新浪微博:@北京大学出版社
电子信箱	sofabook@163.com
电 话	邮购部 62752015　发行部 62750672　编辑部 62755217
印刷者	北京中科印刷有限公司
经销者	新华书店
	880 毫米 ×1230 毫米　A5 开本　10.25 印张　248 千字
	2017 年 5 月第 1 版　2017 年 5 月第 1 次印刷
定 价	49.00 元

未经许可,不得以任何方式复制或抄袭本书之部分或全部内容。
版权所有,侵权必究
举报电话: 010-62752024　电子信箱: fd@pup.pku.edu.cn
图书如有印装质量问题,请与出版部联系,电话: 010-62756370